哈佛百年经典

柏拉图对话录：申辩篇、克利同篇、裴多篇
爱比克泰德金言录
马库思·奥勒留沉思录

[古希腊]柏拉图 等◎著
[美]查尔斯·艾略特◎主编
张 春 / 朱亚兰◎译

北京理工大学出版社
BEIJING INSTITUTE OF TECHNOLOGY PRESS

图书在版编目（CIP）数据

柏拉图对话录：申辩篇、克利同篇、斐多篇；爱比克泰德金言录；马库思·奥勒留沉思录 /（古希腊）柏拉图等著；张春，朱亚兰译. —北京：北京理工大学出版社，2014.6（2019.9重印）

（哈佛百年经典）

ISBN 978-7-5640-8636-7

Ⅰ. ①柏… Ⅱ. ①柏… ②张… ③朱… Ⅲ. ①柏拉图（前427 ~ 前347）—语录 ②爱比克泰德（约55 ~ 约130）—语录 ③斯多葛派—哲学理论 Ⅳ. ①B502.232 ②B502.43

中国版本图书馆CIP数据核字（2013）第300350号

出版发行 / 北京理工大学出版社有限责任公司

社　　址 / 北京市海淀区中关村南大街 5 号

邮　　编 / 100081

电　　话 /（010）68914775（总编室）

82562903（教材售后服务热线）

68948351（其他图书服务热线）

网　　址 / http: //www.bitpress.com.cn

经　　销 / 全国各地新华书店

印　　刷 / 三河市金元印装有限公司

开　　本 / 700 毫米 × 1000 毫米　1/16

印　　张 / 19.75　　责任编辑 / 申玉琴

字　　数 / 250千字　　文案编辑 / 施胜娟

版　　次 / 2014 年 6 月第 1 版　2019 年 9 月第 3 次印刷　　责任校对 / 周瑞红

定　　价 / 54.00元　　责任印制 / 边心超

出版前言

人类对知识的追求是永无止境的，从苏格拉底到亚里士多德，从孔子到释迦摩尼，人类先哲的思想闪烁着智慧的光芒。将这些优秀的文明汇编成书奉献给大家，是一件多么功德无量、造福人类的事情！1901年，哈佛大学第二任校长查尔斯·艾略特，联合哈佛大学及美国其他名校一百多位享誉全球的教授，历时四年整理推出了一系列这样的书——《Harvard Classics》。这套丛书一经推出即引起了西方教育界、文化界的广泛关注和热烈赞扬，并因其庞大的规模，被文化界人士称为The Five-foot Shelf of Books——五尺丛书。

关于这套丛书的出版，我们不得不谈一下与哈佛的渊源。当然，《Harvard Classics》与哈佛的渊源并不仅仅限于主编是哈佛大学的校长，《Harvard Classics》其实是哈佛精神传承的载体，是哈佛学子之所以优秀的底层基因。

哈佛，早已成为一个璀璨夺目的文化名词。就像两千多年前的雅典学院，或者山东曲阜的“杏坛”，哈佛大学已经取得了人类文化史上的“经典”地位。哈佛人以“先有哈佛，后有美国”而自豪。在1775—1783年美国独立战争中，几乎所有著名的革命者都是哈佛大学的毕业生。从1636年建校至今，哈佛大学已培养出了7位美国总统、40位诺贝尔奖得主和30位普利策奖获奖者。这是一个高不可攀的记录。它还培养了数不清的社会精英，其中包括政治家、科学家、企业家、作家、学者和卓有成就的新闻记者。哈佛是美国精神的代表，同时也是世界人文的奇迹。

而将哈佛的魅力承载起来的，正是这套《Harvard Classics》。在本丛书里，你会看到精英文化的本质：崇尚真理。正如哈佛大学的校训："与柏拉图为友，与亚里士多德为友，更与真理为友。"这种求真、求实的精神，正代表了现代文明的本质和方向。

哈佛人相信以柏拉图、亚里士多德为代表的希腊人文传统，相信在伟大的传统中有永恒的智慧，所以哈佛人从来不全盘反传统、反历史。哈佛人强调，追求真理是最高的原则，无论是世俗的权贵，还是神圣的权威都不能代替真理，都不能阻碍人对真理的追求。

对于这套承载着哈佛精神的丛书，丛书主编查尔斯·艾略特说："我选编《Harvard Classics》，旨在为认真、执著的读者提供文学养分，他们将可以从中大致了解人类从古代直至19世纪末观察、记录、发明以及想象的进程。"

"在这50卷书、约22000页的篇幅内，我试图为一个20世纪的文化人提供获取古代和现代知识的手段。"

"作为一个20世纪的文化人，他不仅理所当然的要有开明的理念或思维方法，而且还必须拥有一座人类从蛮荒发展到文明的进程中所积累起来的、有文字记载的关于发现、经历以及思索的宝藏。"

可以说，50卷的《Harvard Classics》忠实记录了人类文明的发展历程，传承了人类探索和发现的精神和勇气。而对于这类书籍的阅读，是每一个时代的人都不可错过的。

这套丛书内容极其丰富。从学科领域来看，涵盖了历史、传记、哲学、宗教、游记、自然科学、政府与政治、教育、评论、戏剧、叙事和抒情诗、散文等各大学科领域。从文化的代表性来看，既展现了希腊、罗马、法国、意大利、西班牙、英国、德国、美国等西方国家古代和近代文明的最优秀成果，也撷取了中国、印度、希伯来、阿拉伯、斯堪的纳维亚、爱尔兰文明最有代表性的作品。从年代来看，从最古老的宗教经典和作为西方文明起源的古希腊和罗马文化，到东方、意大利、法国、斯堪的纳维亚、爱尔兰、英国、德国、拉丁美洲的中世纪文化，其中包括意大利、法国、德国、英国、西班牙等国文艺复兴时期的思想，再到意大利、法国三个世纪、德国两个世纪、英格兰三个世纪和美国两个多世纪的现代文明。从特色来看，纳入了17、18、19世纪科学发展的最权威文献，收集了近代以来最有影响的随笔、历史文献、前言、后记，可为读者进入某一学科领域起到引导的作用。

这套丛书自1901年开始推出至今，已经影响西方百余年。然而，遗憾的是中文版本却因为各种各样的原因，始终未能面市。

2006年，万卷出版公司推出了《Harvard Classics》全套英文版本，这套经典著作才得以和国人见面。但是能够阅读英文著作的中国读者毕竟有限，于是2010年，我社开始酝酿推出这套经典著作的中文版本。

在确定这套丛书的中文出版系列名时，我们考虑到这套丛书已经诞生并畅销百余年，故选用了“哈佛百年经典”这个系列名，以向国内读者传达这套丛书的不朽地位。

同时，根据国情以及国人的阅读习惯，本次出版的中文版做了如下变动：

第一，因这套丛书的工程浩大，考虑到翻译、制作、印刷等各种环节的不可掌控因素，中文版的序号没有按照英文原书的序号排列。

第二，这套丛书原有50卷，由于种种原因，以下几卷暂不能出版：

英文原书第4卷：《弥尔顿诗集》

英文原书第6卷：《彭斯诗集》

英文原书第7卷：《圣奥古斯丁忏悔录 效法基督》

英文原书第27卷：《英国名家随笔》

英文原书第40卷：《英文诗集1：从乔叟到格雷》

英文原书第41卷：《英文诗集2：从科林斯到费兹杰拉德》

英文原书第42卷：《英文诗集3：从丁尼生到惠特曼》

英文原书第44卷：《圣书（卷Ⅰ）：孔子；希伯来书；基督圣经（Ⅰ）》

英文原书第45卷：《圣书（卷Ⅱ）：基督圣经（Ⅱ）；佛陀；印度教；穆罕默德》

英文原书第48卷：《帕斯卡尔文集》

这套丛书的出版，耗费了我社众多工作人员的心血。首先，翻译的工作就非常困难。为了保证译文的质量，我们向全国各大院校的数百位教授发出翻译邀请，从中择优选出了最能体现原书风范的译文。之后，我们又对译文进行了大量的勘校，以确保译文的准确和精炼。

由于这套丛书所使用的英语年代相对比较早，丛书中收录的作品很多还是由其他文字翻译成英文的，翻译的难度非常大。所以，我们的译文还可能存在艰涩、不准确等问题。感谢读者的谅解，同时也欢迎各界人士批评和指正。

我们期待这套丛书能为读者提供一个相对完善的中文读本，也期待这套承载着哈佛精神、影响西方百年的经典图书，可以拨动中国读者的心灵，影响人们的情感、性格、精神与灵魂。

目录 Contents

柏拉图对话录

Dialogues Of Plato

〔古希腊〕柏拉图　著

主编序言

苏格拉底是一位雅典雕塑家之子，出生于公元前469年，在父亲的培养下接受艺术的熏染，但早年便放弃并投身于真理与美德的探寻。在战争与和平的年代，他以平民的身份扮演着自己的角色，忍受贫苦带来的艰辛。对于他那泼辣的妻子，也以平静冷漠的态度相与处之。他并未跟随他那个年代其他哲学家们的潮流去施以正规教学，而是专注于主要靠提出问题的方式和人们聊天、探索，以引起同龄人——尤其是青年人的注意，或使他们做出理智的思考和合理的举动。他以自己的无知而非知识广博而闻名，他极愿意向自称博学的人学习，因此著名的“苏格拉底讽刺”便在他的这种态度中体现出来。然而，这类谈话不可避免地将导致那些即将成为国家教员的人减少。他们在卸下伪装的面具后会感到愤怒，在被质问者们教导时会表现出谦逊与求知的欲望。当然这种习惯将遭受别人的敌意，而苏格拉底最终也因为劝说信其他的神灵，并败坏青年人的思想而遭到控告。他的辩护，正如将在《申辩篇》中看到的那样，以他一如既往的信念坚定的风格表现出来，他也丝毫不畏惧结果。要是他能以服从的语气说话，那么他完全有可能轻而易举地逃脱死刑，但他还是在公元前399年死去了，成了执着投身于真理的牺牲品。苏格拉底从未写过任何东西，我们所学到的关于他的教学内容主要来自他的弟子色诺芬和柏拉图。

柏拉图也是雅典人，约公元前428年生于一个显赫的家庭。他在20岁时成为苏格拉底的弟子，在他的导师死后，他游遍埃及、西西里岛以及其他一些地方，在大约公元前388年回到雅典，在一个体育馆附近的一个花园里创办了他的哲学院，称之为“柏拉图学园”，在这里度过了他余生的四十年。他的学生中能与他的哲学声望相匹敌的是亚里士多德。与苏格拉底不同的是，柏拉图并不参与雅典公民生活，反而对政治哲学颇感兴趣，据说国内外的政客们都前来向他咨询。

柏拉图的所有作品都得以保留，除此处发表的那些以外，还包括：《理想国》《会饮篇》《斐多篇》《普罗泰哥拉》《泰阿泰德》《高尔吉亚》，以及许多其他作品。它们都是以对话的形式出现，作品中柏拉图自己仅仅只是作为一名听众出现，而主要发言人还是苏格拉底。柏拉图发展了苏格拉底哲学，尤其是在推理思维方面，由于远超出苏格拉底自己所能达到的程度，因此不能正确、精确地判定有多少思想是出自老师之手，又有多少是出自学生之手。

这些哲学对话已经保存了两千多年，成为文明世界重大智力影响之一。它们无论从文学的角度还是从哲学的角度都值得被推崇。这部作品不仅风格优美，还对大量对话采用了戏剧技巧进行改编。对于情境的选择和人物的描绘都是由一名伟大的艺术家来完成的。此卷的三篇对话同时是对柏拉图文学手法的有力证明和对其老师个性的深刻写照。

查尔斯·艾略特

申辩篇

雅典同胞，在听到控告我之人的陈述之后，你们做何感想我不知道！不过他们强有力的说辞使我连自己是谁都不知道了，这也达到了他们想要的效果。他们的话里没有一句是真话，他们的许多谎言之中，最使我吃惊的一条是——我是说他们告诉你们要小心谨慎，不要被我的花言巧语所欺骗。他们的这种做法实在太无耻，因为当我一旦开口展现我的缺陷时他们就必定有所察觉。当然，他们这样说看上去是最不知羞耻的，除非是由于我雄辩的实力，也就是他们所说的事实的力量：对他们来说，我承认自己确实是个优秀的演说家，但绝不是他们所说的那种！而我要说，他们所说的没有一句是事实，而你们将从我口中听到的全部属实，然而，我所说的话并不像他们说的，字字句句经过精心编排。我绝不会那样做！我的话语与论证都是想到就说的，因为我敢肯定那都是正确无误的。这也才切合我的年纪，雅典同胞们，在你们面前我不可能像小孩那样编假话。在此我要恳求你们一件事：在辩护中，如果听到我使用的是我平常所说的，也是你们大多数在集市或钱铺柜台等处听到过的同样的话，请你们不要因此而感到诧异并来打断我。我已经七十多岁，上法庭却是第一次，对在法庭上如何讲话我还是个门外汉。因此，请你们把我当成真正的外来人，即使我用方言或跟不上国家潮流的方式讲话，你们也得原谅我，我想这个要求也不过分。不要在意我说话的方式、说得好还是不好，但只考虑案件的公正，并用心聆听，让法官做出判决，让演说人讲真话。

首先，我的辩护将针对那些首先诬告我的人以及他们的诬告；其次，我才去针对那些后来诬告我的人和他们的诬告。诬告我的人太多了，早在多年前就已经存在，这么多年来他们一直在说着那些污蔑我的话，阿倪托斯等人虽然是以他们的方式让我觉得危险，更让我心生畏惧。但相比之下更危险的是，那些当你们还年少时就给你们灌输谬论而控告我的人，并告诉你们说“有这么个苏格拉底，他是个聪明人，上知天文，下知地理，他能把坏事说成好事”。这些人到处散布这种谎言，使我对他们产生畏惧。人们听他们这样说，不免会想，这样一个研究天上地下的人，必定不信神。况且，这些污蔑我的人，人数众多，这些污蔑很早以前就有了，也正当你们最容易轻信的年龄。你们还是孩子，或许还年轻幼稚，而且这些谎言是在没有人出庭辩护的情况下传到你们耳朵里的。更让人困惑的是，我不知道他们是谁，叫什么名字，只知道其中一个，他碰巧是个喜剧作家。这些污蔑我的人主要靠嫉妒和恶意中伤来使你们相信他们——有的人便信以为真，然后又去使别人相信——这些人在我看来是最难对付的。我根本无法在法庭上与他们对峙，声讨他们，然而我不得不为自己辩护，实际上仅仅是在与一群幽灵作战，我提出质问，却没有人答复。请你们接受我刚才的看法，正如我所说的，污蔑我的人分为两类：一类是新近才控告我的人，一类是许多年来一直污蔑我的人。我想你们先看到的是我对后一类人的控诉，因为你们首先听到了这类人对我的污蔑，并且他们声势浩大！

好了，那么我将开始我的辩护。我将在这短暂的时间内尽我所能，去处理这些你们很早就听说了的恶意中伤我的言论。这样做对你们和我都有好处，我的话将会引起你们的共鸣，我希望我能成功！但我知道这并非易事，我已经看到了这项任务的本质。总之，谋事在人，成事在天，我将依照法律的规定，进行申辩。

话得从头说起，他们的污蔑诋毁，就连米利都都轻信了那些谎言，而使得他有把握来控告我。我想问，污蔑我的罪名是什么呢？他们到底说了我什么？这些控告我的人，我得说说他们对我的诉状："苏格拉底是个稀奇古怪、干坏事的家伙，他研究天上地下的事情，能将坏事说成好事，并以此来教导民众。"这些罪状正如你们自己在阿里斯托芬的喜剧中看到的那样。他把一个叫苏格拉底的搬上舞台，说他能在空中行走，满口胡言，其实我对那些事情完全不知，别说有很多不知道，而是一点儿都不知道。我这么说，并无毁谤研究自然哲学的学者之意。万万没想到，米利都居然拿这种问题来控告我！雅典同胞们啊，明了的事实就是，这些学术与我毫不相关。恳求在场的各位为我做证，你们相互询问下，有谁听我谈论过这种事情，请说出来，不说我谈过多少，哪怕只是一点点。你们听听答案，就可以知道其他事情的事实是如何了。

我能做此报告是基于一点，那就是我是一名拿着薪水的教师，这也是不争的事实。尽管有很多人能够教学，但对于能够拿薪水的人，我表示尊敬。雷昂提的高尔吉亚、赛奥斯的普罗提格斯和伊利斯的希庇亚斯，他们走遍了所有城市，并劝告年轻人离开他们生活的地方，因为在那里他们一无所获。跟随这些人，年轻人不仅要出钱，而且他们还会因为能够付钱而心存感激。我听说事实上有这么个帕罗斯岛的哲学家，居住在雅典，我听过关于他的言论是这样的：这个人花了大量钱财在那些诡辩家身上，凯利亚斯，海坡尼卡斯之子，在他们知道他有了儿子之后，我便问他："凯利亚斯，如果你的两个儿子是驹或者牛犊，那么要找到一个人骑到他们背上也不是件难事；我们需要找的是驯马师，或者也许是一位农场主，可以改善并完善他们自身的美德和优良品质；但正因为他们是人类，你考虑过谁能凌驾他们之上吗？有谁了解人类和政治美德？你有孩子，那么你就得考虑这个问题：有谁？”“有。”他答道。我问，“是谁？他来自哪个国家？他想要换得什么？”“厄维诺斯，”他回答说，“就是他，他要五米纳。”我很为厄维诺斯感到庆幸，他真有本事，拿如此微薄的薪水也能照样教学。如果我有他这般学问，那我会沾沾自喜、得意忘形的。然而事实上，雅典同胞们，我对这种学问一窍不通。

我敢说有人会问这样的问题，“苏格拉底，对于那些针对你的控诉，究竟是源于何处呢？是因为你干了些异乎寻常的事吗？要是你和其他人一样没干什么不一样的事，那么也就不会有那些流言蜚语的。你干了什么就说出来吧，免得我们对你做出草率判决”。现在我觉得这是与我公平的对决，我将向你们解释下“智慧”一词以及他们对我诋毁中伤之事的缘由。请各位听我说，你们有的人也许会认为我是在开玩笑，但那绝不是的，我对你们讲的将全是事实。雅典同胞们啊，我之所以会有这些坏名声，全是因为我有一种智慧。是什么智慧呢？我说这种智慧是人类所能获得的，或许就是靠这种智慧，我认为我还算聪明。对于我刚才所说的那类人，他们应该有着超人类的智慧，我不知道该怎样来形容，因为我是完全不具备的。那些说我懂的人纯粹是在撒谎，故意激起我反感的。雅典同胞们，在此请不要打断我，就算我是在说大话。其实这番话并不是我所说的，我要让你们见证谁是真正值得信任的。我将告诉你们我所谓的智慧是什么，不管我是否具备，或是有着怎样的智慧。我要请德尔斐的神明来为我做证。你们都认识凯瑞丰吧，他是我年轻时的一个朋友，也是你们的朋友，曾和你们一起逃亡，又一起回来。凯瑞丰，你们是知道的，做事很有热情。有一次他去德尔斐求福时大胆地提出了这样一个问题——诸位请不要喧哗——他问神，世上有没有比苏格拉底更聪明的人。皮托的女祭司回答说，没有谁更聪明。凯瑞丰已去世，他的弟弟也在法庭上，他会向大家证实这件事。

我为什么要提到这件事？因为我要向你们解释对我的诋毁从何而来。我听见那条神谕的答案，心里就想：神到底是什么意思呢？神到底在暗示什么呢？我自己知道我是一点儿也不聪明的，为什么神要说我是世上最聪明的人呢？他是神，不可能说谎话，因为那样做有违他的原则。经过长时间的冥思苦想，我最终想到了如何来解决这个问题的办法。我想如果我能找出一个比我聪明的人，那么我掌握了驳斥神的证据，就可以去找神理论。我要告诉他，“这个人比我聪明，然而你却说我是世上最聪明的”。于是我去到这个拥有智慧的人那里，并对他进行观察——他的名字我没必要提及，总之他是一个官员，也成了我实验的对象。结果如下：当我一开始和他谈话时，我发现他并非真正像许多人想象的那样聪明，也没有他自以为的那样聪明。我设法告诉他，他虽自以为聪明，但实际上并不聪明。结果他对我怀恨在心，在场的人也对我不满。自打我离开之后，我就在心里暗想：尽管我俩都不知道什么是真正的美和善，但我比他好，因为他根本一无所知，还自以为自己知道；而我，虽然不知道，却不自以为知道。在这一点上，我似乎比他更聪明。我又去找哲学造诣“更高”、比他更聪明的人，结果和先前的一样，我又成了他和其他许多人仇恨的对象。

接下来我又一个一个地去找这样的聪明人，遇到的只是令我恐惧不安的仇恨。但我想我必须以神下达的使命为重，去寻找一切被认为聪明的人，以查明神示的含义。雅典同胞们啊，我凭母狗发誓，跟你们说实话吧，我得出的结论是这样的：我发现被认为最具有智慧的人，实际上全是最愚蠢的，有些名气不大的人反而更聪明。为了证明我的结论是无可非议的，我将把我这次赫剌克勒式寻找答案的过程告诉你们。访问过那些官员之后，我拜访过诗人、悲剧诗人、写合唱歌的诗人等，并当场打算证明自己并不比他们聪明。我带上他们的一些经典之作，并向他们讨教文章的用意——我这样做是想从他们那里学到些东西。你相信吗？我真不好意思讲，但我还是必须讲出来，结果诗人没有一个能对诗做出阐释，倒是在场的其他人讲得头头是道。这时我才知道，诗人写诗并不是靠聪明智慧，而是靠一种天分和灵感。他们和那些神人祭司一样，说得天花乱坠，可实际上却不知道自己说了什么。这些诗人们在我看来也差不多如此。我还发现，这些诗人因为写出了诗就认为自己在其他事情上也很聪明，其实不然。因此我离开了，也终于认为自己高他们一筹，原因和我认为我比那些官员们更聪明一样。

最后我去拜访了工匠。我知道实际上我一无所知，确定他们一定懂很多精工巧艺。这次我的判断绝对无误，因为他们确实知道许多我不知道的事情，就这点看来，他们确实要比我聪明。但我发现哪怕是最优秀的工匠也会犯与诗人同样的错误，他们因为手艺精湛，都自认为在其他许多事情上也无所不知，这种想法就给他们的智慧印上了瑕疵。于是我问自己，同时也是针对那条神谕，是否做回原来的自己，可以不用像他们那样无所不知或者一无所知。我自问自答：我还是做回原来的自己比较好!

雅典同胞们啊，这一番调查，招来了无数的敌人：极其尖酸刻薄，危险至极。同时诋毁遍布，说我是一个聪明人，原因是人们认为我具备别人不具有的智慧。雅典同胞们啊，可事实上只有神是聪明的啊，在这条神谕中，他暗指人类的智慧是微乎其微的，甚至是没有智慧的。他并不是在说苏格拉底最聪明，而只是借他的名打个比方，就好比说：人啊，真正聪明的是像苏格拉底那样的人，他知道他的智慧实际上是微不足道的。因此，我仍然到处行走，遵照神的旨意，无论是国民还是侨民，只要看上去是聪明人，就对他们进行走访调查。当我发现一个人不聪明，就协助神揭示出他不聪明。对做这项工作我乐此不疲，无暇顾及什么公务或私事。我全心在为神而服务，所以我非常贫穷。

另一件事就是：有这么一群年轻人，是富家子弟，整天无所事事，也跟着我到处走访，听我和人谈话做调查，并经常模仿我去调查其他人。我想他们也一定很快就会发现，有些人自以为知道些什么，实际上却一无所知。结果，被青年人盘问的人把不满都发泄在我身上，而不是发泄在他们身上，口口声声说，这该死的苏格拉底，把青年都带坏了！

或许有人会问这些青年，这到底是为什么？苏格拉底到底教了些什么邪恶的东西？他们不知道，也答不出来。但为了不显得很窘，就搬出历来攻击一般哲学家的老生常谈，说道："他讲天上地下的事情，他不信神，能将无理的事说成有理的事。"我想这些人不愿说老实话，害怕他们不懂装懂而被揭穿，而这也才是事实。然而他们人数众多，声势浩大，精力充沛，并众口一词蛊惑人心来攻击我，于是长年累月地一直在你们耳边说那些诋毁我的话。这也是为什么连米利都、阿倪托斯、吕孔都攻击我的原因。米利都曾作为诗人代表与我发生过争执，阿倪托斯曾为工匠们抱不平，而吕孔曾为演说家抱不平。这些诬告之词，正如我在最开始所说的那样，我不寄希望能在短时间内将它们驱散。雅典同胞们啊，这些全是事实。我已将它们全盘托出，毫无掩饰。我也知道我这样做会使他们怀恨在心，这也正说明我所说的全是事实，从而招来了他们的憎恨以及恶意中伤我的言论，你们只要调查就会在今天或今后发现这是事实。

对于第一批人的诬告，我的辩护到此已经足够。接下来是针对以米利都为首的，自称是善良的爱国者的第二批人，我将对他们展开辩护。关于这新一批的控诉者，还是先来听听他们的控诉书吧，上面所说的内容如下：苏格拉底是个干坏事的家伙，是个败坏青年的腐败分子，他不信城邦信奉的神灵，而转信自己信奉的其他神灵。这就是他们的控告词，下面我们对这控告词来研究研究。他说，我是个干坏事的家伙，是个败坏青年的腐败分子；雅典同胞们啊，我要说的是，米利都才是个干坏事的家伙，他喜欢在重大问题上开玩笑，假装一副热情关心的样子，随便让人吃官司，明明不感兴趣的事情也要装出热情洋溢的姿态，这点我将尽力向大家证明。

来吧，米利都，我问你个问题。你为青少年的成长考虑过很多吗？

“是的。”那么就请告诉法官，谁在教导他们呢？你知道你已经发现了一个腐败分子，并把他带到了他们面前对他进行起诉，说出来吧，告诉法官是谁在教他们学好。你看，米利都，你都不说话，你举不出来。这不是让你很丢脸吗？这充分证明了我刚才所说的话，你根本不关心这件事！我的朋友，说吧，是谁在教导他们呢？“法律。”哦！高明的先生啊，这不是我要的答案。我想知道的是这个人是谁，是谁第一个知道法律的呢？“这些法官，苏格拉底。”米利都，你这是什么话？难道法官能教导这些青年人，使他们成才吗？“当然。”只靠所有这些法官，还是只是其中一些，不靠其他人？“所有这些法官。”我的老天，说得真是好啊！你还真说出了那么多帮助青年的人啊！那么在座的这些听众呢，他们没帮助青年们成才吗？“他们也帮助了。”那么那些议员呢？“议员们也做了贡献。”那么，有资格参加公民大会的全体公民，是败坏还是帮助了青年呢？“他们帮助了青年。”那么，每一个雅典人都帮助了青年，帮他们提升了自己，唯独我是个败坏青年的腐败分子，对吗？你是这个意思吧？“一点儿不错。”

如果你说的是事实，那么我觉得我太倒霉了。容我问你个问题：举个例子，就拿马来说，所有人都将它们训练成好马，唯独有一个人带坏了它们，你觉得这也合理吗？还是恰恰相反：一个人将它们训练成了好马，或者是有少数几个驯马师培养了它们，而绝大多数人是将它们带坏了？米利都，这难道不正确吗？无论是对于马还是其他的动物。当然了，不管你和阿倪托斯同意也好，反对也罢，不要紧。如果世上真只有一个人是败坏青年的，而其他人都是帮助他们的，那么对那些青年来说，可是莫大的洪福啊！米利都啊，这充分证明了其实你根本就没替青年着想过，你假借这件事拉我上法庭，但其实你对这个问题根本漠不关心。

米利都，请再回答我一个问题：和坏人为伍好，还是和好人为伍好？请告诉我，我的朋友，这个问题不难回答。好人总会使与之接近的人受益，而坏人则会让周围的人受害，是不是？“当然。”有谁愿意从伙伴那里受害，而不愿从伙伴那里受益吗？请回答我，我的朋友。法律要求你回答——有谁愿意受害吗？“当然没有这样的人。”那么你是要告我蓄意败坏青年，还是要告我过失败坏青年呢？“我说你是蓄意败坏青年。”但你刚刚已经承认，好人会使周围的人受益，而坏人则会加害周围的人，因为你高明的智慧，在你年轻时就意识到了这一点，并已成事实。而我呢，我都这把年纪了，难道还如此糊涂无知，竟不知道败坏了接近我的人，我想最后反而是我被带坏吧，这难道也是我蓄意败坏他们吗？这正是你所表达的意思，对于此，你将不能使我信服，其他人也不会相信。由此可见，我要么就是根本没有败坏青年，要么就是败坏青年但并非“蓄意”，在这件事情上，无论从哪个角度讲，你都在撒谎。如果我是过失犯罪，法庭并不受理过失犯罪的案子，因此你应该私下把我抓起来，对我警告劝阻就行；因为要是你给了我好的建议，我当然不再犯我无意中所犯的过失——这一点是毫无疑问的。但是你不肯和我接触，教导我，反而还在这个法庭上起诉我，而法庭不是教育人的地方，是对犯人判罪的地方啊！

雅典同胞们，这已经很清楚，正如我所说，米利都对这件事根本毫不关心。但米利都，我仍然想知道，我到底是怎样败坏青年的呢？我想正如你控诉书上所说的，我教他们不信城邦信奉的神，而去相信别的神灵，是不是？这就是你所说的我带坏了他们，是吗？“是的，我正是这么说的。”那么，米利都，就凭我们现在正在谈论的神灵为证，请以简单的话，向我和大家说明，你到底是什么意思！我还是不太明白，你告我是因为我教他们认为有神，而我也认为有神，我并不完全认为无神，也并不是因为这点而控告我吧？只不过我不信奉城邦所信的神，你控告我的罪状是说我信其他的神，还是说我仅仅是个无神论者，并教这些青年人也不信神呢？“我是指后者，你完全不信神。”米利都，你太奇怪了！你何出此言呢？我不是和大家一样，都信奉太阳月亮是神之主吗？“我向你们保证，法官们，他根本就不信神，因为他说太阳是石头，月亮是泥土。”我的米利都啊，你是在控告阿那克萨戈拉吧？你未免太鄙视这些法官了吧，你认为他们会无知到对克拉佐曼奈城的阿那克萨戈拉书中的那么多话一窍不通吗？青年们的确从我这里学到了这些东西。当剧院频繁有演出时（票价最贵也就一个德拉克玛），他们便可以买到便宜票，青年们就会去看苏格拉底把这种奇谈怪论拿过来当成他自己的发明，而博得大家一笑。那么，米利都，你真的相信我不信神吗？“是的，我凭宙斯发誓，你是毫不信神的。”米利都，你这个骗子，连你自己都说不服。雅典同胞们啊，我不禁会想，米利都是个放荡不羁、毫无礼数的家伙，他年少轻狂，因感情用事就写出了这张状纸。我想他是编了一个让人费解的哑谜，仿佛在说：我将看看聪明的苏格拉底到底能不能识破我精心编织的自我矛盾的格局，也许我能够蒙骗过他和其他人。他话里的矛盾是瞒不过我的，仿佛在说，苏格拉底是有罪的，因为他不信神，但又信神，这简直是个笑话。

雅典同胞们啊，我希望你们能同我一道，去看看他的自我矛盾是个什么情况。米利都，你来回答吧。我必须提醒大家的是，在我用习惯的方式讲话时，请不要起哄。

米利都，有没有人认为有关人类的事情存在，却没有人类？让米利都来回答这个问题，大家不要打岔。有没有人相信有马术，而相信没有马？或者有没有人不相信有吹笛子的人，而相信有关吹笛子的事情？我的朋友，既然你不愿回答，那么就让我来告诉你和大家吧——那是没有的。但下面的问题你总得回答吧。有没有人相信有神的事，却不相信有神？“没有。”多亏大家的帮忙，你总算作了答复，谢谢！然而，米利都，你在控诉书中说，我相信神灵，并教青年们神灵，不管是新神灵还是老神灵。总之，照你的说法，我是相信神灵的。既然我相信神灵，就必然相信半神了，你说是不是？当然是，你不回答，我就当你是默认了。那么半神到底是什么？半神不就是神，或者是神的儿女吗？是不是？“当然是。”你起初说我不信神，后又说我信神，因为我信半神，半神也是神，你这个哑谜真是太“高明”了。从另一方面讲，半神——不论他们是哪个女子所生——总之都是下界女子与天神的婚外子女，有谁会只相信半神的存在，而不相信有神呢？就好像有人相信骡子的存在，却否认有生骡子的马和驴的存在。如此的荒唐！米利都，你凭这就来控告我啊，你连这都写在状纸上，看来你根本就拿不出可以控告我的事实。稍微有点头脑的人，都不会相信你所说的同一个人居然既相信神灵和超人类的事物，又不相信另一世界的神灵、半神和英雄。

对于米利都对我的诬告，我的辩护已经足够。我之前已经说过，与我作对的人颇多，他们对我的敌意将使我被判有罪，这一点我深信不疑。如果我真的被判有罪，那么原因也并不在米利都和阿倪托斯身上，而在于广大群众对我的嫉恨诽谤，许多好人被处死，都是因为这个原因。再这样下去，有可能导致更多的人因此而丢掉性命，这种风气不会到我为止。

也许有人会说：苏格拉底，你因为这件事就使自己惨遭毁灭，你感到羞愧吗？对于这样的人，我会说：你这样想就错了，一个好人是不应该花精力在盘算自己是生是死这件事上的，他应该考虑的是他做的事情对与否，也就是思考自己扮演的到底是好人的角色还是坏人的角色。然而，根据你的观点，死于特洛伊城的英雄，包括忒堤斯的儿子，都不是好样的。忒堤斯儿子的想法是：与其忍受屈辱，不如甘心冒险。他决心杀死赫克托时，他的母亲（是个女神）对他说：“儿啊，如果你要为你的同伴帕忒洛克罗斯报仇，杀了赫克托，那你也得相继死去。”她又说：“他一死，下一个遭殃的就将是你。”忒堤斯的儿子在听到这番话之后，并不以生死为意，只觉得要是因为害怕险境和死亡，而不替朋友报仇，自己就会活得很窝囊。他说：“我即将死去，也已惩罚了那不法之徒，不必在这弯船之间受人耻笑，做大地的累赘。”他又何尝把生死安危放在心上呢？雅典同胞们啊，一个人无论处于什么样的岗位上，不管这个岗位是他自己选择的或是某个长官派给他的，他都必须坚守岗位，甘冒风险。他不应该考虑危险，而应考虑不能辱没自己。这可是条真理啊！

雅典同胞们啊，我当年在波提代、安菲波里斯、得利翁，接受你们推出的将军的安排，坚守阵地，不怕牺牲。如今如我所想的那样，上帝也委派了哲学任务给我，让我去认识我自己，去认识其他人。如果我因考虑自己的生死而患得患失，导致丢掉了这个岗位，那就太不对了。如果我因惧怕死亡而不遵照神谕的指示，明明不聪明却自认为聪明，做出这等事，那真应该被告上法庭，控告我否认神灵的存在。贪生怕死就是明明不聪明却装聪明，不懂装懂的表现。因为对于死，没人知道它是不是一种极大的幸福，但人们认为它是种极大的灾难而害怕死。有没有人认为自己无所不知呢？这种无知的想法看上去是多么的可耻啊！由此可见，我认为我比一般人要聪明些。原因在于，假如我不了解另一个世界，那么我就不会说我了解。我明白对于更高明的神和人来说，干坏事和不听他们的话将会被视为邪恶的、可耻的。我将不惧怕或放弃任何可以做善事的机会，而对于做坏事，我是害怕去做的，也会回避。阿倪托斯说，如果我没有被判死刑，那就没有必要起诉我了，既然起诉了我，就一定得判我死刑。并且说，如果判我无罪，你们的儿子们将完全遵从我说的去做，而这也将彻底毁了他们。如果你们不判我有罪，对阿倪托斯的控诉不予受理，并对我说："苏格拉底，这次我们不按阿倪托斯的话办，我们将放你走，但有一个条件，你今后不得再以这种方式搞调查、研究哲学，如果被发现你仍在做这个事，你就得死。"如果这就是你们释放我所提出的条件，那么我要说：雅典同胞们啊，我对你们表示爱戴和尊敬，但我要听从神的安排，而不是你们的安排，只要我还活着，还有力气，就不会停止教授哲学。我将一如既往地为我遇到的人指明真理，并劝服他们说："我的朋友，你们是最优秀的城民，最伟大聪明的雅典人民。你们为什么会花如此多的精力、如此多的钱财，去追求名声和荣耀，而不愿追求智慧和真理，以升华灵魂呢？对它们你们从来都不屑一顾。对此，你们不感到羞愧吗？"如果有人要与我争辩说："是的，但我还是在乎这些的。"那么我不会立即让他走掉，我将对他进行诘问，反复测试，如果发现他并无这种品德，却硬要说自己有这种品格，我将责骂他对重要的事不上心，而专注于不重要的事。我将把这件事告诫给每一个我遇到的人，不论老少，不管是本邦城民还是外地人。当然对公民我更要劝诫，因为他们是与我最亲近的人。这是神要我这么做的，而且我相信，没有什么是比我对神的服务更对城邦有利的。我四处奔走，劝诫大家，无论老少，不要只注意你们的人身安全和财产安全，应该首先主要考虑你们灵魂的完善。我告诉你们，财富是不会产生美德的，而美德以及其他公共私人方面的一切美好的事物却能带来财富。这就是我要教给那些青年人的，如果这就败坏了他们，那么我给他们带来的影响就真的是毁灭性的。如果有人说我说的不是这种话，他是在撒谎。雅典同胞们，你们按照阿倪托斯的话去做也好，不按他说的话去办也罢；判我有罪也好，无罪也罢，总之，不论你们怎么做，哪怕我死一百回，也不会改变我的做法。

雅典同胞们啊，不要起哄，请大家听我讲。我相信我将说的话是会对你们有好处的。现在我要说的话，可能会引起你们的嚷嚷，但我请求你们不要那样做。你们会知道，如果将我处死，对你们造成的伤害会更大。米利都也好，阿倪托斯也罢，都不能加害于我，他们办不到，因为世界是不允许坏人伤害好人的。我不否认他可能杀害我、放逐我，或者剥夺我的公民权，他会想，其他人也会这样想，这种做法对我造成了极大的伤害。但我不这么认为，因为他这样做——在毫不公正的情况下取走了一个人的性命——反而是害了他自己。雅典同胞们，我现在的辩驳不是为了我自己。也许你们认为我是为了我自己，而事实上我是为了你们——不致使你们因为处决了我而在对待神赐的礼物上犯了错误，触怒神灵。如果将我处死，你们将不会轻易找出另一个像我一样的人，这个人——打个奇怪的比喻吧——就像一只牛虻，是神赐予这个城邦的，而这个城邦就像一匹身材高大、尊贵的马，由于体形庞大，所以行动迟缓，需要我这只牛虻来刺激它。神就是把我当成了这只牛虻，让我叮在我们城邦之上。我常年奔走，四处奔波，为的就是经常告诫你们、唤醒你们、指引你们。正因为你们再也不会轻易找到像我这样的人，我还是建议你们宽恕我，不要置我于死地。我想你们会像在睡梦中突然被惊醒那样，勃然大怒，然后将我打死，像阿倪托斯说的那样，你们可以很轻易地就做到，然后下半辈子才好继续大睡。除非神怜悯你们，再赐一只牛虻刺醒你们。我就是神派来的那只牛虻，这一点从下面的事实就可以看出：这么多年来，如果我和其他人一样，那么我就不会不顾私事，忍心看着人世沉沦。我来到你们身边，像父亲、兄长般劝告你们重视美德的培养，这么做也许有点不近人情，如果我在劝诫指导你们的过程中，收到过什么好处或报酬，那还说得通。但事实上，如你们所见，那些控告我的人，尽管恬不知耻，但都没有证据说我曾收取过报酬，他们根本找不到证人证明这一点。我所说的全是真话，我倒有个证人可以证明，这个证人就是我贫苦的生活。

我四处奔波，多管闲事，私下向大家进忠告，却从来不在公众场合给城邦人民提意见，这似乎难以理解。我将告诉你们原因，其实我在多种场合中都已经说过，我是受到了神灵的指示，米利都在控诉书中曾嘲笑过这件事。我年幼时就得到了这种启示，这是种朝向我的声音，它常常阻止我去做我想做的事，但不鼓励我去做什么事。它反对我参与城邦政治，看来是正确的。雅典同胞们，我相信如果我从政的话，那么早些年我就已经消逝了，这对你们和对我都是不利的。不要因为我告诉了你们下面这个事实就生气：谁如果反对你们、反对民众，制止城邦中不法的事情，谁就难以保全性命。如果他真想活下去，哪怕只是再活一个较短的时期，他也得为正义而战，也只能做一个普通人，而不去做一个公众人物。

下面就让我来证明这一点，这不是凭口说，而是凭你们所看重的行动。请听我这段亲身经历的故事吧，我将证明我绝不是那种因为贪生怕死就向正义低头的人，我是宁死不屈的。我要讲的是这件事，是一件普普通通的事，也许听上去索然无味，但却是实实在在的事。雅典同胞们，我只做过一种官职，那就是议员。当时我部族的成员担任主席，他下命令说要把海战之后没有为阵亡将士收尸的十将领加以集体审判，而不是一个一个审判。你们后来也承认这是不合法的，当时我是主席团中唯一反对不按法律办事的人。大会的那些发言人，在你们的呐喊助威下威胁着说要弹劾我、逮捕我。而我决心冒着生命的危险，站在法律与正义的一边，而不会因为害怕坐牢、贪生怕死就加入你们不正义的行列。那是城邦的民主政治时期，在寡头党执政后，三十僭主政府召集我和另外四人到议长办公的圆厅，要我们把萨拉米斯人雷昂从萨拉米斯弄回来，准备判处他死刑。他们同时下达了其他逮捕令，希望这项罪行牵连的人越多越好。这次我并不是口说无凭，而是不顾死活，通过实际行动证明我所说的话。唯一使我感到害怕的事就是我怕我做了伤天害理的不公道的事。那个政权，势力虽大，却没能吓倒我去做不正义的事。我们从圆厅出来，那四个人到萨拉米斯，逮捕了雷昂，我却径直回了家。说不定我很快就会被处死，幸亏那政权很快就倒台了。这件事你们当中很多人都能做证。

如果我以公众的形象出现，去当官，做个好人，并把维护正义公正当成首要的事来做，你们认为我真的能幸存下来吗？雅典同胞们，这是不可能的！不仅我不能做到，其他人也如此。不论对公还是对私，对于那些恶语中伤我的学生或其他人的人，我是不会向他们屈服的。老实说，我从来没有固定的学生，如果有任何人愿意来听我讲课，与我一道追寻我热爱的使命，不论老少，我从不反对。我从来不会只与给我报酬的人接触，而对于不给报酬的人置之不理。不管是谁，或贫或富，都可以向我咨询，回答我提出的问题，听我解释。无论谁，变好还是变坏，都与我无关，因为我不曾向他们许诺过什么。如果有人要说他从我这里学到了什么，听到过什么，是别人没有听到过的，你们要知道他们说的并不是真的。

有人会问，为什么大家乐意长期与你交流呢？雅典同胞们，正如我曾经说过的那样，事实是：他们喜欢听我调查那些自以为聪明，而实际并不聪明的人时的谈话，觉得有趣。这是神以神谕和梦境的形式赋予我的使命，就像他曾经指示其他人一样。雅典同胞们，我所说的千真万确，如果不是真的，将很快遭到反驳。因为要是我真的是在做败坏青年的事，并且他们中的一些人已经被我带坏，那么他们现在已经长大成人了，能够明白在他们年轻时我曾教授他们坏的思想，今天就应该控告我，为他们自己报仇啊。就算他们自己不出来控诉我，那么他们的亲戚、父母、兄弟或其他亲属可以出来申诉事实，称他们的家人因为我而遭受了怎样的灾难。现在就轮到他们了，我看今天在场的不少。克利同也在这儿，他和我同岁，又是我同社区的乡亲，他的儿子克里托布罗斯也在这儿。其次，斯斐托斯的吕萨尼阿斯也在，他是埃西涅斯的父亲。还有刻菲索斯的安提丰也在，他是厄比革涅斯的父亲。在场的还有一些人，他们的兄弟常听我谈话，如尼科斯特拉托斯，他是忒俄佐提得斯的儿子，忒俄多托斯的兄弟，忒俄多托斯已去世，当然不会阻止他的儿子告发我。在场的还有帕拉罗斯，他是德谟多科斯的儿子，特阿革斯是他兄弟。还有阿狄曼托斯，他是阿里斯同的儿子，他的哥哥柏拉图也在这儿。我还可以说出其他许多人，而他们中的某些人已经在米利都的发言中被提出来做了证人。如果他忘记了，那么现在还可以提出来，如果他还有什么证词需要说，我可以让路，也让他说。但是雅典同胞们，事实上却是相反的，在场的所有人都愿意站在我的立场帮助我，而在米利都和阿倪托斯看来，我曾经带坏了他们的亲属。不仅曾遭受过我腐蚀的青年要帮助我——他们这样做可能有他们的动机——而且未曾被我带坏的亲属，虽然他们年事已高，但也准备帮助我。为什么他们都要帮助我呢？真正的原因在于，他们想要的是真理与公正，因为他们知道我说的全是事实，而米利都是在撒谎。

雅典同胞们，我辩护中所说的就是这种或这类真话。也许你们中有谁在听了我的话之后，想起了他自己类似的经历，恼羞成怒。或许他会因为一个小官司，痛哭流涕地恳求法官，并把他的孩子、家属、朋友带上法庭，以引起怜悯同情。而我，也许凶多吉少，却不会干这种事。也许他听到了之后会恼羞成怒，投下一票，我想你们中也许该不会有这样的人吧，如果有，我要直言不讳地告诉他：我的朋友，我也是人，与其他人一样，是有血有肉的生物，我也是像荷马所说的，并非木石所生。雅典同胞们，我也有家人，有三个儿子，一个将成年，两个还小，但我不会将他们中的任何一个带到法庭上来，以求得大家判我无罪。我为什么不那样做呢？并不是因为我倔强，看不起大家，至于怕不怕死，我们姑且不谈。仅仅是因为这样做有失我自己、你们和城邦的颜面。我这年纪，我这被赋予聪慧的声望——姑且不说我配不配这声望——是不能这样作践自己的。总之，舆论还是认为苏格拉底比大多数人要更高一些。如果你们中的一些人认为自己比别人聪明、比别人勇敢，或有其他的美德，而做出这样的事，那是很丢脸的啊！我就见过一些比较有声望的人，当他们在受审判时，所表现出的样子最令人难以接受。他们认为死就意味着大难临头，只要不被判死刑，就永远不会死。我认为他们根本不把国家放在眼里，任何一个外国人来了都会说，他们是雅典最杰出的骨干，雅典人民给他们至高荣耀、无上权力，而他们却没骨气！雅典同胞们，像我们这种有声望的人是绝不能做这种事的，既然有谁做了，我们就不能坐视不管。比起那些一声不吭、甘愿受审的人，更应该将那些摆出一副可怜相、让世人耻笑的人判以死刑。

我们暂且不谈名声好坏的问题，对于祈求法官以求得宽恕，而不对他控诉和判刑的做法，似乎有些不妥当。因为法官的职责不是给出一时的公正，而是要做出判决。他已发誓说要依据法律的规定实施判决，而不能感情用事。不管是法官还是我们，都不应该包庇我们自己，那样做是有违天理的。雅典同胞们，所以你们也不要让我做我认为不光彩、不合天理的事。尤其现在米利都控诉我说我违背天理神道，现在正在接受审讯，千万不能做那样的事。雅典同胞们，如果我一味地劝说、恳求大家破坏你们的誓言，无疑是在让你们相信无神论，在我为自己辩护的同时，也承认了自己不信神的罪责。事实并非如此，我是信神的，我比那些控告我的人都要更相信神的存在。我将向你们和神灵坦白我所做的一切，并由你们来判决，这样做对你们和我都是最好的。

雅典同胞们，得知这个判决结果后，我并没有感到郁闷。因为这是我预想之中的，对此我只是感到奇怪的是：为什么投赞成票和投反对票的人基本相等。我以为反对我的人应该会多得多，现在反而有多投的三十票是支持我的，照这个结果看，我应该被判无罪。我想我应该可以摆脱米利都了，而且我要说，要不是阿倪托斯和吕孔帮他，米利都是得不到五分之一的票数支持他的，那么他就得被罚一千德拉克玛。

雅典同胞们，米利都的提议是判我死刑。我的提议是应该给我补偿什么，显然那是我应得的。我应该付出或得到的是什么呢？因为我没有时间去考虑一般人都在意的事，比如，发财致富，安家立业，军旅生涯，议会发言，当官从政。我想我是个实实在在生活的人，我不会到一个地方，做对你们和我自己都没有好处的事，而要去的地方是能为你们每个人做最有利的事的。到了那个地方，我要劝你们每一个人珍惜自己，在谋求私利之前，先注意自己在品德和智慧上的修养。在看到国家的利益时，首先要考虑国家本身。这才是他应遵守的行为规范。由此看来，像我这样的人应得到什么赔偿呢？雅典同胞们，当然是种有益的东西——真正符合我功过的补偿，真正对我有益的适当报酬。对于花充分时间来劝化你们，并使你们受益的这样一个穷人，给予什么样的报酬才最合适呢？雅典同胞，对于我这样的人，最合适的报酬就是在市政厅供给我公餐。比起奥运会双马驷马车赛优胜者，我更有必要被供给公餐。他们只能让你们兴高采烈，而我却能给你们带来实实在在的好处；他们不缺少吃喝，而我却连饭都吃不起。所以我要提出这个赔偿——供我公餐。也许有人会说，这不是和我说的哭求哀告一样吗？事实上不是这样的，我这样说是因为我确信我从来没有存心害过人，由于我们现在谈话的时间太短，我不能使你们信服。要是像其他城市一样，在雅典也有一条相关的法律，规定死刑不能在一天之内定案，那我相信我就有足够的时间使你们相信我。但现在时间确实太短，我并不能在短时间内将众多诽谤我的人一一驳倒。我从不曾加害于任何人，当然，我也不会冤枉我自己。因此我不能说我应该遭受什么样的灾难，或者提议对我施以怎样的惩罚。我为什么要这么说呢？难道我会害怕米利都提出的将我判死刑的惩罚吗？在难以肯定是福是祸之前，我何必另选明知是祸的惩罚呢？再说，我又能另选什么惩罚呢？去坐牢？我凭什么要进监狱，而成为当权派的奴隶？或者说这个惩罚只是对我进行罚款，直到罚款付清之后就释放我吗？总之，对我的惩罚目的都是一样的。看来我会在监狱一直待下去了，因为我没有钱来赎我自己。那么，要将我放逐吗？你们大家也许愿意这样。可是那样一来我岂不是太贪生吗？我的城民们啊，我想是你们受不了我所说的话，认为它们听起来枯燥乏味，不中听，而其他人也不愿意忍受吧。当然他们也忍受不了，雅典同胞们，我这把年纪，漂泊于各个城邦之间，过着一成不变的流放生活，还经常被驱逐，这生活真够好的！我确定不论我走到什么地方，到这儿到那儿，年轻人总会跟随我。如果我将他们赶走，那么他们的老人就会将我驱逐出境；如果我让他们来我这里，他们的父母和朋友将会为了他们的利益又把我驱逐出去。有人也许会说：的确会是那样，苏格拉底，你难道就不能安分守己，离开这儿到一个陌生的城市吗？那样就不会再有人来打扰你。关于这个问题，我想你们是很难理解我的回答的，我告诉过你们，我不说话是有违神的指示，因此我不能停止劝化你们，你们会认为我是在开玩笑。我如果说一个伟大的人做善事就是每天谈论有关道德修养的问题，并且他所关心的全是自我反省和调查别人，再说无所追求的生活算不得生活。这样说你们更不会相信。同胞们，尽管你们很难信服我说的话，但我说的都是事实。再说了，我从来想不到我应该受到什么样的惩罚。如果我有钱，我愿意提出缴纳一笔我出得起的罚款，那样做没有什么坏处。但你们知道，我是个穷人，并没有什么钱，只请求你们定下的罚款额是我能承受的。然而我想，我是能付得起一米纳的，就让我交付这么多吧。我在场的朋友们，柏拉图、克利同、克里托布罗斯、阿波罗多洛斯要我提出缴纳三十米纳的罚款，他们说他们就是我的担保人。那么就判我三十米纳吧，这笔钱他们足够向你们担保。

雅典同胞们，要不了多长时间，那些诚心败坏城邦的人将会把杀害哲人苏格拉底的罪名推卸到你们身上，要知道，攻击你们的时候会说我是聪明人，虽然实际上我并不聪明。只需要再等一些时间，你们所希望的事自然就会发生。你们看，我已这把年纪，死期不远了。我说这些是讲给想判我死刑的人听，对于他们我还有几句要说：你们认为如果我把该做的都做了，该说的都说了，最终被判无罪，这个结果才是理所应当的，如今被判了死刑，是因为我已经拿不出什么话来说了。不是的！老实说，我并不是无话可说，我只是不愿厚颜无耻，拣你们爱听的话来说罢了。你们想让我哭哭啼啼，苦苦哀求，去说有损我人格的话——这种话在别处听来虽然早已司空见惯。虽然我命在旦夕，但我不会做那些屡见不鲜、低贱卑微的事。对于我的辩护我也毫不后悔，我宁愿为我说话的方式而死，也不愿以你们爱听的方式做辩护而生。不管在战争中还是在法庭上，都没有人只顾死里逃生。在战场上，毫无疑问，如果向敌人缴械投降，下跪求饶，他将免除一死。在其他危急情况下，也有其他免死的办法，只要他愿意去说某种话或者去做某件事。同胞们，死里逃生并不难，难的是逃避罪恶，而这往往比死亡来得快。如今我年事已高，行动迟缓，就逃不过死亡了。然而那些控告我的人机灵，跑得快，那跑得快的罪恶就抓住他们。你们判了我死刑，我即将离去，而他们也将被真理判为不义的恶徒。我接受对我的惩罚，你们接受对你们的惩罚。我想这些都可以被看作命吧，本该如此，没有什么不好的。

雅典同胞们，对于判我死刑的人，我乐意给你们发出一个神示，因为我即将离世，这个时候的人往往有预知未来的能力。我告诉你们，如果你们杀害了我，我死后你们将遭受比我更为严酷的惩罚。你们杀害了我是因为你们想逃脱控告我的人，而不用将你们的生活如实招来。可你们想错了，结果将适得其反。因为那时将会有比现在更多的控诉者，他们现在还受我的约束。他们比你们年轻，将来会对你们更加严厉，会更让你们吃不消的。你们以为处死一个人，你们的生活就能相安无事吗？这就大错特错了。你们也不可能逃避，这也是不光彩的做法。最容易、最体面的做法就是不要欺压于人，而要修身养性，提升自己。我要离去了，这就是我临走前要说给判我死刑的人们的预言。

对投赞成票主张无罪释放我的人们，趁当局正忙，在我去刑场之前，请听我和你们谈谈刚才正发生的事吧。朋友们，请再和我多待一阵，我们有充足的时间，因此我们可以一个一个地交谈。你们是我的朋友，因此对于刚才在我身上发生的这件事，我想告诉你们究竟意义何在。对于你们，我可以真正称之为法官，我要告诉你们的是刚才发生的事情非常奇怪。时至今日，附着在我身上的神谕时时刻刻都在提醒我不要犯错，哪怕是针对一些小事。现在我面临的可以被认为——或者说大家都确信——是最终的，也是最惨的遭遇，但神灵没有做出任何反对的指示。我早上出门，上法庭，发言表明观点时都没有什么暗示。以往在我发言谈到一些观点时，常常被神灵打断而反对我，但现在在这件事情上，无论我说什么，做什么，神灵都不加反对。我拿什么来解释这件事呢？我告诉你们吧，我认为这证明发生在我身上的是好事，而你们中认为死亡意味着一场灾难的想法是错误的。这已经充分证明了这一点，因为照常规来看，要是我即将遭受什么不幸和灾难，神灵是会给予我暗示的。

让我们换种方式来证明吧，我此去极有机会得福，因为死后只有两种可能：一种是死后真的就一了百了，死者再无一切知觉；另一种正如人们所说，死后灵魂就从这个世界跑到了另一个世界。假设死后是一种无知觉的状态，就像是在睡觉，而且连梦也没有，这样看来，死了倒是一种妙不可言的收获。我想，假如让一个人挑选他安然无梦的一夜，去和他其他的日夜相比，让他说说有多少日日夜夜有这一夜舒服，我敢说，任何人，且不说哪一个人，即便是国王，也找不出几个日夜比这一夜更舒服。既然死是这样的性质，那死就是件有益的事情，因为死后，一个晚上也就成了永恒。从另一方面看，如果死真的是灵魂从一个地方换到了另一个地方，正如人们所说，我的朋友们啊，所有的死者都到那里去，还有什么比这更幸福的事吗？一个人来到那个世界，离开这儿的法官，并被送到另一个世界真正的法官那里，如弥诺斯、拉达曼托斯、埃阿科斯、特里普托勒谟斯以及其他英雄，他们生前都是大公无私的人物，我们迁居到那里岂不是求之不得吗？而且还能遇见俄耳普斯、缪赛俄斯、赫西俄德、荷马，有谁会不愿意呢？这如果是真的，我愿意死千万次。在那个地方，能够与帕拉墨德斯和忒拉蒙的儿子埃阿斯，以及其他早年间因遭错判而致死的人交谈，那将有无穷的乐趣。把我的遭遇与他们的比较一番，那生活真是妙不可言。最痛快的是，我可以继续像在这个世界一样，探索真理和谬论。去发现他们中哪些人是聪明的，哪些是自以为聪明而并不聪明的。陪审员们，当你们能够去研究率领大军攻打特洛伊的统帅，研究奥德修斯、西绪福斯以及其他无数说得出的男男女女，怎么会划不来呢？能够和那些人相处、交谈，真是有无穷的乐趣和享受。在那个世界，如果所说的全部属实的话，是绝不会因此就将人处死的。在其他方面，他们也比在这个世界的人要幸福得多，而且他们是永远不会死的。

因此，陪审员们，对于死，我们应乐观看待。你们知道事实上祸事是不会降临在好人身上的，不论在他生前还是死后。神灵不会对他以及他的所有置之不理的。如此看来，我现在的遭遇也并非偶然。但我很清楚，死后得到的解脱对我是再好不过的了，因此神也没有给出任何干涉我的暗示。这也是为什么我对那些控告我的人和将我判罪的人都不感到愤怒的原因。因为虽然他们这样做并不是出于好意，但他们没有对我造成任何伤害，然而在这点上，他们仍是难辞其咎的。

我还有一个要求，等我的几个儿子成年以后，如果他们追求的是金钱，注重别的什么胜过道德的东西，或者他们自以为是，其实并不行，那么就请你们像惩罚我那样惩罚他们。要是他们不关心他们应该关心的事情，成天想着自己是怎样的人，事实上却什么也不是，那就请你们像我指责你们一样，去指责他们。你们如果这样做，我和我的儿子们就算得到了公正的对待。

离开的时辰到了，我们各自走我们自己的路——我死去，你们将活下来。谁的命运更好，只有神知道。

克利同篇

谈话人：苏格拉底、克利同　　场景：苏格拉底在狱中

苏格拉底：你怎么这个时候就来了，克利同？还早吧。

克利同：是的，还早。

苏格拉底：大概是什么时候了？

克利同：天刚亮。

苏格拉底：真奇怪，看守怎么会让你进来！

克利同：我经常来，他也就认得我了，苏格拉底。再说了，我给了他点儿好处。

苏格拉底：你是刚来的吗？

克利同：不，我来了一会儿了。

苏格拉底：那你为什么坐在那不吱声，不立即叫醒我呢？

克利同：我为什么要这样做呢，苏格拉底。我只希望我自己能睡着

觉，那么忧心忡忡。我在想你睡得那么香，也不忍心打扰你，因为我想让你摆脱痛苦。跟你结识这么久了，我感受到了你性情的和美，身处逆境，还能这样平静、安详。

苏格拉底：克利同啊，到了我这把年纪，明知必死还心惊肉跳，那就太荒唐了。

克利同：苏格拉底，别人年纪大了陷入这样的困境，可不会这么泰然自若啊！

苏格拉底：有可能。可你还没告诉我你这么早来的原因。

克利同：我来是要告诉你个不幸的、沉痛的消息。这消息在你看来并不悲惨，但对我以及你所有的朋友来说，都是无比悲惨的，尤其对于我，我觉得相当的惨。

苏格拉底：什么消息啊？难道是那条船已经开出岱洛岛，船一到我就得死？

克利同：不是那样的，船还没到，但我想今天有可能到。因为有几个在苏尼翁离船登岸，已经从陆路返回来了。这个消息表明船今天必到，所以，苏格拉底啊，你的生命明天就结束了。

苏格拉底：很好，克利同，如果这是上帝的旨意，我愿意接受。但我认为船会晚一天到。

克利同：此话怎讲？

苏格拉底：我告诉你吧，我要在船到后的下一天死。

克利同：主管这种事的人是这样说的。

苏格拉底：可是我不认为船会在今天到达这里，这是我从昨晚做的梦里推出来的，就在刚醒不久前，幸好你没叫醒我。

克利同：你梦见什么了呢？

苏格拉底：好像看到一位身着白衣、美丽端庄的妇女在叫我的名字：苏格拉底，你第三天就可以到达那富饶的甫替亚。

克利同：苏格拉底啊，这是个怪梦。

苏格拉底：克利同啊，我觉得意思很清楚。

克利同：看来是挺清楚的。但我的苏格拉底啊，我再一次请求你，听我的劝，逃走吧。如果你死了，我不仅会失去一位不可复得的朋友，还将使那些不了解你我的人产生误解，以为要是我肯花钱，就能把你救了，然而我却没有尽这份心。难道还有比重财轻友的罪名更难听的吗？大多数人都不会相信是你自己不肯出来，而我是全力敦促的。

苏格拉底：我亲爱的克利同啊，我们为什么一定要在意众人的看法呢？我们应该考虑的是那些最优秀的人的看法，他们会相信事情的真相。

克利同：但你知道吗，苏格拉底，众人的看法是不能不考虑的，在你这件案件中就显而易见，他们能够影响那些没有头脑的人，而可能带来极大的坏处。

苏格拉底：克利同，但愿他们既能做最大的坏事，也能做最大的好事，那就好了。但事实上，他们两样都干不了，既不能使人变得聪明，也不能使人糊涂。他们所做的也不过是跟着风向倒罢了。

克利同：好了，我不与你争辩。苏格拉底，请你告诉我，你是不是替我和你的其他朋友着想，你难道是在担心，如果你逃走了，告发者会找我们麻烦，以为我们把你偷偷藏起来了，使我们损失大量财产或我们的大部分资产，或许还要遭受更大的灾难？如果有这些顾虑，请置之度外吧。为了救你，我们必须冒这个险，甚至更大的危险，听我的劝吧，照我说的做。

苏格拉底：是的，克利同，你提到的正是我担心的事之一，但也还有其他方面。

克利同：不要害怕，苏格拉底，有些人不用花太多的钱就可以救你出来，让你离开监狱。对于告发你的人，你难道没有看出他们其实很穷，要求也不高，一丁点儿小钱就能使他们得到满足吗？我的钱足够你花，如果你对花我的钱有所顾忌，有些外邦人愿意为你出钱。单是特拜的辛弥亚就带来了足够的数额，此外盖倍和许多别的人，也有准备。所以不要犹豫不决，逃走吧，不必想你在法庭上说过流亡则不知如何自处。你到其他地方去将会很受欢迎，如果你愿意到特答利亚去，我那里的朋友会善待你、保护你。你在那里不会受到任何损害。苏格拉底啊，你本来可以自己救自己，但却自暴自弃。你想达到的目的就是你的仇人求之不得的事情，他们想要把你毁掉。再说了，你这样做也遗弃了你的孩子，你应该将他们养大成人，教育他们，而你却要丢下他们撒手而去。让他们生活无依无靠，饱受孤儿的辛酸。既然你生了他们，就应该将他们抚养教育成人，但在我看来你选择了轻松的方式，而不是更好、更人性的方式，从而辜负了你一生崇尚美德的主张。因此，我为你和我们这些身为你朋友的人而感到羞耻，大家会以为你这件事的全部过程之所以造成今天的结果，是因为我们胆小怯弱。这个案件本不会导致这种结果，而我们畏首畏尾，错失调停的机会，我们没有救你，你也没有救你自己。如果我们还有用的话，是可以做到这一点的。苏格拉底，我们并没有觉得这样做对我们或者对你，会是一件多么可耻、多么糟糕的事。赶紧做决定吧，或者你已经下定决心要这么做，我们没时间考虑了，办法只有一个，我们的计划必须在今晚实行，再拖延就要付诸东流了。苏格拉底啊，听我的话，照我说的办吧。

苏格拉底：亲爱的克利同啊，如果你对我的关怀是合乎正道的话，那真是太难能可贵了，如果不合，那就越关心就越难从命了。因此我们首先要搞清楚这件事到底该不该做，因为我是一个一贯听从道理的人，凡是经过考证的、得到认同的，我都全权服从。我不能在这件事情上就将以前讲过的道理抛开，除非我们能立即找到其他的更好的道义使我信服，否则我将一直遵守我的原则，不会信你的话。哪怕众人给我施加更大的压力，声称要将我收监，将我的财产充公，或者以死相威胁，像妖怪恐吓儿童那样威胁我，我也不会对你让步的。现在我们要考虑怎样做才最妥当呢？首先说说以前众人的意见，他们中的一些是否是值得考虑的，是否有些不值得考虑？是不是在我被判死刑前说得对，到现在就成了空谈，无非是茶余饭后的笑料罢了？克利同，我想和你一起弄明白，在我目前的情况下，我们说的道理究竟是变了还是仍然有效，究竟应当遵守还是放弃？许多当权人士还是认为有些意见要注意，有些意见则不必考虑，就像我刚才说的那样。克利同，你不觉得他们说得对吗？你是个正义之士，至少你没有明天就死去的危险，你的判断不应该为这种局势所左右。告诉我，是不是我们应该考虑一些人的意见，而另一些人的意见不必考虑？你觉得我这样说对吗？

克利同：当然正确。

苏格拉底：那就应该考虑那些对的意见，而不管那些错的意见，对吗？

克利同：是的。

苏格拉底：那么在这件事上我们该怎么说呢？一个从事体育锻炼的人，是应接受所有人的赞美、谴责、意见，还是只听从一个人，即医生或教练的褒贬意见呢？

克利同：当然只听从那一个人的。

苏格拉底：那他只应该畏惧那一个人的谴责，喜爱那一个人的赞美，不理会众人之见，对吧？

克利同：很明显。

苏格拉底：那他就应该按照那位专家、内行的意思行动、锻炼、吃喝，不会理会别人的想法了？

克利同：是的。

苏格拉底：如果他不遵从、不理会那个人的意见和肯定，而去听从其他外行的意见，那他就将遭受痛苦对吗？

克利同：是的。

苏格拉底：什么痛苦啊？会使不服从者遭受哪方面的损害啊？

克利同：很明显是身体上的损害，因为遭殃的是这个部分。

苏格拉底：很好。克利同，那么这个道理对于其他的情况不也是这样吗？我们并不用一一列举。例如正义和不正义，丑和美，好和坏，这些都是我们现在所考虑的事情。在这些事情上我们是应当听从众人的意见，对众人的意见诚惶诚恐，还是应当只听那一个内行的、对他毕恭毕敬胜于其他人的人的？如果我们不听他的，就会损伤我们那个为道义所改善，为不义所毁灭的部分。难道不是这样吗？

克利同：我想是这样，苏格拉底。

苏格拉底：很好。如果我们听从了那个外行的意见，而毁了那个为健康所改善，为疾病所破坏的部分，在这个部分毁掉之后我们还能活吗？这个部分就是身体，对吗？

克利同：是的。

苏格拉底：身体坏了、毁了，我们还能活吗？

克利同：当然不能。

苏格拉底：如果那个为道义所改善，为不义所毁灭的部分毁了，我们还能活吗？那个关乎正义与不义的道理，你认为会不及身体的价值吗？

克利同：不。

苏格拉底：比身体贵重对吗？

克利同：贵重得多。

苏格拉底：那么，我亲爱的朋友啊，我们就不用理会众人的说法。也就是说，我们只应听从那个懂得正义与不正义的人，听从真理本身。所以说，你一开始劝我们听从众人的意见，说我们应该考虑关于正与邪、美与丑、荣与耻方面的说法，其实是不对的。也许可以说，众人是可以置我们于死地的。

克利同：是的，苏格拉底，说得对极了。

苏格拉底：你说得对，克利同，但我还是认为我们刚才说过的话现在还照样有效。看看我这样说对不对：我们应当认为最重要的并不是活着，而是活得好。

克利同：我还是这样认为。

苏格拉底：活得好是不是就是活得正派、体面？

克利同：是的。

苏格拉底：根据我们的这些观点，我们首先应该研究一下，我未经得雅典人民同意就擅自离开此地是否是正当之举。如果此举正当，那我便可尝试下；如果不正当，就应该打消此念头。而你提到的另一些考虑，如花钱、名誉、教子等，我认为只是众人的考虑罢了。他们可以轻而易举地置人于死地，也可以随随便便使人复活，只要办得到，他们是毫不讲理的。但我们深受道理的约束，我们唯一需要考虑的是我们此举是否正当，如向那些愿意把我放跑的人花钱致谢，或者干脆逃跑，要想想自己做这些事是否恰当。如果发现自己这样做是不恰当的，就不该考虑自己如果留在这是否必定要死，是否受其他的罪，只该考虑这样做到底正不正当。

克利同：你说得对，苏格拉底，那么我们应该怎么做呢？

苏格拉底：让我们一起来考虑这件事吧。你要是能够反驳我，那么我将听你的话，要么，我亲爱的朋友啊，你就不要再重复那句话，让我违背雅典人的意愿逃跑。我虽然很愿意你把我说服，但也不能违背我的原则，不能勉强。现在请你看看我最开始的方式是否会令你满意，请尽可能诚恳地回答我的问题。

克利同：好吧。

苏格拉底：我们是不是在任何情况下都不允许故意做不正当的事？是不是在某种情况下可以做，在其他情况下不允许做？是不是像我们以前已经同意，而且刚刚说过的那样，做不正当的事就经常是不好的、不光彩的？是不是我们以前的那些主张在这短短几天之内就被推翻了？我们这把年纪了，难道我们一生中与别人那些严肃的谈话并不比孩子高明？是不是我们说过的全都确定不疑，不管众人的意见，也不管结果是好是坏？是不是像我们所说的，做不正当的事的人，就不可避免的是邪恶的、可耻的？

我们要不要这么说？

克利同：可以这么说。

苏格拉底：那么我们绝不能做不正当的事咯？

克利同：当然不能。

苏格拉底：那么也不能像人们所相信的那样，不能以不正当报不正当，因为我们不能伤害任何人？

克利同：当然不能。

苏格拉底：克利同，我再问你：我们能做坏事吗？

克利同：当然不能啊，苏格拉底。

苏格拉底：如果以恶报恶，像人们所说的那样，是正当的还是不正当的？

克利同：不正当。

苏格拉底：因为对别人做坏事也就是做不正当的事对吗？

克利同：你说得很对。

苏格拉底：所以我们不能以恶报恶，不管人家对我们做了什么。但克利同啊，请注意，你是否真的就如你所说的那样，同意这一点。因为很少有人同意这个观点，也只有少数人才会相信。相信的人和不相信的人没有共同的主张，必定看法不一，彼此瞧不起对方。因此，你要仔细考虑，看看你的看法是不是跟我的一致，你是不是主张我们绝不能做不正当的事，哪怕别人对我们这样做，我们也绝不能以恶报恶。这是不是我们达成共识的前提？然后再看看你是否不再坚持这个主张了？我一向以此为原则，现在还是这样。如果你得出了其他的结论，请说给我听。如果你仍主张原先的看法，请你再往下听。

克利同：我不会改变我的看法，请讲吧。

苏格拉底：我要问你一个问题，一个人要是认为某件事情正确，是不是一定得做，而不能食言，对吗？

克利同：他应该做他认为正当的事。

苏格拉底：如果是这个道理，那么我们违背雅典人的意愿而离开此地，是不是对那些不该亏待的人做了坏事，是不是坚持了我们曾认为正确的事情？

克利同：苏格拉底啊，我不知道该怎么样回答，因为我不懂。

苏格拉底：那我们这样考虑吧。假设我们打算逃出这监狱，或者以别的什么名义离去，这时法律和政府站出来问我们："告诉我们，苏格拉底，你到底想干什么？你所从事的活动是不是想要推翻我们，推翻法律和整个国家？当国家没有权力，法律判决没有力量，被个人弄成废纸一张，踩在脚下的时候，那国家还能存在吗？"克利同啊，我们该怎样回答这个问题以及这一类的问题呢？对于这个问题，能说的有很多，尤其是演说家，他可以大谈破坏法律，说法律不能生效。那么我们要不要跟他们说"是的，我们要破坏法律，因为国家冤枉了我们，把案子判得不公？"我们会这样说吗？

克利同：苏格拉底啊，说得对极了。

苏格拉底：法律会说："苏格拉底啊，这不是你跟我的协议吗？你不是说会遵守国家的判决吗？"如果我们对这话表示惊讶，那么法律会说，"苏格拉底啊，你还是回答吧，因为你惯用问答法。说说你的抱怨吧，是什么使你试图毁灭我们和这个国家呢？首先，不是我们使你出世的吗？不是通过我们，你父亲才娶到了你母亲，而生下你的吗？说说你对关于婚姻方面的法律感到有什么委屈呢？"我敢说，没有什么委屈。法律还规定，"生育之后必须抚养、教育儿童，你自己就深受其惠，对此感到有什么委屈呢？法律不是也做出了指示，让你的父亲教你音乐和健身知识吗？"——我会说："是的。""那么既然在我们的帮助下你来到这个世上，接受了抚养和教育，你能说你和你的祖先不是我们的子孙和奴仆吗？如果是这样，那么你就不能和我们拥有平等的权利，你认为你有权将我们对你做的，还治于我们之身吗？如果你有祖先或主人，你能跟他们有平等的权利吗？你能把自己的待遇送还对方，或对他们进行报复吗？你敢这样说吗？我们将你判处死刑，且认为判得公正，你就对我们进行报复，千方百计地想要颠覆这个国家，你认为你有权这样做吗？你还认为你是位真正喜爱美德的人吗？像你这样的哲学家，这样聪明，难道还不知道祖国比你的父母祖辈要高贵得多，是神灵和一切有识之士认为非常可敬、非常神圣的？对处于盛怒中的祖国必须尊敬、服从、谦逊，有过于对待父亲，如果不能说服，就只能唯命是从。至于遭受了鞭打、监禁，或者率领出征致伤、致死，都必须全部执行，我们认为这是正确的，不得退缩，不得逃避，不得弃职。不论在战场上还是在法庭上，还是其他什么地方，都必须执行他的城邦、他的国家的命令。要么他就必须指出什么是正义的事，而不是大家想的那样：反抗父母已是不正义的行为，又何况违抗整个国家呢？”克利同，这个问题，你又作何回答？法律说得对不对？

克利同：我认为对。

苏格拉底：接下来法律会说：“苏格拉底啊，你想想，如果这些话说得对，那么你现在要对我们做的就不是正当的了。因为我让你来到这个世上，养育了你，教育了你，给予你我能办到的好处，同其他每一个公民一样。我们还宣布，给每一个雅典人自由，当他们到了一定的年纪，熟悉了城邦的生活，并且对法律的规章制度了如指掌时，如果对我们不满意，可以带着自己的财务离开，到他喜欢的地方去，没有一条法律会阻止或干涉他到其他地方去；只要他对法律以及这个城邦不满，想迁往一个殖民地，或者想移居外邦，都可以带着他的财产离开，到他想去的地方去。但是如果有人看清了我们如何执行法律、管理城邦，仍然留在这里不走，那么事实上他就已经跟我达成了协议，我怎么安排，他就要怎么执行。如果他不服从，那就可以说他在这三方面犯了法：第一，不服从法律就是对父母的不服从；第二，违反了使他成长的法律；第三，是他在同意服从法律之后，既不服从，又不对我指出哪里做得不好。我们并不将这些罪名粗暴地、强制性地加在他身上，而是让他做出选择，要么顺从法律，要么说服我们认识错误，他却两样都不干。我们认为，如果你执意要实现你的意图，那这三重罪责，你苏格拉底都该承担，你的罪过会不下于其他人，只会更重。”如果我问，为什么会是这样？那法律会反驳我说，我与法律取得的协议是比其他雅典人更深刻的。他们会说：“苏格拉底啊，我们有明显的证据可以证明，你是很喜欢我们的城邦和法律的。雅典人当中，你是这儿的常住居民，你要是不喜欢这里，为什么从来都没有离开过这个地方呢？因为你从未出城去看过赛会，只有一次到地峡看竞技，有几次服兵役出征，并不曾像别人那样到处旅行，也没有兴趣去看看其他城邦以及他们别样的法律，而是满足于我们的城邦和法律。你永远最热爱本邦的法律，并且愿意接受我们的管辖，还在本邦生育后代，这都表明你喜欢雅典。而且在受审的时候，如果你希望脱离本邦，本来可以提出以流放来作为惩罚，那样我可以在那时放你走。可你当时装模作样，说你对判死刑并不在意，宁愿被判死刑也不愿被流放。但你现在却忘了这些话，你目无法律，意图破坏法律，做着最下贱的奴才会做的事，将曾经作为公民做出的协议抛之脑后，蓄意逃跑。首先，你回答我这个问题：我说你并不是口头上，而是在行动上答应遵从法律的规定而生活，这话说得对吗？”对于这个问题我们又该作何回答，克利同？该同意吗？

克利同：是该同意，苏格拉底。

苏格拉底：接下来法律会说：“那现在你苏格拉底不是在撕毁你跟我们之间的协议吗？这个协议并不是让你在短时间内，在被欺骗、被逼迫的情况下同意的。想想在这七十年的岁月里，如果法律不合你的意，或者协议不公平，你大可以自由地离开雅典。选择在于你，你一向称赞拉格代孟和克里特是治理良好的城邦，但你却并不想到那里去，也不想去其他的希腊城邦和异国他乡，比跛子、瞎子和其他残疾人更少离开本邦。你对我们城邦的喜爱程度大大超过其他雅典人，对本邦的法律也是如此，谁能只爱城邦不爱法律呢？现在你还要逃跑，不遵守协议吗？苏格拉底啊，不要那样做，还是听我的劝告吧，不要做出逃跑这样荒唐的举动。

“你认真想想吧，如果你这样做，你自己和你的朋友又会得到什么好处呢？你的朋友将被流放，并被剥夺公民权利，或者没收他们的财产，毫无疑问将受到惨痛的折磨；而你自己呢，跑到了临近的城邦，比如说治理得很好的特白或枚伽拉，而因为你背叛了法律，那些热爱本邦的人将会对你侧目而视，国家的统治将会针对你，你的行为也会让法官们认定对你的判决是公正的。因为损害法律的人必定被认为是败坏青年的无知识的人。你那样做能避开秩序井然的城邦和贤良淑德的人吗？这样做你活着还有什么意义？你想厚着脸皮去接近他们，并跟他们讲美德、正义、体制和法律高于一切吗？你这样做到底感不感到羞耻？当然会。除非你离开这个秩序井然的城邦，到特答利亚去投奔克利同的朋友，因为那里一片混乱，无法无天，人们也许会喜欢听你怎样化装逃出监牢，穿着破衣服，批一片老羊皮，或者打扮成逃亡者模样。可是难道没有一个人会说，‘像你这把年纪的老头，为了多活些日子还要把最神圣的法律踩在脚下’吗？要是你没得罪他们，也许没有人会说这话；要是你触怒了他们，那么那些不好听的话就有你受的了。你又该以怎样的方式活下去呢？对所有人卑躬屈膝，给所有人做牛做马？你在特答利亚所做的岂不只是吃吃喝喝，好像来到这里专为赴宴似的？那些关于正义、美德的宏论又哪儿去了呢？你说活着是为了孩子着想，将他们养大并教育成人，那你要把他们带到特答利亚去，让他们也成为异域之民吗？那就是你所谓的给他们的益处吗？或者说你也在想，如果你活着，尽管不在他们身边，但也许他们会被照顾得好点儿，接受更好的教育，因为你的朋友会照顾他们。难道你到特答利亚去，他们会照顾，你到阴间，他们就不照顾你的孩子了吗？既然他们声称是你真正的朋友，就会在任何情况下照顾你的孩子。

“听着，苏格拉底，是我们把你带到了这个世上，你不应该首先考虑是活着的问题或者是孩子的问题，把他们看得高于正义，而应首先考虑正义之事，这样你到了阴间才可以有道理为自己申辩。如果你像克利同所说的那样做，对你来说，你并不会感到更高兴、更神圣或更是正义之举，对你的任何亲友都是这样，对你死后也未必是件好事。你现在是无辜死去的，因为遭到了不公正的待遇，是个并非作恶的受害者，这不是法律的不公，而是人的不公。如果你越狱潜逃，以恶报恶，违背当初与我们定下的协议，损害一群不该损害的人，那么你自己、你的朋友、国家，还有法律，在你还在世时就不会不对你生气。我们的兄弟，阴间的法律也会仇视你，因为他们知道你在人间是竭尽所能地想要毁灭我们。所以，你不要听从克利同的话，听我们的吧！”

克利同啊，我仿佛听到了这些话，就像哥汝班祭司听到神笛一样，如雷贯耳。因为这些话一直在我耳朵里鸣响，使我听不进其他的话语。所以，其他那些劝阻的话对我也是徒劳，如果你还有什么要说的，就请说吧。

克利同：苏格拉底啊，我没什么可说的了。

苏格拉底：好吧，克利同，我们就照这样办，因为这是神的旨意。

斐多篇

对话人物：斐多（苏格拉底的学生）、艾克格拉底（甫留人）

场景：苏格拉底狱中

谈话地点：甫留

艾克格拉底：斐多啊，苏格拉底在狱中服毒那天的情况，你是在狱中亲眼所见的吗？

斐多：是的，确是我亲眼所见，艾克格拉底。

艾克格拉底：我希望你能告诉我，他临终前说了些什么？我们只是被告知他是服毒自尽的，除此之外，别无所闻。因为现在甫留根本没人到雅典去，也好久没有客人从雅典来，因此没人能给我们带来一些这方面的确切信息。

斐多：你们也不知道那个案子是怎么审判的吗？

艾克格拉底：是啊，有人告诉过我们关于审判的事，他是在被判了刑之后，过了好些时候才被处决的，我们不能理解。斐多啊，你知道这是怎么回事吗？

斐多：艾克格拉底啊，那也是出于偶然。就在审判的前一天，雅典人派往岱洛进香的船尾上挂上了花环。

艾克格拉底：那是什么船呢？

斐多：据雅典人说，当年特叟带领十四个青年到克里特去，乘的就是这艘船，它救了他们。据说雅典人曾向阿波隆发过誓，如果这些人得救，他们就要每年派人到岱洛进香。直到如今，每年他们都会去进香。进香是在每年的香期进行，在此期间，城邦必须清静，不得将任何人处决，直到进香船从岱洛安全抵达本邦为止。有时偶遇逆风阻航，香期就会延长。香期开始之日，即阿波隆的祭师为香船船尾挂上花环之时。而这种仪式我已经说过在审判的前一天举行了，因此，苏格拉底就在狱中待了很长一段时间才被处决。

艾克格拉底：斐多啊，苏格拉底死时的情况是怎样的？他说了什么，做了什么？他的哪些朋友在场？官方难道没有阻止他们前来吗？他是在孤独中离去的吗？

斐多：不是的，当时有一些他的朋友在场。

艾克格拉底：如果你不是太忙，我希望你能尽量详细地把事情的经过谈一谈。

斐多：我不忙，我愿把情况跟你说一说。对我来说，我也是最喜欢回忆苏格拉底了——不管是自己谈，还是听别人说。

艾克格拉底：很好，听你讲的人将会跟你有一样的想法。请尽可能详细地跟我们讲吧。

斐多：我记得当时他给我的感觉是很特别的。在面对至交的死时，我是那样无动于衷，也并不觉得他有多可怜，对于这一点我也难以置信。艾克格拉底啊，他言谈举止都很安详，在死神来临的那一刻还是显得很高尚、从容。因此我想他去到另一个世界也一定是出于神意，他到了那里会很幸福，和其他天人一样。所以我并不感觉到悲痛，没有像人们那种临丧前自然流露的神情。同时我也还是有些悲伤，因为再也感觉不到以前时常讨论哲学时的那种快乐，毕竟哲学是我们一直谈论的话题。我知道他即将离世，这使我既悲又喜。这种非常奇特的感觉笼罩着我，其他人也同我一样，时而欢笑，时而痛哭，特别是我们中间的那位阿波罗多若，你是知道他的为人的。

艾克格拉底：当然知道。

斐多：他几乎不能自制，我和其他人都非常激动。

艾克格拉底：有哪些人在场呢?

斐多：雅典本地人有这位阿波罗多若，还有克利同步洛和他的父亲克利同，还有赫尔谟根尼、艾比根尼、爱斯钦和安底斯腾，格底西波这位巴央人也来了，还有梅内格森和一些别的本地人。至于柏拉图，我想他是病了。

艾克格拉底：还有外地人吧?

斐多：有，像特倍的辛弥亚，以及格贝和斐多尼德，以及梅伽拉的欧格雷德和德尔普雄。

艾克格拉底：怎么，阿里斯底波和格雷翁步若多不在场吗?

斐多：不在，据说他们在艾及尼。

艾克格拉底：还有别的人在场吗?

斐多：我想总共就这些人了。

艾克格拉底：那你们之间进行了怎样的谈话呢?

斐多：我要从头到尾把整个的谈话内容给你说清。你知道我们时常还是拂晓就在举行审判的法庭里见面，那里离监狱很近。我们每天要在那里谈几句，等上一会儿，直到狱门打开。然后我们就走进去看苏格拉底，在那里同他一起消磨掉一整天的时光。最后一个早上，我们见面的时间比平常早一些，因为前一天晚上我们从监狱回来的时候听说从岱洛回来的船已经到了。因此我们相约次日清早尽可能早地来到这个地方。我们到了那里，那守门的狱卒竟不让我们进入监狱，要等他叫我们进去我们才能进去。他说："狱官们正在给苏格拉底松绑，并告诉他今天他就会被处决。"过了一会儿，狱卒来告诉我们可以进去了，我们走进了狱室，看到苏格拉底已经被松了绑，克桑替贝（这人你们是知道的），怀里抱着他的儿子，坐在他旁边。克桑替贝一见我们就号啕大哭，用妇女常用的腔调说："这是你最后一次机会跟朋友谈话了。"苏格拉底看了克利同一眼，对他说："克利同啊，找人把她送回家吧。"几个跟随克利同的人把她搀扶了出去，她哭得死去活来，还不停地捶打自己。她离开之后，苏格拉底则在床板上盘腿而坐，一边用手摩擦着腿，一边说："朋友们啊，快乐这件事是多么奇特，它跟它的反面——痛苦不可思议地联结在一起，这两种感觉绝不会来自同一个人身上，可是如果一个人想要追求其中之一，就会不由自主地获得它的反面，好像它们二者就是连在一起的似的。如果艾索波想到它们的话，就会编出一个寓言说，是神来化解它们二者之间的矛盾；如果做不到，就把它们拦头一把抓住。也就因为这样，往往在一个来了的时候另一个就跟着到。正如在我身上看到的那样，我的脚因为戴脚镣弄得很痛，而现在我感到快乐即将来临。"

这时格贝插进来说："苏格拉底，我很高兴你提到了艾索波，这使我想起了别人问过我的一个问题，他们说你把艾索波的寓言故事写成了诗，还献给了阿波隆的赞美诗；前天欧维诺又问我，说你这个从来不写诗的人为什么进了监狱反倒写起诗来了。我希望你能告诉我该怎样回答这个问题，因为欧维诺还可能再问我，到时我该怎么回答呢？"

他说："那就告诉他事实吧，说我作这些诗并是不想跟他比试什么，因为我知道我根本做不到。我这样做是想证实我的一些梦境的意义。我一生中经常被梦惊扰，梦到我应该从事音乐方面的工作。同样的梦有时会以一种形式多次出现，有时又以另一种形式出现，但都是梦见一句话，即，‘苏格拉底啊，制作和演奏音乐吧。’过去我一直以为这是在鞭策我做正在做的事，即学习哲学，因为这是我毕生的追求，也是我做的最神圣、最伟大的一种音乐。这就好像人们给赛跑的选手喝彩打气一样，给人以鼓舞。但是现在，我在被判决之后，缓刑期间，那些梦也许实际上是让我从事通常意义的音乐，我应该照办，不能违抗。因此我想，在我辞世之前，我应该要做的就是听从梦的安排，制作诗句。于是我首先编了一首在这个节日歌颂神恩的颂歌。但之后我便想到，诗人只要是真的诗人，就不能只是拈词造句，平铺直叙，而我素来不善于玄远之谈，所以就把那随手可得而且自己很熟的艾索波寓言拿来，编成诗句。格贝啊，你把这些告诉欧维诺吧，请代我向他道别，告诉他，如果他明智的话，就尽快跟我来吧。看来我今天就要走了，因为这是雅典人的命令。”

辛弥亚说：“苏格拉底啊，你给欧维诺提的是什么忠告啊！和他打交道多年，以我对他的了解，我敢说他是绝不会听取你的意见的。”

苏格拉底说：“为什么不会？欧维诺不是位哲学家吗？”

辛弥亚说：“我想是的。”

“那他就会这样办，任何一个有哲学思想的人都会这样做，只是他不会对自己下黑手，因为那是不允许的。”他边说边把腿伸到地上，在之后的谈话中，他也一直保持这个姿势。

然后格贝问他：“你说人不应该对自己下手，而哲学家会愿意追随死去的朋友，这话是什么意思呢？”

苏格拉底答道：“格贝，你和辛弥亚都是菲罗劳的故人，难道没有听他说起过这种话吗？”

“从未听他这样清楚地说过，苏格拉底。”

“我的话也是道听途说，不过我还是愿意把我所听到的都告诉你们。我是个即将离世的人，也应该考虑考虑、谈论一下对来世的想法了，不然从现在到太阳下山之前我们能做其他的事吗？”

“苏格拉底，为什么自杀被认为是非正当之举呢？我听见菲罗劳住在本邦的时候说过你刚才说得那些话，也听见别人说过不该那样做，可是从来没有人对此做出过明确解释。”

苏格拉底回答说：“尽力去理解吧，总有一天你会明白的。大概你觉得很奇怪，为什么有些不好的事在出其不意的情况下会变成好事，比方说有人认为死优于生，为什么呢？既然生不如死，那么为什么不许这些人对自己行此恩典，而要等到另外的人来做？”

格贝微笑着用土话说：“天知道嘛。”

苏格拉底说：“那样做表面上似乎前后矛盾，说不定其中也有一定的道理。有一种神秘的说法，是说人生如在狱中，不能自己越狱潜逃。这种说法太深奥了，难以理解。但我还是认为神灵才是我们的守护者，我们是他们的所有物之一，你这样认为吗？”

格贝说：“我同意这种说法。”

“就拿你自己的所有物之一来说，比如一头牛或一头驴，在你并未表明愿意它死的时候如果它把自己宰了，你会不会对它大发脾气，只要有办法就将它处罚一番呢？”

格贝说：“那当然。”

苏格拉底说：“那我们就有理由说，人类应等待上帝的召唤才去结束生命，现在就是这样的时候了。”

格贝说：“是的，苏格拉底，这样说显然有道理。不过，苏格拉底啊，你刚才说作为哲人应当做好死的准备，不是显得很奇怪吗？你说神是我们的守护者，我们是神的所有物。智慧的哲人就会摆脱这项任务，而神作为最高统治者，那么哲人的这种做法就说不通了。因为他当然不会认为自己获得自由就更能保护自己。愚蠢的人可能会这样想，认为背弃自己的主人是有好处的。他没有意识到自己不应该背弃好的主人，而应该永远与主人待在一起，逃跑就显得莫名其妙了。而智者就希望永远与比自己高明的人在一起。这样看来，苏格拉底啊，就与我们刚才说的恰好相反，因为智慧的人临死的时候应该感到忧伤，而愚蠢的人死时就应该高兴。”

听了格贝的话，看来他很欣赏他的固执，就转向我们说：“格贝总喜欢穷根问底，从不轻易接受任何主张。”

辛弥亚说：“他的话里有话，一个真正聪明的人怎么会轻易离开比自己高明的人呢？我想格贝是在针对你说的，他认为你迫不及待地想要离开我们，离开你认为是善良主人的神灵。”

苏格拉底说：“是的，你们这样说是有道理。但你认为我应该对此做出申辩吗？”

辛弥亚说：“我们希望是这样。”

苏格拉底说：“很好。我要提出一项申辩，比我在法庭上提出的更有说服力。辛弥亚和格贝啊，如果我不相信我是要去到其他智慧善良的神灵那里，前往那些优于世人的亡者那里，临死不忧伤就是错误的。你们可以相信我希望成为智慧善良之人，虽然对这一点我并不特别坚持，不过另一方面我却要请你们相信：我有力地坚持自己走向那些最为善良的主人——神灵。正是因为这样，我不但不忧伤，而且坚定地希望那里给亡者准备着的赠品，像多年来的古话说的那样：给好人准备的比给坏人准备得要多得多。”

辛弥亚说：“苏格拉底，那你是要把你的思想带走呢，还是要与我们分享？我想我们还是希望能分享这份共同的财富，如果我们能被你说服，那么你也就替你自己辩护了。”

苏格拉底说：“我可以试试，不过请让我先问问克利同需要什么，他很想跟我说些什么，他等了好久了。”

克利同说：“苏格拉底啊，我只想跟你说，给你准备毒药的人让我告诉你要少说话，他说谈话会使体温升高，不利于药性发作，因此，他常常给谈话过多的人灌两三次毒药。”

苏格拉底说：“那也无妨嘛。让他尽他的职责，要是有必要的话，就灌我两三次吧。”

克利同说：“我早知道你要那样说，没办法，我必须要满足他的愿望。”

苏格拉底说：“别在意他。现在我将向各位法官讲清楚，为什么一个在哲学中度过一生的人在临终时有充分的勇气相信，死后在另一个世界可以得到最大的福祉，为什么这么说呢？辛弥亚、格贝，我将尽力解释给你们听。一般人大概不知道，那些真正献身哲学的人为的就是赴死和死亡。果真如此，一生都在追寻死亡，而当期待已久的事情来临时，难道会惊慌失措吗？”

辛弥亚笑道：“苏格拉底啊，虽说这不是个笑话，但我还是忍不住笑了，是因为我想大多数人听到你这样说，都会想这个邪恶的世界会有什么反应呢？他们会同意你的观点，我们的老乡们也会同意，认为哲学家是愿意死的，他们完全知道哲学家是值得一死的。”

苏格拉底说：“辛弥亚啊，他们这么说是对的，但未见得是全部知道。因为他们不知道到底真正的哲学家们追求的死是怎样的一种死，也不知道在什么意义下值得一死，更不知道是哪一类死。别管他们，我们谈我们的吧：我们相信有死这种事情吗？”

辛弥亚说：“当然有。”

“难道死就是灵魂与肉体的分离吗？死后灵魂脱离肉体单独存在，肉体也脱离灵魂单独存在，死就是这样的吗？”

他说：“就是这样的。”

“朋友啊，对于另一个问题，我想听听你的意见，如果我们的意见一致，那将有助于找到问题的答案。你是不是认为一个哲学家应该关心快乐，即饮食方面的快乐？”

辛弥亚说：“当然不是，苏格拉底。”

“那么关于爱情方面的快乐呢？”

“根本不是。”

“那你是不是认为一个哲学家应该重视肉体方面的其他关怀？比方说给自己配备漂亮的衣服、鞋子和饰物；对于这些东西，他是关心还是厌恶的态度呢？要知道人对于这些东西其实是无实际需要的。”

“我想真正的哲学家是会厌恶他们的。”

“那你是说真正的哲学家并不关心肉体，而一心一意只关注灵魂吗？”

“说得对。”

“那就很清楚了，在这些事情上，哲学家要尽量摆脱他的灵魂与肉体的联系，比其他人更彻底，对吗？”

“对啦。”

“辛弥亚啊，那多数人岂不是认为人不沾这类事情就不值得一活，不关心肉体方面的快乐就差不多死了？”

“的确是这样。”

“那获取真知的情况又如何呢？如果肉体也被用来考察，那它是一种障碍还是一种辅助？我的意思是说，人的视觉和听觉有没有一定的真理性？是不是像诗人常说的那样，我们既听不见又看不见任何确切的东西？如果这两种器官都是不确切、靠不住的，其余的就不用提了，因为全不如那种，对吗？”

“当然是这样。”

“那灵魂能在什么时候达到真理呢？他借着肉体进行考察时，显然是无法辨别的。”

“是的，你说得对。”

“不是在思考之中灵魂便能够了解实况吗？”

“是的。”

“当灵魂集中思考的时候，能够摆脱一切干扰，不听、不看、不受痛苦与快乐的影响，能够做到与肉体无关，身体毫无知觉，一心沉醉其中。”

“是这样。”

“如果是这样，也就是说哲学家是极端藐视肉体，灵魂要脱离肉体，希望保持独立的状态的吗？”

“是这样的。”

“怎么样，辛弥亚，我们是不是应该承认有绝对公正这样的东西呢？”

“当然应认为有。”

“还是绝对的美和好。”

“当然。”

“你有没有用眼睛看到这些东西呢？”

“当然没有。”

“你有没有用任何肉体感官觉察它们呢？我说的这种东西，是指大小、健康、强壮之类，总之是指某事某物的本质，即实际上是什么。我们是通过肉体感官得知事物真相的吗？那样岂不是那种有周密准备、远见卓识，以求理解对象本身的人最能认识它吗？”

“当然。”

“最能胜任这种工作的人，是那些在进行研究时纯粹要用心思，思考时不借助视觉以及其他的感官，只借助纯粹的思想，钻研干净纯粹的本质，尽可能地摆脱眼睛、耳朵以及其余形体因素的影响，免除它们阻碍灵魂获得真理和明智的人物吗？辛弥亚啊，如果有这种人，那他岂不是要认识存在吗？”

辛弥亚说：“苏格拉底啊，你说得太对了。”

苏格拉底说：“考虑到以上所有因素，那些真正的哲学家们一定会说出这番话：我们发现这好像是一条捷径，可使我们得出一条结论：只要我们的肉体存在，灵魂受到肉体的影响，就会变得邪恶。我们就不能如愿以偿地获得真理。肉体只是有对食物的需求，因此就会给我们带来无穷无尽的麻烦。种种疾病向我们袭来阻碍我们探求真理；肉体使我们充满各种感情、欲望、恐惧以及各种幻想和愚妄，从而阻碍我们的思考。也是因为这个原因才有了战争、革命和争斗。因为战争的产生是为了赚钱，而钱最终又要为形体服务，最终我们便失去了钻研哲学的时间。更糟的是，我们有时间愿意钻研哲学的时候，形体在这个过程中制造喧嚣和混乱，让恐惧占据我们的思想，这样就使得我们被真理蒙蔽。所有实践经验使我们相信：要想获得纯粹的知识，就必须摆脱肉体的束缚，单用灵魂来透视事物本身。这样我们就能如愿以偿，获得我们所热烈追求的智慧——只有在死后才能获得，生前根本不行。因为有肉体的干扰，灵魂就不能获得纯粹的知识。那就要么根本不可能求得知识，要么只有在死后才能获得。因为只有那时，灵魂才会与肉体分离，独立于肉体之外。看来我们有生之年，要想尽量接近知识，就必须避免与肉体接触，不受肉体的影响，使我们纯粹独处，直到最后神使我们解脱。当肉体的愚蠢之态被驱除，我想我们就能纯粹与其他灵魂对话。认识自己，也许就认识真理了。因为自己不纯洁是不能获得纯粹的东西的。辛弥亚啊，那些真正爱好智慧的人应当想想，彼此共勉。你同意吗？”

“完全同意，苏格拉底。”

苏格拉底说：“如果这是真的，那我就极有希望去到我想去的地方，并在那里实现你我过去一生之中都在努力追求的目标。既然离开的时辰到了，我将带着这个美好的愿望踏上这趟旅程，这个愿望是每个深信自己的心思已经得到净化的人都会有的。”

辛弥亚说：“当然。”

“这净化我在前面就已经说过，是灵魂与肉体的分离，使灵魂习惯于从肉体的接触中返回，集中于自身，尽可能在现在和未来固守在自身之内，摆脱肉体的束缚，对吗？”

“说得很对。”

“我们称之为死的，是不是指灵魂与肉体分离，摆脱肉体？”

“正是这样。”

“真正的哲学家，也只有这些人，是经常热衷于使灵魂得到解放。他们所从事研究的正是使灵魂分离和摆脱肉体，对吗？”

“是的。”

“那么，正如我开头说的那样，如果一个人学习以一种近乎死的状态去生活，临死时还惊慌失措，岂不非常好笑吗？”

“显然是。”

“那么，辛弥亚啊，正因为真正的哲学家是追求死的，所以对他们来说，死并不让人觉得那样可怕。我们这样来看这个问题：他们对肉体十分不满，极愿灵魂脱离肉体而独立存在，如果这事发生的时候他们惊慌失措，那不是非常愚蠢吗？即便这样，他们也不乐意前往那个能够达到终身目的——智慧——的地方，避开肉体为伴的折磨。许多人曾试图追随爱人、妻子和儿子，想要去到另一个世界，能够与他们在一起交流。一个真正爱智慧并且坚信能够在另一个世界享受智慧的人，在死神来临时会感到悲痛吗？他会不乐意前往吗？不会的，朋友啊，如果他是个真正的哲学家，他就会乐意这么做。因为他坚信自己只有到另一个世界，才会找到不折不扣的智慧。如果是这样，那样一个人怕死岂不太荒唐了吗？”

辛弥亚说：“确实太荒唐了。”

“如果你看到一个人在临死前感到悲痛、无奈，那就足以证明他并不热爱智慧，只是对肉体情有独钟，也许同时还是个爱财或爱权，或者钱权都爱的人。对吗？”

“非常正确。”

“辛弥亚啊，有一种叫作‘勇敢’的美德，是哲人所独具的特征吗？”

“的确。”

“除此之外，大家所说的明智（一般所谓的明智是指不为欲望所动、对欲望掌控有度，不屑一顾的态度）岂不是为那些蔑视肉体，在哲学中生活的人所独有的？”

“这点不可否认。”

苏格拉底说：“你要是仔细看看其他人的勇敢和智慧，就会发现，它们完全是自相矛盾的。”

“为什么呢，苏格拉底？”

苏格拉底说：“你是否知道其他人把死看成最大的恶事？”

“的确是这样。”

“勇敢的人不惧怕死亡，是由于害怕更大的恶事，对吗？”

“是的。”

“那也就是说所有的人，除了哲人，都是因为害怕而勇敢，而说勇敢是因为胆小、怯弱，是不是件奇怪的事？”

“的确。”

“那对于明智，又是不是一样的情况呢？它们都是因为放纵而明智的吗？看上去这样说是矛盾的，但是那些以一种简单化的明智见著的人，情形大都跟我刚才所说的一个样。他们害怕自己想要失去的另外一些快乐，所以摒弃某种快乐，因为它们不能抵制另外一种快乐。虽然把放纵说成受制于快乐的条件，实际上是因为他们被某种快乐给征服了，这就是我所说的通过放纵使自己明智起来。”

“看来是这样。”

“我觉得以某种程度的快乐、痛苦或恐惧来换另一种程度的快乐、痛苦、恐惧，就像货币交易一样，并非道德。我亲爱的辛弥亚啊，有没有一种通货，可以使所有的物品都能拿来交换？——智慧。我们的一切物品都必须兑换成它，才能进行真正的买卖，不论是勇敢、智慧，还是公正。总之，真正的美德只是与智慧一同存在，加上或减去快乐、恐惧或其他类似的好、坏方面的东西都无关紧要。一套建立在相对的，只是用于交换智慧上的道德体系只不过是幻觉而已，而这种道德毫无自由、健康、真理可言。真正的道德是完全斩净这些东西，这种净化就是智慧、正义和勇敢本身。我想那些创立秘法的人应该是出于真正的、有意义的角度，并不是要蒙蔽大家，实际上那种为发蒙、为开导的人到了另一个世界即置身于污泥之中，已发蒙、已净化的人到了那里则会与神灵同住。因为他们的秘法说，‘手拿茴香的人虽多，真信酒神的人却少’；这真信的人，我想就是真正的哲人。我一生中曾不懈努力，不遗余力地想要置身于哲人之列，至于我努力得正确与否，最终是否成功，我想我到了那里就会知道了。现在我马上就要到了，如果神愿意的话。辛弥亚和格贝啊，对于那些质问我说“为什么我离开你们和我的主人并不会感到悲痛”的问题，我已经做了回答：我并不悲伤是因为我深信在另一个世界，我也会遇到同样好的主人和朋友。我的申辩并不是所有人都会相信，但要是你们能被我说服而胜于说服那些雅典法官们，那就好了。”

格贝回答说：“苏格拉底啊，我同意你说的大部分内容，可你对于灵魂的说法，大多数人还是难以置信。他们认为一旦灵魂离开了肉体就难以存在于任何地方，人一死它就可能立即脱离肉体，像烟雾一样消失不见，灰飞烟灭。如果灵魂从身体脱离之后它还继续存在，能保持独立的个体，摆脱那些邪恶之事，那么我就有足够的理由相信你刚才所说的话是真的，苏格拉底。但现在需要证据来证明死后灵魂还继续存在，并保有某种能动的力量和智慧。”

苏格拉底说：“格贝，你说得对，我们能否稍微做出假设来论证这件事呢？”

格贝说：“当然可以，我很乐意听听你对此的看法。”

苏格拉底说：“我想任何一个人，哪怕是对我不满的人，比如喜剧诗人，只要听了我的话，都不会认为我是在空谈一些与我无关的事。如果你乐意的话，我们还是继续研讨这个问题吧。

“死去的人的灵魂是否会在另一个世界里呢？对于这个问题我们可以这样解释：有一个古老的传说，认为这些灵魂从这个世界到那个世界，再回到这里，重新托生。如果这是真的，那活人都是死者托生的，我们的灵魂就曾经存在于彼处对吗？因为如果它们不存在了，就无法再度托生，对吗？这就可以证明它们的存在，因为活人是来自死者的。如果不是这样，那就需要另外的一种说法了。”

格贝说：“你说得很对。”

“如果我们考虑这个问题不仅仅从人的角度去考虑，而要从一切动物、植物，总之，要从一切有生命的事物来看，就容易理解一些。我们来看看所有这些东西是不是从它们的对立面生出来的？因为它们都有对应的对立面，比如善与恶、公正与不公正，这类对立的事物不胜枚举。我要看看是不是所有的事物都不可避免地从它的对立面产生出来。我是说，例如，一件东西在变大时，它在变大前必定曾经是比较小的。是不是？”

“是的。”

“变小的东西也一定曾经经历了变大然后再变小的，对吗？”

“是的。”

“较弱源于较强，较慢源于较快。对吗？”

“的确是那样的。”

“东西变坏了是由比较好变来的对吧？如果比较公正，是由比较不正变来的，对吧？”

“对。”

“那么一切事物的对立面都来自对立面，可以这么说吗？”

“可以这么说。”

“在所有事物的对立面中，有没有两个中间过程，可以从一种状态过渡到另一种状态，再回到原来的状态？在一个较大的东西与一个较小的东西之间，是不是有一个被称为‘变大’或‘变小’的中间过程？”

“是的。”

“分开和混合、冷却和加热，以及一切对立的事情，都同样是这样的。即便我们不能用同样的言辞表达它，实际上就是一个从此到彼的产生过程，对吗？”

“是的。”

“那么有没有跟活相反的事情，就像睡跟醒相反那样？”

“当然有。”

“是什么？”

“是死。”

“这两件事之间是相互产生的，它们是对立的，它们之间也有中间过程，对吗？”

“当然。”

苏格拉底说：“我刚才提到了两对过程，现在我要对其中一对以及中间过程进行分析，请你给我分析另外一对。睡和醒是相对的两种状态，醒是由睡产生而来的，睡是由醒产生而来的，那两个过程就是睡着和醒来，你同意吗？”

“完全同意。”

苏格拉底说：“那你就说说生跟死吧，以同样的方式。死与生是对立的吧？”

“是的。”

“它们是相互产生的吗？”

“是这样的。”

“那从活产生的是什么？”

“是死。”

“从死产生的又是什么呢？”

“我只能说，是活。”

“格贝啊，只要是生物，不论是活物还是人，都是死产生的啰？”

格贝回答说：“很显然。”

苏格拉底说：“那我们的灵魂是存在于另一个世界里的了？”

“是的。”

“两个产生的过程中间有一个是明白可见的，这就是由活到死的过程，对吗？”

“是的。”

“如果只考虑其中一个过程，是不是就把大自然片面化了？那么我们是不是也要承认一个与从活到死相反的产生过程？”

“当然有必要。”

“这个过程是什么呢？”

“是再活过来。”

“如果有活过来这件事，这不就是由死到活的过程吗？”

“说得很对。”

“那我们可以说，从活到死正如死从活产生一样；如果这么说是正确的，那死者的灵魂必定存在于某处，再从那里回到活。这样这个问题得到了充分的证明。”

格贝说：“苏格拉底啊，我认为我们之前的结论好像必然得出这个结果。”

“格贝啊，这些结论并不是不对的，我们可以用另一种方式进行论证：如果产生过程只是单方面地进行，自然界也不存在替补、轮回，事物也不能相互转化，那么可想而知，所有事物最终都会变成同一种形式，进入同一种状态，就根本停止产生了，对不对？”

格贝说：“你这话怎么理解？”

苏格拉底回答说：“一件简单的事就可以说明——睡觉。如果入睡的过程存在，而没有醒来的过程，或者反之亦然，那么到最后，你知道，就会使熟睡的恩狄弥雍的故事变得毫无意义，因为所有其他事物都在沉睡，他就不会被想起。或者说如果物质间只有混合没有分离，那就证明那克萨戈拉所谓的‘一切皆合’是对的了。我亲爱的格贝啊，同样的道理，如果一切有生命的东西都会死，死后一直保持死的形式，而并不复活，岂不到最后都是死的，没有一个是活的吗？如果反过来，所有活的东西都产生于其他的东西，而并非产生于死，而它们又必须要死，怎能避免到头来所有事物都要同归于死呢？”

格贝说：“我想没有能逃过死亡的，苏格拉底。我认为你说得完全正确。”

苏格拉底说：“是啊，格贝，我也完全这样认为，我们对此表示同意是没有错的，但我敢说复活是的的确确存在的事啊，实际上活的是由死的产生的，死后的灵魂是存在的，好人的灵魂存在得好些，坏人的灵魂存在得差些。”

格贝又说：“苏格拉底啊，还是像你所说的，我们所谓的学习实际上就是回忆，如果真是这样，那就证明了我们现在回忆的在以前就学过。但如果我们的灵魂存在于人体前没有存在于某个地方，那回忆就不可能了。所以，从这一点看，灵魂也是永远存在的。”

辛弥亚说：“格贝，这是怎样证明的呢？请你提醒我一下，因为我现在不能顺利地回忆起来了。”

格贝说：“最好的证明就是，你向人家提出一个问题，如果你是以一个正确的方式问的，那么他自己会给出一个真实的回答，但如果他没有相关的知识，没有足够的把握，他是不能做到这一点的。如果向人家提出的问题是图表之类的，就最容易证明这一点了。”

苏格拉底说：“辛弥亚啊，我觉得这么说还是难以置信，看看这样说之后，是否能与我达到一致，我是说，你仍然在怀疑，学习怎么会是回忆呢？”

辛弥亚说：“我并不是怀疑，这个回忆正是我需要的，格贝那么一说，我就打算开始回忆，从而信服了。不过我还是愿意听听你的看法。”

苏格拉底回答说：“是这样，我想我们大家都愿意相信，一个人要回忆某件事，一定要在先前某个时候就知道这件事。”

“的确是那样。”

“回忆的本质是什么呢？我是说，如果一个人听到、看见或者以其他方式察觉到一件东西的时候，不仅知道那件东西，而且察觉到某个别的东西，他对这东西的知识并不是原来的知识，而是不同的知识，那我们有没有理由说，他回忆的就是他所察觉的东西呢？”

“这话是什么意思？”

“给你举个例子吧。人和竖琴的认识对象是不同的吧？”

“那当然。”

“试想，一个情人在看见她所爱的对象经常使用的竖琴、经常穿的服饰时，会不会因为见到了那把竖琴，就想到那个拥有此竖琴的少年的相貌？然而这就是回忆，正如见到辛弥亚常常想起格贝一样，这一类的例子是数不胜数的。”

辛弥亚说：“的确是数不胜数。”

苏格拉底说：“那一类的事情不就是回忆吗？这是最常见的回忆那些年久、不经心而遗忘的对象的过程。对吗？”

辛弥亚说：“是那样的。”

“一个人看到一幅画着马或竖琴的图像就能想起一个人，看到辛弥亚的画像就能想起格贝吗？”

“当然。”

“看到辛弥亚的画像就能想到辛弥亚本人吗？”

“是的。”

“那么这些例子都表明，回忆既能由类似的东西引起，也能由不类似的东西引起，不是吗？”

“是这样。”

“一个人由类似的东西引起回忆时，是不是必然考虑到回忆所表现的是完全的，还是部分的类似？”

辛弥亚说：“这必然会考虑到。”

苏格拉底说：“我们进一步来说，你看我们说有‘等’这样的东西。我并不是说一块木头等于另一块木头，一块石头等于另一块石头，诸如此类，我是说其他以外的东西，抽象意义上是否存在‘等’？有这样的东西存在吗？”

辛弥亚回答说：“是的，宙斯在上，当然有这样的东西。”

“你知道这个东西的本质又是什么吗？”

辛弥亚说：“当然知道。”

“我们是从何处获得关于他的知识的呢？是不是从我们刚才谈到的那些事物中来的？例如木块、石块，从它们中得出一种关于‘等’的看法，而这‘等’却又是另外的东西？你这样认为吗？我们这样来看这个问题：同样的木块或石块在某种情况下看是相等的，但在其他情况下却不相等，是吗？”

“是的。”

“那些相等者本身在你看来有时并不相等，‘等’其实有时候根本‘不等’，对吗？”

“不，苏格拉底，我从来不这样认为。”

苏格拉底说：“那么这些相等的事物就不是‘等’本身了？”

“当然不是，苏格拉底。”

“虽然相等的事物本身不等于‘等’，但你还是认识了这二者的相关知识，对吗？”

“你说得非常对。”

“那它们之间是类似还是不类似呢？”

“当然类似。”

苏格拉底说：“那也没有关系，只要你通过看一件事物，而让你认识到另外一件事物，不管它们是否类似，都必定是回忆。”

“完全正确。”

苏格拉底说：“那些相等的木块，以及我们所谈到的那些事物，它们到底是像‘等’本身那样相等呢，还是不像‘等’本身那样相等？”

他说：“它们远远比不上‘等’本身。”

“一个人看见一种事物时，心里会想，这种事物是力求类似其他某种事物的，但由于大大不同，相去甚远，因此就不能类似。那这个观察者是否之前就知道，正如他所说的那样，尽管与另一种事物相似，但还是不如它对吗？”

“是这样。”

“那对于相等的事物和‘等’本身是不是也是这样？”

“当然。”

“那么我们就必须先有‘等’的知识，然后才看见相等的事物，认为这些事物力求类似‘等’本身却又不如它。”

“是的。”

“我们知道这种‘等’只有通过视觉、触觉或其他感官才能被认识，我认为所有事物都是这样。”

“是的，苏格拉底，对于我们所讨论的问题，它们之间并无什么差异。”

“通过我们的感官可以认识到：一切感性对象全都力求靠拢‘等’本身，却大不及它。这就是我们的看法，对吗？”

“是的。”

“那么在我们开始以某种方式去看、听、认识事物之前，我们一定已经有了关于‘等’方面的知识，才能将我们从感觉得来的那些相等的事物和它进行比较，这些事物都渴望与‘等’本身类似，却又相去甚远。”

“是的，苏格拉底，从我们之前的那些话就可以得出这个结论。”

“我们一生下来就具有视觉、听觉和其他感觉吗？”

“当然。”

“那我们是在具有这些感觉之前必须获得‘等’的知识，对不对？”

“是的。”

“看来我们必须在出生以前就已经获得这种知识。”

“就是。”

“如果我们在出世以前就已经获得了这种知识，并带着它出生，那我们在出世以前和出世的时候就不仅知道相等、大于、小于，而且知道这类的一切事情，对吗？因为我们现在谈论的不仅是相等，还有美本身、善本身、公正和虔诚，总之，涉及我们在回答过程中称之为‘本身’的一切。所以我们可以确切地说，我们必定在出世以前就已经获得了这一切的知识。”

“是的。”

“但如果我们在获取了这些知识以后一直没有忘掉它，那我们就会终身知道这个消息，因为知道就是获取知识，并且保持不遗忘。辛弥亚啊，是不是丢掉知识就是所谓的忘记啊？”

“说得很对。”

“如果我们在出生以前获得的知识在出生时遗失了，而后又通过我们的感官才恢复了原来的知识，那学习就是一个恢复知识的过程，我们有理由把它称作回忆吗？”

“当然。”

“很显然，我们通过视觉、听觉或其他感官认识到某种事物之后，再去认识其他我们已经遗忘的、与此相关的类似或不类似的事物时，就毫不费力了。因此，正如我之前说过的那样，要么是我们生下来就知道这一切并终身知道，要么是那些所谓出生后的学习也只不过是回想，所以学习就是回忆。”

“非常正确，苏格拉底。”

“辛弥亚，你选哪一种呢？我们是一出世就知道，还是后来回忆起我们出生前就已经知道的那些事情？”

“我一时还不能做出选择。”

“啊？那你还是回答这样一个问题吧：一个知道某事的人是否应该说明他所知道的事呢？”

“当然应该。”

“但你觉得是否每个人都能对我们所说的这些问题做出说明呢？”

“我希望他们都能做到，苏格拉底。但我恐怕明天这个时候没有一个人能这样做了。”

“辛弥亚啊，那你的意思是并不是人人都知道这些事啰？”

“绝不。”

“那他们是在回忆自己曾经学到的事啰？”

“是的。”

“那我们的灵魂是什么时候获得这些知识的呢？是我们在投生为人之后？”

“当然不是。”

“那就在出世以前？”

“是的。”

“那么辛弥亚啊，我们的灵魂必定在我们有人形以前就存在，与身体无关，并且具有心智。”

“要不然，苏格拉底啊，就是在出世的时候获得的，因为那时候还有灵魂。”

“你说得对，我的朋友啊，但我们是什么时候把它弄丢的呢？因为在我们出生时我们已经没有它了，这在刚才我们已经同意了。是在获得的时候将它弄丢的吗？还是在其他什么时候？”

“当然不是，苏格拉底，我没注意到自己在胡说八道。”

“辛弥亚啊，我们是否可以这样认为，如果我们一直说有美、善以及其他这一类的实体存在，将我们的感觉归因于那些以前就存在、现在还存在的东西，并拿它们跟我们的感官做比较，会发现我们的灵魂是先于我们出世的，如果没有这些实体的存在，我们的论证就白费力气了。毫无疑问，如果在我们出生以前就有这些实体的存在，那么灵魂也必然在我们出世前就存在了。如果实体不存在，那么也就不存在灵魂了。”

“是的，苏格拉底，我相信我们的灵魂存在于我们出世之前，你所说的实体同样也有存在的必要。这个结论与我的观点十分一致。因为我觉得非常明白，美、善以及你刚才谈到的所有事物都是最真实地存在着的，我认为我们有充分的证据可以证明。”

“格贝怎么样？我也应该说服他啊。”

辛弥亚说：“我想他已经被说服了，尽管他是凡人中最顽固的。然而我想他愿意相信灵魂是存在于出世之前的。但至于死后灵魂继续存在，这一点我自己都不相信，还有待证明。苏格拉底啊，格贝刚刚提到人们有一种普遍的恐惧，害怕人死魂散，存在告终。既然承认灵魂是在某个地方被产生、创造出来的，在进入人体之前就已经存在，为什么在它走进人体，脱离人体之后没有消失殆尽呢？”

格贝说：“辛弥亚啊，你说得很对。我觉得这只证明了问题的一半，而死后灵魂是否还存在，一如存在于生前，这又是问题的另一半，还有待证明，这样我们的问题才得以完善。”

苏格拉底说：“辛弥亚，格贝啊，其实这另一半的问题早已得到了证明，如果你将它们放在一起来看，我是说和前面得出的结论联系在一起，也就是我们认定的所有生物皆生于死。因为如果灵魂在出生前就已经存在，那它在进入生命、产生出来的时候，若不能从他处，而只能从死亡和死亡的状态中出世，那它就必须再生，就必定在死后也存在了，是不是？这样，你所要求的证明就做出来了。但我想，你和辛弥亚一定很想继续讨论这个问题。你们像孩子一样，被恐惧占据，认为灵魂离开身体之后会随风飘散。特别是死时暴风袭来，天气不好的情况。”

格贝笑着回答说：“苏格拉底啊，你认为我们害怕，那就说服我们吧。但严格来讲，我们并不是在害怕，也许在我们中间倒还真有一个小孩是在害怕呢；我们也必须说服他，在黑暗中独处时不要感到恐惧。”

苏格拉底说：“你要每天给他念咒，直到咒语把他的恐惧驱走为止。”

“苏格拉底啊，我们到哪里去找一个好的念咒语的人呢，因为你又要离开我们了。”

苏格拉底说：“格贝啊，希腊是个大国，好人有许多，也有许多外国人。你在他们中寻找，要寻求这样一位念咒者，不要吝啬金钱和劳力，因为你能够花钱的对象不过如此。当然，你也别忘了在自己人中寻找这样的人，因为他可能更不容易被找到。”

格贝回答说：“我们当然会寻找这样的人，现在我们还是回到岔开的话题吧，要是你愿意的话。”

苏格拉底说：“当然愿意，干吗不愿意呢？”

格贝说：“很好。”

苏格拉底说：“我们岂不应该问问我们自己这样一些问题：按照我们的想象，什么东西容易驱散？是什么让我们感到恐惧呢？又是什么我们不会对它感到恐惧呢？我们回答了这个问题之后，接着就该看看灵魂属于哪一类，然后就会知道究竟是该为我们的灵魂抱希望还是为它担心。”

格贝说：“你说得对。”

“那些合成的、复合的物质自然易于解体，像它们组合时一样，而一件非组合的物质是不是最不容易解体？”

格贝说："是的，我也这么认为。"

"非组合的物质可能是一成不变的、始终如一的，而组合的物质是经常变化的，对吗？"

格贝说："我想是这样。"

"现在我们还是回到之前的讨论吧。我们在问答过程中所谈到的实体本身，是一成不变的，还是易于变化的？比如'等'、'美'或是其他的事物，它们是随时变化的？还是不论以何种方式，在什么时间，都保持着简单、自生自灭、一成不变的形式？"

格贝说："它们必定始终如一，苏格拉底。"

"可对于众多美的物质，比如人、马、衣服或者其他可以被称之为'等'或'美'的事物，它们是一成不变，始终如一的吗？还是完全相反？它们可以被说成几乎变化无常，不曾与它们自己或其他的事物类似吗？"

格贝说："这些事物是从来都不一样的。"

"这些事物你能够触摸它们，看到它们，感知它们，但对于一成不变的事物你却只能用理性去认识，是看不见的，对不对？"

格贝说："说得很对。"

苏格拉底又说："既然如此，那么我们就假设有两种存在的实体，一种是看得见的，另一种是看不见的。"

格贝说："我们就认定这两类吧。"

"并且认定可见的不断变化，不可见的始终如一。"

"就这样认定吧。"

苏格拉底说："那我们就有身体部分和灵魂部分了？"

"当然。"

"那我们说身体比较接近哪一类？"

"当然是可见的那一类，这一点毫无疑问。"

"那灵魂呢？是可见的还是不可见的？"

“苏格拉底啊，灵魂对人类来说是不可见的。”

“我们是根据人的视觉把事物说成可见的和不可见的，对吗？”

“是的，是根据视觉。”

“那我们说的灵魂，到底能不能看见？”

“看不见。”

“那就是不可见的啰？”

“是的。”

“那灵魂跟身体比就是不可见的，而身体跟灵魂比就是可见的。”

“当然是这样，苏格拉底。”

“我们不是早就说过，灵魂是借助身体来感知的，也就是说，当我们通过视觉、听觉以及其他身体感官来感知（通过身体感知就是通过官能感知）的时候，就被身体拉到变动不居的事物上去了，于是不由自主，由于接触这类事物而颠倒错乱、头昏脑涨、如痴如醉？”

“确实如此。”

“灵魂单独由自身感知的时候，就进入那纯洁、永恒、不朽、不变的领域，在这样的氛围中存在着、独立着，而不受任何阻碍，脱离原先的存在形式，与那些不变的事物同在，并与它们交流，始终如一。灵魂的这种状态就叫智慧，对吗？”

格贝回答说：“苏格拉底啊，你说的这番话既美好又真实。”

“从我们以前和现在所说的来看，你认为灵魂比较接近于、比较倾向于哪一类？”

“苏格拉底啊，我认为包括最笨的人在内，人人都会同意，灵魂是大大倾向于一成不变的那一类。”

“身体呢？更倾向于变化那一类吗？”

“是的。”

“我们再换一种方式看看：灵魂和身体联结在一起的时候，本性命令它们之中灵魂处于统治、主宰的地位，而身体则处于服从、隶属的地位。这两种看上去哪种更像神圣的、哪种更像凡俗的？你是不是认为神圣的天生适合统治和领导，凡俗的适合服从和隶属？”

“我认为是这样。”

“那灵魂像什么呢？”

“毫无疑问，苏格拉底，灵魂像圣人，身体像凡夫。”

苏格拉底说：“格贝啊，那对于这整个问题我们是不是可以做这样的结论：灵魂最像那神圣的、不朽的、灵明的、整体的、不可分解的、一成不变的事物；身体则恰好相反，最像那凡俗的、终将死去的、不可理解的、多样的、可分解的事物。我亲爱的格贝啊，你承认这点吗？”

“当然不。”

“如果这是真的，那身体岂不是会很快分解，灵魂则几乎或完全不能分解？”

“当然。”

“你有没有进一步观察，当一个人死后，身体作为人体可见的部分，它有一个可见的结构，我们称之为尸体。虽然自然要分崩离析，但非立刻消亡。只要死时身体状态良好，并且死在一年中适宜的季节，那尸体就能存留很长一段时间，甚至非常之长的时间。身体如果风干用防腐药物保存，像埃及所做的那样，就会存留数不清的年代。即便尸体腐烂，它的某些部分，如骨骼、筋腱之类，也可以不坏的，是不是？”

“是啊。”

“可是那不可见的灵魂却进入一个和它一样不可见、纯洁、高贵、真实的世界，去到那里它会遇到善良、聪慧的神灵，只要神愿意，我的灵魂马上就会去到那里。那具有这种性质、本性的灵魂会像大多数人说的那样，在离开身体之后便立即消散毁灭吗？永远不会的，我亲爱的辛弥亚和格贝啊，实际上是这样的：如果它走时没有带走任何身体成分，那么它在活着的时候也并非愿意与身体联结在一起，那正是它想摆脱的，它宁愿自己缩成一团，因为这是它一生都在学习的，难道这意味着它想真正学习哲学吗？想练习怎样轻易地死去吗？哲学就是练习死亡吗？”

“的确是那样的。”

“如果它在这样的状态中，那就是去到一个跟自己同样不可见的、神圣的、永恒的、理性的境界。它去到了那里会过着幸福的生活，摆脱人类的谬误、愚昧、恐惧、激情和邪恶。一如始者，永远与神同住。是这样的吗，格贝？”

格贝说：“是的，毫无疑问。”

“但如果灵魂在离开身体时被污染了，变得不纯洁了，由于一直跟身体在一起，关心身体，爱护身体，迷恋身体的欲望和快乐，直到它以为最真实的只是形体，只是那些能摸得着、看得见、能吃、能喝、能用于寻欢作乐的形体；因为它习惯性地去憎恨、恐惧、逃避眼睛看不见的、只能用哲学来理解和把握的东西，那你想，这样的灵魂离开时会是干干净净、纯洁无瑕的吗？”

“那是不可能的。”

“这样的灵魂会与身体同流合污，因为长期与身体为伴，时常关注着身体，这已经成为它的本性。”

“说得非常对。”

“朋友，我们必须相信，这样的形体是沉重的、凡俗的、可见的。这样的灵魂会感到失落，因为它被拖了后腿，被带到了一个可见的世界，对另一个不可见的世界心怀恐惧。那里几乎徘徊在坟墓之间，在那里身旁随处可见灵魂的恍惚形象，它们并不是干干净净离去的，而是保留了某些可见的成分，因此它们还是可见的。”

“很像是这样，苏格拉底。”

“是很像，格贝。这些灵魂必定是坏人的灵魂，而非好人的灵魂。它们是被迫在那些地方游荡，作为对以前罪恶生活的惩罚。直到对形体的欲望得到了满足，它们才会被另一个形体给囚禁起来，而又会以先前的本性寄托在这个形体中。”

“你说的是哪些本性呢，苏格拉底？”

“我指的是那些贪图饮食、放荡不羁的人，他们并不下功夫控制这些恶习，最终只有沦为驴或牲口那一类。你说是吗？”

“我想确实是那样。”

“而那些选择了不义、残暴和凶狠的人将化为豺狼、老鹰；我们还能想出他们会变成别的什么吗？”

格贝说：“毫无疑问他们会变成这些动物。”

“这样是不是可以很容易根据他们的习性来看他们的前途？”

格贝说：“当然。”

“他们中间那些最幸福的、去处最好的，都是经常发扬平民美德和社会美德的人，他们是明智的、公正的。他们这样做只是出于习惯和本性，而并非借助于哲学和理性。”

“他们为什么是最幸福的？”

“因为他们将化身为一些温驯的、具有社会性的物种，比如说蜜蜂、蚂蚁或者再度化身为人，而成为公民们的祖先，对吗？”

“这不是不可能。”

“只有哲学家或者爱好学术的人，才会干干净净地离开，才能容许置身于神灵之列。正是因为这个缘故，亲爱的辛弥亚和格贝啊，那些真正爱智慧的人抛弃各种身体欲望，坚决抵制它们，不做出让步；这并不是因为他们怕穷或者怕毁掉整个家庭，他们跟多数人不同，多数人是爱钱、爱权、爱荣誉之人，并害怕因干了某些丑陋的事而名誉扫地，颜面尽失，而他们完全不顾这些。”

格贝说：“不，苏格拉底，绝不仅仅是这样。”

苏格拉底说："当然不完全是这样。因此，那些关心自己灵魂、不肯仅仅为身体而活的人，对这一切都是不予理睬的。他们不会与盲目的人为伍，因为这些人相信哲学有净化和解放的作用，是不能抗拒的，因此一心向着哲学，听从哲学。"

"这话怎么理解呢，苏格拉底？"

苏格拉底说："我告诉你吧，那些好学的人知道，当哲学掌控他们的灵魂时，灵魂只不过被牢牢地拴在了身体上，只能透过身体这牢狱的栅栏去看，而不能自己直接观察，在充满无知的泥潭中沉迷。哲学看出这种囚禁生涯最可怕的地方在于，它是肉体的欲望造成的，好学的人察觉到这才是灵魂最原始的状态，就接纳了它，并温和地鼓励着它，设法让它自由。并向它指出眼睛、耳朵以及其他感官都充斥着欺骗，劝说它摆脱这些东西，发挥其有用的部分，并将有用的部分集中起来，汇集到自己身上，只信任自己，相信自己对绝对存在的直觉，深信从其他地方看到的、随对象而异的东西并非真理。因为这类东西是可见的，是可以被感官感知的。而灵魂本身所见到的东西是由心灵感知的、不可见的。真正哲人的灵魂深信自己绝不能违抗这种解放，因此坚持尽可能脱离快乐、情欲、痛苦和恐惧。考虑到一个人尝到了无穷的快乐、悲伤、恐惧以及情欲时，并非像比如因为贪念而失去健康、财产等邪恶之事，而是遭遇到了最大的、最极端的邪恶，连他自己也想不到。"

格贝说："苏格拉底啊，是什么样的邪恶呢？"

"这邪恶就是每个人的灵魂，当灵魂感到极端快乐或痛苦时，我们就会不由自主地相信这种感觉是最真实、最平常的。但事实上并非如此。"

"的确是这样。"

"在这种情况下，灵魂不是完完全全受到身体的羁绊吗？"

"怎么会这样呢？"

"原因在于每一种快乐和痛苦都是一颗铁钉，将灵魂死死地钉在肉体上，服从肉体，并相信身体认为对的事，与身体拥有共同的快乐、习惯和生活方式，绝不能一干二净地回到另一个世界，必须随时与身体附着在一起。因此它很快沉入另一个身体，像撒下的种子一样在那里生根、发芽。也因为这个缘故，它跟那些神圣的、纯洁的、简单的东西并无相通之处。”

格贝回答说：“苏格拉底啊，你说得太对了。”

苏格拉底说：“格贝啊，这就是为什么真正爱好学问的人都是有节制的、勇敢的。这并不是出于一般人心中的那个理由。”

“当然不是。”

“哲学家的灵魂是不会像那样考虑的，它不会要求从哲学中得到解放，以使自己在快乐和痛苦中能够重新找到羁绊，使自己重蹈覆辙，去做无止境的劳役，犹如贝内洛贝那样白天织晚上拆。他的灵魂必须摆脱激情以求得平静，应当遵从理性，永远以理性为归一，透视那最真实、最神圣的东西，而不理睬别人的意见，以真实来使自己获得营养。因此它生前就努力地生活，死后就有希望去到它自己的国度，永远免除人类的各种邪恶。辛弥亚和格贝啊，经过这些训练，有了这些追求之后，就不用担心灵魂在离开身体的时候会随风吹散，消失不在了。”

苏格拉底说完了之后，相当长的时间内大家都很沉默。苏格拉底似乎还沉浸在刚才的论证中，我们多数人也是这样，可是辛弥亚和格贝低声谈了几句。苏格拉底瞧着他们说：“你们怎么啦？我刚才的话你们有何意见，有没有什么不足的地方？当然还可以提出质疑，也可以反对，如果你们愿意仔细考虑的话。要是你们考虑的是别的什么事，那我也没什么可说的；但针对我刚才的话，要是有什么疑问，请不要犹豫，大胆说出你们的想法，看是否有什么意见可以改进我的说法。总之，要是我还有用的话，请也利用我的作用帮你们解决困难。”

辛弥亚说：“苏格拉底啊，我不得不承认，我们心中确实有些疑惑，因此每个人都在敦促对方提出问题。我们很想知道答案，但又不愿问你，害怕这样做会使在目前困境中的你感到不快。”

苏格拉底笑着说：“辛弥亚啊，这太奇怪了，我势必要花很多功夫来使别人相信，我并不把我目前的境况当成困境。在我并不能使你相信这一点的时候，你却害怕我现在比平常更容易发脾气。看来你认为我现在洞见未来的能力还不如天鹅；因为它在临死的时候唱的歌比任何时候都嘹亮、动听，因为它为自己能到所侍奉的神灵面前而感到高兴。可是人呢？因为怕死，就对天鹅加以曲解，说它最后的歌是为了哀悼自己的死亡。他们没有考虑到鸟在受饥饿、寒冷或其他困扰时是唱不出的；连夜莺、燕子和戴胜这些号称是唱哀歌的鸟也是不唱的。我不相信它们由于悲哀而唱歌，天鹅更不会如此。但它们是阿波隆的鸟，我相信它们有预见的能力，因此它们在那一天唱歌会比以往任何时候更加欢畅。我想我也和天鹅一样，信奉着同一个神，也是天鹅的同伴，我也从我的主那里接受了先知的恩赐，并且毫不逊色于天鹅，所以我现在离世时跟它们一样毫不悲哀。关于这一点，请尽情发问吧，只要雅典人的法官们允许就行。”

辛弥亚说：“苏格拉底啊，我要把我的困难告诉你，格贝也将告诉你他的困难。苏格拉底，我敢说你同我一样，对比如现世的问题难以确信，或者说几乎不可能相信。但如果对上面的问题寻根问底、面面俱到以致耗费精力，那他就是懦夫。因为这种人必须做到以下两件事中的其一：要么去获得事情的真相，要么如果确定这无法做到，就选择人类最好、最可靠的说法，并拿它当作木筏，度过险象丛生的人生。我承认，如果他找不到一艘依靠神圣启示的安全航船，这并不是万无一失的做法。因此现在我不耻下问，如你所说的那样，这样我就不会因为自己闭口不言而埋怨自己了。因为，苏格拉底啊，当我独自考虑或者与格贝一起考虑这些问题时，我觉得还不能使自己完全信服。”

苏格拉底回答说：“我想，我的朋友啊，你说得对。但我想知道，你在哪一方面不满意呢？”

辛弥亚回答说：“在这方面，我们可以采用关于和声和里拉琴的说法来讲。我们可以说和声是调好的里拉琴中间无形的、美丽的、神圣的东西，而里拉琴本身及其琴弦则是一些形体，是有型的、组合的、实在的、接近会死的东西吗？如果有人打碎了竖琴，或者割断了琴弦，用你所提出的那个说法是不是可以主张，那和声不能毁坏，必定仍然存在？因为我们不可能说，里拉琴在没有了琴弦之后，那断了的琴弦还仍然存在，而那种近乎神圣不朽的和声却在有死的东西之前毁灭。你可以说和声必定存在于某处，而那木头和弦线在可能发生某事之前就烂掉了。我想，苏格拉底啊，灵魂是这样一种东西，我们都拥有它，身体是由冷、热、干、湿之类混合调配到一起的，灵魂就是这些对立成分的协调和调整，并且混合得恰到好处。如果灵魂是这样一种和谐，那就很显然，身体由于疾病或其他原因而过分松弛或过分紧张的时候，灵魂就必定消灭，不管它如何神圣也要消失，就像音乐和其他工艺品的和谐一样。而身体的遗留物则可以保存相当长的时间才会被烧掉或烂掉。如果有人主张灵魂是身体要素的调和，所以会先于死亡消失，对此我们又该做出怎样的回答呢？”

苏格拉底以他惯用的方式环视我们一番，微笑着说：“辛弥亚的论证言之有理，但你们中间为什么没有一位比我聪明的人来答复他呢？因为他说得似乎有道理。但我想在答复他之前听一听格贝在我们的说法里发现了什么毛病，使我们有时间考虑一下说什么话。在听了他讲的之后，如果他说得对，我们可以为我们所说的进行辩护；如果他说得不对，我们可以对他进行反驳。”他接着说：“格贝啊，那么请告诉我你到底有什么样的麻烦呢？”

格贝说：“那我告诉你吧。我觉得你论证的要点还是停留在原来的那个地方，也与我之前所提出的反驳有关联。你之前所说的是非常明智的，即灵魂在进入身体之前就存在，但是我觉得你并没有证明灵魂在死后存在。我并不同意辛弥亚的反驳，认为灵魂并不比身体更强、更耐久；我认为灵魂在所有方面都优越身体许多。你的说法也许正确，可当你在亲眼看到人死后较弱的部分依然存在时，你为什么还不信服呢？你是不是认为较强的部分必定存在同样长的时间呢？你看我的答复是不是有点意思？我想我可以像辛弥亚那样来打个比喻，看看打这个比喻是否合适。这很像人们常说的一个已故老织工的故事，他死后有人却说这人并未死去，仍然存活于世，他所织的衣服还是还很完整，并未销毁。如果人家不信他的话，他就会问比较经久的到底是人还是人穿的衣服。在听到人要经久得多时，他认为这毫无疑问就证明了那个人是安全无恙的，因为那比较不经久的衣服都还没消失。可是辛弥亚啊，我不认为你这样说是对的，请听我讲吧。任何人都会认为你这样说是在胡说八道，因为事实上这个织工缝过并且穿破过很多这样的衣服，他比它们活得久，但衣服毕竟都消失了，而一个人却不比一件衣服差些、弱些。我想这个比方可以用来说明灵魂和身体，可以同样说明灵魂比身体活的时间要长，而身体也较弱。我们可以说每个灵魂都穿坏过很多身体，特别是活了很多年的人。因为一个人活着的时候，身体是经常变化、经常被破坏的。而且灵魂却经常重新缝制坏过的身体，所以它消灭时必定还穿着那最后一件衣服，因为这件衣服是唯一存留下来的。灵魂毁灭不见之后，身体便会立马显示出它虚弱的本性，并且很快就会变得腐朽。所以我们还不能充分证明死后灵魂还存在。

“假定有人承认的比你还多，认为灵魂在生前就存在，并且也认为死后人的灵魂还可以继续存在，并且可以死后重生、再生、再死，因为灵魂天性强，能够经历多重生死。即便是这样，我们还是可以认为灵魂是经不住多次重生的折磨，最终在某次死亡时完全消灭的。没人知道这种死亡和身体的瓦解会在什么时候让灵魂毁灭，因为对此谁也没有什么经验。如果真是这样，那我想就只有傻子才会充满信心地面对死亡，除非他能证明灵魂根本不会死，根本不会消亡。如果不是这样，那将死的人在面临身体解体、灵魂消散时，也会时常感到害怕的。”

然后我们所有人，正像我们后来彼此相告的那样，听了他们这样说之后感到非常不愉快，因为对于之前的论证我们本来已经完全信服了，现在看来我们又陷入了混乱之中。不但不能信之前的讨论了，连任何将来的论证也不能信了。他们害怕自己不能做出正确的判断，或者在这些问题上无法得到定论。

艾克格拉底：斐多啊，我很同情你。因为在听了你的话之后，我也在开始扪心自问：我们到底还能相信什么样的论证呢？苏格拉底的论证本来就很有说服力，现在也已经没人相信了。灵魂之和谐一说，我曾经对它十分信任，非常沉迷于这一说法，当提起它时，我能立即想起我曾经相信过这一说法；然而现在我必须再一次开始寻找另一种说法，使自己能够相信一个人死时他的灵魂并不跟他一同消灭。那么请告诉我，苏格拉底到底是怎样接着讲下去的？他是表现出和你说的那些人一样的不安，还是平静地接受，并给出充分的解释？到底是怎样进行的，请尽可能详细地告诉我吧。

斐多：艾克格拉底啊，我一向敬佩苏格拉底，可是从来没有像那时那样佩服他。他能随时应答自如这并不令我感到惊奇，而使我对他感到大吃一惊的是首先他以和蔼、愉悦、赞许的态度倾听了年轻人的批评；其次是他很快地察觉到了这样的话对我们产生的作用；最后是他那已成的疗伤艺术，就好比一位将军恢复折了的手臂，使我们恢复了分散的力量，鼓励我们跟他一道去论辩。

艾克格拉底：他是怎样做到的呢？

斐多：我会告诉你的，我坐在他右手边的一张小凳上，他的座位比我高好多。他玩弄着我的头发，然后把它梳顺了、按压在我脖子后方，并对我说：斐多啊，我想你明天就会把你这好看的头发给剪了。

我回答说：“是的，苏格拉底，我想我会的。”

“要是你听我的话，那就不要这样做了。”

我又回答说：“那我又该怎么做呢？”

“你可以今天把它剪掉，而不是明天，如果我们的说法死了而我们又不能使它复活的话，我和你将一起把它剪掉。如果我是你，丢了自己的立场，我发誓我会像阿尔戈人那样，不重新发动战斗，去保护我的立场，战胜辛弥亚的说法，那就不再留头发。”

我说：“可是据说连大英雄赫拉格勒也不跟两个人斗。”

“那你就最好在天还亮的时候叫我当你的伊沃劳。”

我说：“那我宁愿请你帮忙，这不是赫拉格勒叫伊沃劳，而是伊沃劳叫赫拉格勒。”

他说：“都一样。不过首先我们要防备一种危险。”

我说：“哪种危险呢？”

他说：“厌恶论证的危险，就像有人厌恶人类那样；因为一个人最坏的毛病就是厌恶论证。厌恶论证和厌恶人类出于类似的原因。厌恶人类是由于尚未充分认识就盲目相信人。你认为这人是可信的、真实的，后来却发现他的虚伪、下流；然后你又对另外一个人得出同样的认识。如果这种事发生在一个人身上好几次，尤其发生在推心置腹的朋友中，久而久之就会发生争吵，于是对人人都发生厌恶，认为人人都没有真心，你注意到这一点了没有？”

我说：“确实是这样。”

他说：“那岂不是很丢脸吗？因为一个人要处理人与人之间的关系，却不懂人的本性，要是他认识到了这一点，在跟人打交道的时候就会想到好人坏人都很少，大多数是中间状态的，这才是实情。”

我说：“你是什么意思呢？”

他回答说：“我是说大和小是一样的。你有没有想到最困难的是找出很大或很小的人、狗或其他动物；或者找出很快或很慢、很美或很丑、很黑或很白的人？你有没有注意到这些例子中极端的情况是很少见的，而处于两极端之间的中间的实例却是非常的多？”

我说：“确实是这样。”

他说：“如果要比赛邪恶，那表现突出的是不是很少？”

我说：“很对。”

他说：“对，大概是这样。不过在这一方面的论证跟人不一样。我只是在跟随你而发表更多的意见。类似之点就在于，一个人对论证并无正确认识时相信某一论证是正确的，之后又相信它是错误的，不管它是正确与否，如此反复，然后就不再信仰任何东西。你会发现那些伟大的辩论家，最终成为人类最聪慧的那一类人。因为只有他们认识到了所有论证是不可靠、不够深入的，一切都是忽上忽下的，好像欧黎波海峡里的浪潮一样，没有任何东西在任何时候是稳定的。”

我说：“的确如此。”

他也感到十分忧郁，回答说：“是啊，斐多，假定有某种论证是真实、可靠、可以学习的，而有人见到某些论证看上去似乎正确，而结果又认为是错误的，却不责备自己和自己的无能，一生气干脆就将错误推给论证本身，然后把它们厌恶、辱骂一辈子，放弃认识真理的机会——那就糟了。”

我说：“确实够糟糕的。”

他说：“我们首先要谨防这种毛病，别以为这种论证是不可靠的，我们应该反过来承认自己还不可靠，必须果断地努力，使自己变成可靠的。你们这些人要为自己的未来着想，而我则要为即将到来的死着想；因为此刻我很清楚自己并没有哲学家的秉性，就像个没受过教育的人一样，挑挑剔剔。他们谈论一件事情的时候并不关心其中真实的情况是什么，而只是关注自己的看法在听众心目中的分量，显得更加真实可靠。而此刻我和他们的区别只在于，我并不看重我所说的话在听众心目中的分量，把那看成次要的事，而主要是使我自己能相信它。看吧，我要从中获取很多东西。

如果我说的都是真的，那相信它就是对的；如果我死后什么都没有了，那么在最后的时间里同伴们对我的哀怜就毫无意义。我的这份无知也不会长久，最终会结束，也不会造成任何伤害。辛弥亚和格贝啊，我就是本着目前的这种心态来准备讨论的。请你们站在真理的角度考虑，而不是站在苏格拉底的角度。如果你们认为我讲的是事实，那么就认同它，如果认为不真实，就提出论证来反驳我。不要依我的性子，欺骗了自己，也欺骗了你们，就像蜜蜂似的叮你们一口就飞跑。”

他说：“那让我们继续吧。首先得确定一下我还记得你们说过的话，我记性不好。辛弥亚，我想他还是有一些怀疑的，他担心灵魂尽管比身体神圣、崇高，却会先损坏，因为它是一种和谐。而对于格贝，我想你是承认灵魂比身体持久的，却说谁也不知道灵魂穿坏了许多身体之后是不是最后会在离开身体之后消失，而这也就是死亡，即灵魂而并非身体的毁灭，因为身体是在连续不断地损坏的。辛弥亚和格贝啊，我们必须考虑的是这些观点吗？”

他们两个都同意这些观点。

他接着说：“那你们是否定以前的全部论证呢，还是只否定部分论证？”

他们说：“只否定部分论证。”

他说：“那对于我们说的学习就只是回忆的过程，因此灵魂在囚禁身体之前必定已经在某处，对此你是怎样认为的？”

格贝说：“我当时完全被那部分的论断给打动了，至今对此也深信不疑。”

辛弥亚也认同这个观点，并说他自己也几乎不可能再想到其他不同的观点。

苏格拉底说：“特倍的朋友啊，如果你仍然相信和谐是个复合体，灵魂是由身体里面像琴弦似的绷着的成分构成的和谐，那你就必定有不同的想法。因为那样你肯定不能主张那复合的和谐先于组成它的那些成分了。

对吗？”

“当然不能主张，那是不可能的，苏格拉底。”

“你难道没有注意，你说灵魂在进入人形和身体之前就已经存在，并且是由还没有存在的东西组成的，是这样的吗？因为和谐并不像你打给它打的比方那样，琴、弦和声音是在并不和谐的状况下产生的，和谐是在最后产生并且最先消失的。你怎么能将灵魂的概念与那种情况相提并论呢？”

辛弥亚回答说：“我根本不能。”

苏格拉底说：“当我们将和谐作为谈论的话题时，任何说法都应该跟它合拍。”

辛弥亚说：“当然应该。”

苏格拉底说：“可是这两种说法并不合拍，那你是要选择‘知识即回忆’还是‘灵魂即和谐’？”

辛弥亚回答说：“苏格拉底，我想我更愿意相信‘知识即回忆’。因为前者是被充分证明了的，而后者只是出于可能，看似正确，但却没有经过证明。我觉得仅仅因为具有可信的可能性来证明说法是靠不住的，在使用的时候如果不设防，就容易被欺骗，在几何中是如此，在其他范围里也是这样。然而那种关于回忆和学识的理论却是通过可靠的论证建立起来的。因为我们同意我们的灵魂早在进入身体之前就存在着，作为一种‘存在体’的东西。现在我深信自己接受的这种实体是充分、正确的，是有理有据的。因此我不能根据我自己的想法，或者根据别人的想法就接受‘灵魂即和谐’的说法。”

苏格拉底说：“辛弥亚啊，让我们换个角度来谈这个问题吧。你认为和谐或其他复合物能够处在一种异于其成分的情况中吗？”

“当然不这样想。”

“难道和谐不能行使，也不能承受它的成分所行使或承受的吗？”

辛弥亚对此表示同意。

“那么和谐就不能控制它的成分，只能听从指挥了？”

辛弥亚同意。

“和谐完全不能推动，也不能制造声音，或者做出跟它的部分相反的事情了？”

辛弥亚回答说：“那是不可能的。”

“每一种和谐不都是根据其组成部分的和谐合成的吗？”

辛弥亚说：“我不明白。”

苏格拉底说：“如果合的程度深、范围广（假如可能的话），那就是比较完全的、比较强的和谐；如果合的程度比较不完全、范围比较狭窄，它就是比较不完全、比较差的和谐，对吗？”

“是的。”

“灵魂也是这样吗？是不是一个灵魂只是在很小的程度上跟另一个灵魂有深度、广度上的不同？”

辛弥亚说：“根本不是这样。”

苏格拉底说：“我们说一个灵魂是理智的、道德的，因而是好的；而另一个灵魂是愚蠢的、邪恶的，因此是不好的，对吗？”

“很对。”

“那些主张灵魂是和谐的人又会怎样说灵魂中有美德和邪恶呢？他们会不会说这是另一种和谐与不和谐，那个本身是一种和谐的灵魂包含着另一种和谐，而另一个灵魂是邪恶的也就不和谐，并且也不包含另外一种和谐了？”

辛弥亚说：“这我可说不上，可是那些持这种主张的人显然会这样说。”

苏格拉底说：“可是我们同意一个灵魂跟另一个灵魂并没有程度上的差别啊，这也就等于说一个和谐和另一个和谐并没有深浅、广窄的不同。是不是呢？”

“就是。”

“那既不多也不少的和谐，是合的既不多也不少的吗？”

“是的。”

“那合的不多也不少的和谐，是具有较多或较少的和谐，还是具有等量的和谐呢？”

“是等量的和谐。”

“那假如一个灵魂和另一个灵魂并无程度上的差别，就可以说是不多不少的和谐状态了吗？”

“是的。”

“那就不存在有较多的和谐或不和谐了？”

“不存在。”

“那是不是说一个灵魂跟另一个灵魂一样，不能有更多的邪恶或美德？因为邪恶是不和谐的，而美德是和谐的对吗？”

“是那样的。”

“那么辛弥亚啊，请说具体点，就是没有一个灵魂会有任何邪恶，因为灵魂就是一种和谐，如果和谐是完全和谐的，那就不能有任何不和谐的部分。”

“当然不能。”

“那么既然灵魂完全是灵魂，就不能有任何邪恶的部分。”

“要是我们所说的都是正确的，那怎么会有邪恶的部分呢？”

“根据这个论断，如果所有的灵魂都是天生平等的话，那就是说一切生物的灵魂都一样好了。”

辛弥亚说：“看来是这样的，苏格拉底。”

苏格拉底说：“你如果认为‘灵魂即和谐’这一理论是正确的，那以上的说法就是可信的，那我们的推论就会得出这结论吗？”

辛弥亚说：“完全不是的。”

苏格拉底说："在一个人的各部分中，你是不是认为除了灵魂以外，还存在某个统治的部分，如果它是聪明的话？"

"不，我不这样想。"

"那它是认可身体的感觉呢，还是反感这些感觉呢？我的意思是说，当身体很热、很渴的时候，灵魂是不是反对它，不让它喝水，很饿的时候是不是不让它吃东西？我们难道不是看到灵魂以无数种方式反抗着身体吗？"

"确实如此。"

"我们在前面的讨论中不是同意过，如果认为它是和谐的，那就不能发出跟它的组成部分的紧张、松弛、震动等情况不一致的音，而只会服从它们，而不会领导它们，对吗？"

辛弥亚说："是的，我们的确同意过。"

"可现在我们却发现，灵魂的作用恰恰与此相反，它领导了那些据说是它组成部分的东西。我们一生中几乎所有的事都在跟灵魂对抗，并以各种方式压抑着它们，有时还行使着苛刻痛苦的惩罚（体育训练和医疗中的惩罚），有时会比较温和，有时会变本加厉，有时会予以训斥、警告。总之，当碰上感情、欲望、恐惧的对话时，就好像它们之间都毫不相干似的。荷马在《奥德赛》里谈到奥德赛时就说：

"他捶打自己的胸脯，谴责自己的心道：

"心啊，忍受比过去更大的痛苦吧。

"你想他写这诗句的时候是把灵魂想成和谐，以为它会受身体状况的支配吗？还是他把它看成适于摆布和支配身体的状况，比和谐要神圣得多，是吗？"

"是的，苏格拉底，我完全赞同。"

"那么我的朋友啊，我们绝对没有理由说灵魂是和谐的，因为那是违背神圣的诗人荷马的，也是违背我们自己的。"

辛弥亚说："是这样的。"

苏格拉底说："很好，现在我们相当成功地得到了特拜女神哈尔谟尼亚的谅解了；可是格贝啊，我们用什么方法才能博得加德谟的青睐呢？"

格贝说："我想你会找到一种方法的。你提出的反对和谐的说法大大超出了我的期望。当辛弥亚提出他的论断的时候，我不知道是不是有人能反驳他的论证；因此我大吃一惊，他的论证居然不能抵制你的第一次打击。如果加德谟的说法遇到同样的命运，我是不会吃惊的。"

苏格拉底说："唉，我的好朋友啊，不要吹牛，以免给人以笑柄，而推翻之后的论证。这是由神来掌控的。我们还是用荷马的方式挑起战争，来试试你的说法是否正确吧。在我看来，你所追求的主要是：要求证明我们的灵魂是不灭的、不死的。之所以会如此，是因为哲人们在死亡面前表现得泰然自若，认为自己死后会在另一个世界里按照哲学的方式活得很精彩，胜过今生的生活。而且他的这种态度确实是出于真知灼见，绝非盲从。虽然我们说灵魂很有力，很像神灵，存在于我们生而为人之前，但你却说这一切不能证明灵魂不死，而只能证明灵魂在我们生前度过了很长的时间，并且在某处存在许久，知道并做了各种事情。然而这根本不能被看作永恒的，它进入人体就好像得了一种病，然后开始分解，今生活在劳累之中，最后在所谓死的时候消灭了。你还说，灵魂会一次或多次进入我们的身体，这对于我们个人的畏惧来说是没有区别的。一个人要是不知道、不能证明灵魂是不灭的，那就一定会怕死，除非他是个傻子。格贝啊，我想这就是你所要表达的意思吧。我把它重复了一遍，目的在于使任何东西都不至于遗漏掉，如果你愿意的话，可以进行补充或删减。"

格贝说："我现在没有想法要添加或去掉什么，我的想法你都表达了。"

苏格拉底停下来思索了一会儿，然后说："你提出的问题都不是小问题，因为必须考虑到产生和消灭的全部原因。如果你想听的话，我现在就把这方面的经验告诉你，如果我说的对你有点用，你就用它来解决你的困难吧。”

格贝说：“我当然希望听听。”

苏格拉底说：“你听着啊，我告诉你吧。格贝啊，我年轻时非常想钻研那门被称为自然研究的智慧。我想这是件愉快的事，因为可以知道每一件事物产生的原因，知道每一件东西为什么会发生，为什么会消灭，为什么存在。我一直在反复琢磨这样一些问题：是不是像有些人说的那样，热和冷通过一种发酵作用产生出动物的组织？我们是用血，还是气、火来思想的吗？是不是又并非这些，而是脑子提供出听觉、视觉和嗅觉，并从这些感觉中产生出记忆和意见，再从静态的记忆和意见产生知识？我又试着找出这些事物是怎样消灭的，便观察天地现象，直到最后我发现自己完全不适于搞这类研究。我要给你提出充分的证明，来说明我为什么得出这个结论。我被那些研究搞得头昏眼花，以至于失掉了自己跟别人原有的知识，我忘掉了自己曾经以为人人都知道的，人是由于吃喝而生长的；因为人吃的食品中，肉加到人肉上面，骨头加到人骨头上面，合适的东西加到每个别的部分上面，于是小块变成大块，小人变成大人。这是我一直持有的想法。你看不是挺合理的吗？”

格贝说：“那你现在对此怎样看呢？”

苏格拉底说：“我再也不认为自己知道这些事情的原因了，我甚至不敢说，在一加一的时候，是被加的一还是所加的一由于这一变成了二。我觉得很奇怪，怎么把这两个一分开来，它们就是一，都不是二，而把它们放到近处，这就变成了二呢？我也不知道为什么把它们一分，就把它变成了一；因为这跟前面的二的原因是相反的。前面造成二是由于把一跟另外的一个一挪近或者加上，现在造成二是把一跟另一个一挪远或者分开。我就不再相信自己用这种方法能知道一个人是怎样产生的，或者知道某物是怎样产生的，消灭的或者说存在的了，我不再承认这种方法，而是有一种我自己的模模糊糊的办法了。

“后来有一天听见一个人说从一本据说是阿那克萨戈拉所写的书里看到，是‘心灵’安排并且造成万物的。我很喜欢这种说法，觉得这样说多半是对的，心想如果是这样，心灵在安排事物的时候就会把每件事物都安排得恰到好处。如果有人想要安排事物某个特殊的产生、消灭或存在的原因，就必须找出它适合哪种存在形式、哪种被动状态、哪种主动状态。因此，在那件事物方面，以及在其他事物方面，一个人需要考虑的无非是‘什么是最好的’，‘什么是优良的’；这样，他也就必然会知道什么是比较差的，因为认识好和坏的是同一知识。考虑到这些事情，我就很高兴地认为，我在阿那萨戈拉身上找到了一位老师，他使我在事物的原因方面大大开窍；我想他会告诉我大地是扁的还是圆的，然后进一步说明它的原因和必然性，也会告诉我最优胜者的本性，以及大地为什么这样是最好的。如果他说大地在中央，就会接着指出为什么它在中央最好，如果把这些事情说清楚了，我就决心不再求问什么别的原因了。我认定自己这样就会弄明白日月星辰，知道它们的相对速度、运转情况以及其他变化，并且知道它们各自的主动、被动情况都是最好的。所以我认为他给每件事物以及一切事物说出产生其的原因时，会进而说明什么对每件事物最好，而什么对一切事物都好。我认为这些会有很高的探讨价值，所以急切地想将书弄到手，并尽可能地阅读，那样自己就可以尽可能地知道什么是最好的、什么是最坏的。

“可是，朋友，我的希望很快就破灭了。我在进行阅读的时候，看到这个人并不是用‘心灵’——并不用真正的原因来安排事物，而只是提出将气、清气以及其他莫名其妙的东西当作原因。我觉得这好像是说苏格拉底是用心灵做他的一切事情，然后在试着给我的某件事情说出原因的时候却说，我现在坐在这里是由于我的身体是由骨头和筋腱组成的，骨头是分成一节一节的，筋腱可以收缩伸张，由肌肉和皮肤把它包裹着放在骨头上，而骨头又是由韧带连着的，筋腱伸缩，使我的肢体能够弯曲，这就是我弯着腿坐在这里的原因。类似，他会说，嗓子、空气、耳朵以及无数这一类的东西是我们彼此谈话的原因，而不提那真正的原因，也就是说，雅典人认为将我判刑，那是最好的，因此我认为留在这里服刑是正当的，也是最好的。可是，凭良心说，如果我不认为服国家的刑罚有什么不好、不公，或者干脆不如越狱逃跑的话，我的这身骨骼、筋腱可以早就被一种关于‘何者是最好的意见’这种思潮带到枚伽拉和博优底亚附近。可要说我凭借这些东西而采取行动，说我凭借‘心灵’行事却不依据对最佳者的选择，那就成了无稽之谈。这样说来，人是不能做出区别的，因为他们不能看清实际上是怎么一回事，使得起作用的条件发生了改变。所以，我认为，在很多人把原因附加在条件上的时候，其实是在暗中摸索，把不属于自己名字的说法加在了自己身上。因此，有人认为地处于天的下方，天绕着地旋转，而另一些人则认为地是一个扁平的槽，由空气在底下托着；他们却不去寻找一种力量，能使事物处在自己最好的位置上，他们并不认为这是有神圣力量来引导的，反而以为自己能够找出一个阿德拉来，并且这个阿德拉比它更有力、更不朽、更包罗一切。实际上，他们并不能想到‘好’这一包罗万象、团结一切的力量。我很高兴有一个人曾交给我这样一个原因的本性，可是我却被否定了，因为自己不能发现它，也不能从别人那里学到它，格贝啊，你是不是愿意听我跟你讲讲我是如何进行第二次探索的呢？”

格贝说：“我十分希望听。”

苏格拉底说：“在这之后，我既然放弃了直观‘是者’，就认定我必须小心谨慎，不要犯人们常犯的那种错误：在日食的时候瞪大眼望着太阳。因为要是他们不想被太阳毁掉眼睛，就只能从水里看太阳的影子，或者从别的东西看反光。我意识到那样的一种危险，很害怕用眼睛盯着事物或者其用他官能掌握事物，害怕会损害了灵魂。因此，我认为我必须依靠思想，在思想中来考察‘是否’这个问题。也许我的比方不大准确，因为我绝没有意思说，一个研究‘是者’的思想家可以从影子看实物，那会比从实际生活中看它们更清楚。然而我在最开始用的就是那种方法。任何情况下我都认为我的道理是最有力的，只要我觉得跟它相合的，不管是原因方面还是别的方面，就都看成真的；凡是不合的，就看成不是真的。不过我还是要把我的意思更加清楚地告诉你，因为我觉得你现在还不太懂。”

格贝说：“我确实不太懂。”

苏格拉底说：“我的意思是说，我讲的并非什么新的东西，就是我一直在讲的那层意思，在前面的谈话中讲过，在其他地方也讲过。我要跟你说明我一直在研究的那个原因到底是什么，因此就需要回到我们常谈的那个话题，以它为出发点，并假定有如美本身、好本身、大本身等这一类的东西。如果你同意这一点，认为有这些东西的存在，我相信我就能给你说明原因何在，就会向你证明灵魂是不死的。”

格贝说：“你可以假定我同意，请讲吧。”

苏格拉底说：“那就看看你是否也会同意我下一步的说法。我想如果某某事物是美的，它之所以美并不因为别的，只是因为它分沾了美本身，别的事情也是这样，你同意这种说法吗？”

格贝说：“我同意。”

苏格拉底接着说：“我还不了解，也看不出有什么别的巧妙的原因。如果有人跟我说，使一件事物美的是它的颜色、形状之类的，我是不予理睬的，因为这些东西把我搞糊涂了。我只是直截了当，甚至愚蠢地认为，使它美的仅仅是美本身出现了在它身上，或跟它发生联系（怎么说都行），不管它是怎样联系上的。我对事情是怎样发生的不做任何肯定，但我只坚持一点：一切美物之所以美丽，是因为‘美’。因为我认为这是我能给自己或别人做出的最稳妥的回答，如果我能在短时间内抓住这一点，我想我是绝不会被别人驳倒的。我相信不管是我还是别人，做出‘美物之所以美是由于美’的回答，是最稳妥的，你同意我的说法吗？”

"我同意。"

"大的东西之所以成为大的、比较大的东西，是由于'大'，较小的东西之所以成为较小的是由于'小'？"

"是的。"

"如果说一个人比另一个人高出一个头，而比另一个人要矮一个头的样子，你可不要接受这种说法。你要坚定不移地说，每一个较大的东西之所以比另一个东西大些，是因为那个所谓的'大'，而小的东西之所以小，也是因为那个'小'。我想你要是说一个人比另一个人大些或小些，是因为一个头，这种说法恐怕会遭到反驳，因为照你的说法，首先，较大些或较小些的东西都是因为同一个东西。其次，较大的人较大些是因为一个头，而头却是小的，也就是说那较大的东西是由于那较小的东西引起的，这岂非怪事？这种说法你害怕吗？"

格贝笑着说："我当然会害怕这种反驳。"

苏格拉底接着说："那你就不敢说，十个比八个多是由于两个，你会说，十个之所以多，不是由于'数'，而因为它是较大的数；同样的，二尺之所以大于一尺，并不是由于'一半'，是由于'大小'，是不是？因为你是会有同样的顾虑的。"

格贝说："确实是这样。"

"如果把一个加到一个上，或者把一个分开，你就会避而不说这'加'或者'分'是两个原因吧？你会大声疾呼地宣布，你认为任何一件事物之所以能开始存在，无非是由于它分沾了它所固有的那个实体，因此你就只承认两个之所以存在的原因是分沾了'二'，是两个事物必定分沾'二'，一个事物必定分沾'一'。你会不顾那些'加笼'、'分开'之类精巧的说法，把它留给更聪明的人去解释。你会责怪自己没有经验，会像别人说的那样，害怕自己的影子；所以你会坚守我们的稳妥说法，像我所说的那样回答问题。如果有人攻击这个说法，你会对他不予理睬、不予答复，要看看他那些推论是不是彼此一致。你要对这个说法做出说明的时候，可以先认定另外一个你觉得更高级一点的说法，以作为说明的依据，这样一层层往上爬，直到找到合适的为止。你不会把那两样东西混到一起，像那些辩论家那样，大谈其根据和推论，想通过这个过程发现真实情况，因为那些人是根本不关心实况的。他们把一切都搅得一塌糊涂，还沾沾自喜；而你如果是哲人的话，我想你会像我说的那样做。"

辛弥亚和格贝齐声说："你说得对极了。"

艾克格拉底："斐多啊，这听上去真过瘾。我觉得他把问题说得惊人明白，连糊涂人都能明白。"

斐多说："艾克格拉底啊，是这样的，在场的人也都这样想。"

艾克格拉底："我们这些不在场的人现在听了都是这样，他们都是怎么说的呢？"

斐多："我记得大家在承认了这些之后，一致认为有各式各样的'型'存在着，分沾这些'型'得到自己的名称。然后苏格拉底便问道：'如果你承认这一点，那么你说辛弥亚比苏格拉底大、比格贝小时，是否是指辛弥亚身上的"大"和"小"呢？'"

"是的。"

苏格拉底说："可是你同意'辛弥亚比苏格拉底大'这个说法并不像字面上那么真实。因为辛弥亚比苏格拉底大并不是由于他是辛弥亚，而是在于他偶然具有的'大'；他比苏格拉底大也不是由于苏格拉底是苏格拉底，而是因为苏格拉底具有跟他的'大'相比的'小'。"

"对了。"

"而且，他比格贝小并不是由于格贝是格贝，而是由于格贝具有那个跟辛弥亚的'小'相比的'大'。"

"对的。"

"那么辛弥亚之所以被认为的大和小，是在他处于苏格拉底和格贝之间时，他的个头超过了一个人，因而被认为他大，而另一个人的个头又比他高，因此他被认为‘小’。”于是苏格拉底笑着说：“我这话说得好像是念法律文件似的，不过实际上说得没有错。”

辛弥亚表示赞同。

“我这样说是希望得到你的同意。我认为很显然，‘大’本身绝不会既大又小，另外，我们身上的‘大’也绝不会容纳小，或者容许被超过。二者必居其一：要么是‘大’的反面‘小’向‘大’趋近时，‘大’会逃跑或退缩；要么是‘小’向‘大’靠近时，‘大’就停止存在了。但是‘大’不会接受或容纳‘小’，假使那样一来，它就变得异于它自己了。我既然接受、容纳了‘小’，就仍然是之前那个‘小’人；可是我身上的‘大’既然是大的，就不会弄得变小。同样道理，我们身上的‘小’绝不会变大，任何相反的对方也不会变成他自己的对方。它在变化中要么离开，要么失掉它的存在。”

格贝说：“我觉得这是很明显的。”

当时在场的人中间有一位（我不记得是谁了）说：“神灵在上，现在这种说法不是跟前面讨论所接受的结果正好相反吗？前面说：较大的源于较小的，较小的生于较大的，对立的永远来自它的反面。可是现在，我认为我们在说的是绝不可能发生的事。”

苏格拉底把头歪过来听着。他说：“你的发言很有男子风度，不过没有看到现在这种说法跟之前那个说法的区别所在。我们之前说，在具体事物中，相反的生于相反的；现在我们说，相反的事物本身绝不会变成跟它相反的，不管是我们本身还是我们周围世界上的东西。之前我们谈的是具有相反性质的，以此来命名的事物，现在说的是那些相反者本身，其内在性质使事物得到名称。我们说后者绝不能彼此相生。”

同时他又看着格贝说：“格贝啊，你对我们某位反驳者提出的意见感到麻烦吗？”

格贝说：“不，这次不；不过我承认反驳常常让我感到麻烦。”

苏格拉底说：“我们绝对赞同一个相反者绝不可能是它自己的反面。”

格贝说：“完全同意。”

苏格拉底又说：“现在看你是不是也同意我以下的观点：有一种东西你称为‘热’，还有一种东西你称作‘冷’，对吗？”

“是的。”

“它们跟火和雪一样吗？”

“宙斯在上，完全不一样。”

“热是异于火的东西，冷是不同于雪的东西吗？”

“是的。”

“我想你是认为：雪如果容纳了热（用我们之前常用的话来说），就不再是它的本相，即雪；在热接近它的时候，雪是温暖了，可它就开始往后退，或者停止存在了。”

“确实如此。”

“火也是这样，在冷接近它的时候，它就后退，或者消失了。它绝不会容纳了冷而仍然还是火，它也凉了。”

格贝说：“你说得对。”

苏格拉底说：“实际上，在某些这样的场合，不但‘型’本身可以时时刻刻保有同一名称，还有些别的事物，并不是‘型’，却在存在的时候始终具有‘型’的形象。也许，我可以举几个例子把我的意思表达清楚。在数目当中，奇数必定永远保有奇数这个名称，对吧？”

“当然。”

“我所要说的是，不仅奇数被称作奇数，还有其他东西，虽然不等于奇数，却可以在它原有的名称之外再加上奇数的名称，因为它的本性不能使它与奇数分开。我是说比如‘三’这个数字，此外还有很多别的例子。以‘三’为例，你不是认为它可以永远被称为三，也可以被称为奇数吗？

这‘三’与奇数并不是一回事。然而‘三’这个数目和‘五’这个数目以及一般数目的一半，从本性上说都是奇数，虽然它们并不等于奇数。同样道理，‘二’、‘四’以及数系中的另一半，都是偶数，虽然它们并不等于偶数。你同意不同意呢？”

格贝说：“为什么不同意呢？”

苏格拉底说：“请你注意我所要说明的。我的要点是：看来很清楚，不仅那些相反者本身是相互排斥的，而且所有的那些虽非彼此相反，却又永远包含着对方的事物，也都排斥着那个与自身相反的相反者的‘相’，当那相反者的‘相’逼近时，它们就消失或者退缩了。我们必须承认，‘三’这个数目只要还是三，就宁可停止存在或遭遇其他命运的摆布，而不能顺从地变为偶数。是不是？”

格贝说：“当然了。”

“可是数目‘二’并不是与数目‘三’相反的。”

“对，不是。”

“那就是说：不仅相反的‘型’接近时彼此排斥，而且存在另外一些东西不容纳相反者接近。”

“你说得很正确。”

苏格拉底说：“我们能不能规定一下这些是什么呢？”

“当然应该这样做。”

苏格拉底说：“格贝啊，这是不是那样一些东西：它们被某某‘相’所占有，被迫要采取自己的那个‘相’，而且还要采取另外一个相反的‘相’？”

“您这话是什么意思呢？”

“是指刚才我们所谈的那样一些东西。你当然知道，‘三’的‘相’占有某些东西的时候，就迫使它们既是三，又是奇数。”

“确实如此。”

“我认为，跟产生此结果的那个形相反的‘相’是绝不能进入那些东西的。”

“绝对不能。”

“产生这种结果的是奇数的‘相’吗？”

“是的。”

“跟这相反的是偶数的‘相’吗？”

“那偶数的‘相’就绝不会进去三喽。”

“不能。”

“换句话说，三是跟‘偶’不相容的。”

“完全不相容。”

“那数目三就是非偶数喽。”

“是的。”

“我建议给那一类东西规定范围。它们虽然并不是跟某一相反者正好相反，却并不容纳它。譬如在“三”这个例子里，三虽然并不是偶数的反面，却并不容纳偶数，因为三永远伴随着偶数的反面；二跟奇数，火跟冷，都是如此，诸如此类的事物是很多的。现在请你看看是否接受这样一个说法：不仅相反者不会接受其反面，如果有一样东西伴随着一个有反面的‘相’，而且遇到了那个反面，这个东西是绝不容纳它所伴随的‘相’的反面的。现在让我们再重新回忆下刚才所说的，一件事情多听几遍是没有害处的。五不会容纳偶数的‘相’，五的二倍——十也不会容纳奇数的‘相’。二倍有它自己的反面，同时也不会容纳奇数的‘相’；一又二分之一和其他带分数，以及三分之一和其他简单分数，也不会容纳整数的‘相’。你同意我这个说法吗？”

格贝说：“我完全同意。”

苏格拉底说：“那就请你再从头开始。请不要用问题中的词句来回答，照我的样子做。我在我原先说的那个稳妥答案之外提出一个答案。

我发现了另外一种稳妥回答，是从刚才说过的话里推导出来的。如果你问我是什么东西使物体间产生热，我会给你那个稳妥而愚昧的答案，说那是‘热’，但是我现在可以给你一个比较机灵的答案，说那是火。如果你问我是什么东西在身体里导致生病，我不会说那是病，而说是炎症。同样情形，如果你问我是什么在数目里造成奇数，我会不说‘奇’，而说单，诸如此类。你是不是把我的意思充分了解了？”

“我了解得非常清楚了。”

苏格拉底说：“那就请你告诉我，是什么东西在身体里使它活过来的？”

“是灵魂。”

“总是这样吗？”

“当然。”

“灵魂占有一个形体的时候，总是带来生命吗？”

“是的。”

“有没有什么东西跟生命相反？”

“有的。”

“是什么呢？”

“是死亡。”

“根据我们前面一致认同的说法，能推出灵魂绝不容纳它所伴随的东西的反面吗？”

格贝说：“肯定不会。”

“那不容纳偶数的‘相’，我们称之为什么？”

“叫非偶数。”

“那些不容纳公正和教养的呢？”

“叫不公正和无教养。”

“那不容纳死亡的，我们叫它什么？”

“叫不死。”

“灵魂不容纳死亡吗？”

“不容纳。”

“那灵魂就是不死的。”

“不死的。”

苏格拉底说：“很好。我们能说这已经得到证明了吗？”

“非常满意的证明了，苏格拉底。”

苏格拉底说：“那么，格贝啊，如果非偶数是必然不灭的，三会不会不灭？”

“当然会。”

“还有，如果不热的是必然不可消灭的，你让热跟雪发生冲突的时候，雪会不会完完整整并不融化地退走？因为雪既不能被消灭，也不能仍然在那里容纳着热。”

格贝说：“你说得对。”

“我想，同样的情形：如果不热的是不可消灭的，某件冷东西接近火的时候，就也是绝不会消灭或泯灭的，它会安然无恙地离去。”

“必然是这样。”

苏格拉底说：“对不死岂不是也可以这样说吗？如果不死的是不可消灭的，灵魂在死亡来临时就不可能消失。因为就像我们的论证指出过的那样，灵魂不会容纳死亡，也不会死去，正如三不会是偶数，奇数不会是偶数，火中的热不能是冷的一样。可是有人会说，奇数在接近偶数的时候（这是我们同意的），为什么不可能变成偶数，而是消失不见，由偶数取而代之？我们无法让提出问题的人闭口不言，他们说奇数是并不消失的，因为它不可消灭。如果让我们一步，我们就很能容易地说：在接近偶数的时候，奇数和三就退隐了、离去了。我们也可以同样地说火和热等也是这样，是不是？”

“确实如此。”

“不死的情况也是这样。如果退让一步说，不死的就是不可消失的，灵魂就既是不死的，也是不可消失的；如果不是这样，那就需要进一步论证了。”

格贝说：“就这一点来说，并没有那种必要。因为，如果不死的、永存的是可以消失的，就没有什么会免于消灭了。”

苏格拉底说：“我想人人都会同意，神和生命的‘型’本身，以及其他一切不死者，都是永远不会消灭的。”

格贝说：“人人都会同意，而且我想，连神灵也都同意。”

“既然不死的也是不可毁灭的，灵魂如果是不死的，岂不也是不可消灭的吗？”

“必然如此。”

“一个人临死的时候，他的会死的部分看来是死了，那不死的部分却安然无恙、完整无缺地离开了，从死亡那里退隐了。”

“看来是这样。”

苏格拉底说：“所以，格贝啊，确确实实灵魂是不死的、不可消失的，我们的灵魂会存在于另一个世界的某处。”

格贝说：“我对此没有什么反对意见可说，我不怀疑你的结论。至于辛弥亚或者其他哪位，如果有话想说，就直说吧。我认为如果在这方面愿意说说或者听听的话，最好现在就说，这比什么别的时间都好。”

辛弥亚说：“我可看不出自己怎样能够对讨论的结果有所怀疑；可是问题很大，我对人的软弱有那么一点微不足道的意见，心里未免对于说过的那些话有一点怀疑。”

苏格拉底说：“辛弥亚啊，不但如此，对我们那些最初设定的东西也应该做出比较仔细的考察，虽然它们在你看来是确定的。你如对它们做了全面分析，我想就会遵从、同意这个论证，因为这是人所能办到的。如果把它弄清楚了，你就不会穷追了。”

辛弥亚说：“你说得对。”

苏格拉底说：“可是，我的朋友，我们应当牢牢记住，如果灵魂是不死的，我们就必须关怀它，不但关怀它这一段被称为今生的时间，而且关怀它的全部时间；如果我们忽视它，现在看来是有很大危险的。如果死就是摆脱一切，那对于坏人是一大鼓励，因为他们死时既摆脱了身体，也把邪恶连同灵魂抛到九霄云外了。可是现在既然把灵魂看成不死的，它要想远离罪恶而得救，就没有别的办法，只有变得尽可能善良明智才行。因为它带到另一个世界的只有教育和训练，这两样东西据说有很大的意义，可以在新亡者进入彼世的开始就大大地造福或贻祸于他。据说在死后，那个在生时担任一个人守护者的精灵把他领到一处集合亡灵的地方，让他受到审判，然后向另一个世界前进，由引导者陪伴着，从今生来到彼世；亡灵们在那里得到自己应得的报应，并且在停留了指定的时间之后，由另一位引导者经过若干段长长的时期又把他们领回来。这旅程并不像艾斯区洛的剧中人德勒颇所说的那样，因为他说这是一条坦途，通往下界；而我认为这条道路既不平坦也不单纯，要不然就不需要引导者，一个人在只有一条道儿的路上是不会迷路的。实际上岔路很多，而且迂回曲折，这是我根据地上举行的繁多仪式推出来的。那些规矩的、明智的灵魂跟随着引导者，很明白自己的处境；可是那耽于肉欲的灵魂却像上面所说的那样窜上窜下，在可见的世界上徘徊很久，反复抗拒，尝尽苦头，才被那专门管它的精灵用暴力勉强带走。在到达其他灵魂的集合处时，那做过坏事的不洁灵魂，由于犯了蓄意杀人罪，或者同类灵魂所做的其他恶行，被大家另眼看待，不与往来，只能独自彷徨于困境之中，经过一定的期间，才被赶到适合它居住的地方。至于那一生纯洁正直的灵魂，则发现有神灵做伴侣和向导，各自前往其应有的归宿处。大地上有许多奇妙的区域，大地本身在大小和其他方面也不像那些谈天说地的人所假想的那样，我只是相信某些人的权威说法。”

辛弥亚说：“你这是什么意思呢，苏格拉底？我自己也听到过不少关于大地的事情，就是没听过你所相信的这一种，所以我很愿意听听。”

苏格拉底说：“我想我并不需要用葛劳果的技艺来述说它。不过要证明其所讲的就是真相，我想就是有葛劳果的技艺也很难办到，我也许是没有能力办到的。而且，即便我有这个本事，辛弥亚啊，我想在讨论结束之前我的生命就要完结了。不过尽管如此，这并不妨碍我说说我的信仰，我可以谈谈大地是什么样子，有哪些区域。”

辛弥亚说：“那就够了。”

苏格拉底说：“我相信，首先，如果大地是圆的，位于天的中央，那就既不需要空气，也不需要别的类似力量支持它不掉下去，它自己的均衡和各方面天体的齐一就足以维持它的位置不变；因为一个自身均衡而又位于齐一者中央的物体，是不能改变它的各方面倾向的，只会永远留在同一地点。这就是我所相信的第一点。”

辛弥亚说：“很对。”

苏格拉底说：“其次，我相信大地是很大的，我们在赫拉格勒柱和帕息河之间，生活于海滨一隅之地，好像蚂蚁和蛙类生活于池畔，在许多别的地区还住着许多别的民族。我相信在大地的各方有许多洞穴，形状和大小各不相同，汇集着水、雾和气；大地本身是纯洁的，位于纯洁的星空之中，这星空被谈论这类事情的人称为清气；水、雾和气是这清气的沉淀物，汇到大地上的那些洞穴中。我们没有觉察到自己住在洞穴中，以为生活在大地的表面，正如有人住在大洋深处，却以为住在海面，他通过水观看太阳和星辰，却以为海是天。而且由于懒惰、虚弱，他们从未到过海面，从未把头伸出海面，到我们上层世界里看一看，从未听别的见过的人说过比他住的世界更纯洁、更美好的事。我相信这就是我们的情况；因为我们住在大地的一个洞穴里，却以为住在大地的表面上，把气叫作天，以为这就是星辰运行的天。可是实际上一样，我们也是由于懒惰、虚弱，不能达到气的表面；因为如果有人走到气的顶端，或者长着翅膀飞到那里，他就能把头抬到气的上面去观看，就像鱼把头伸出水面观看我们世界的事物那样，他就会看到上层世界的事物；如果他的本性足够强壮，担当得起视觉，他就会认识那是真正的天、真正的光、真正的地。因为我们这个大地，以及各种石头和我们居住的整个地区，都是损坏了的、腐蚀了的，就像海里的东西被盐水泡坏了一样，没有一样比较像样的东西在海里生长，可以说那里没有一样东西是完善的，只有一些窟窿和沙子、一望无际的烂泥和污物，也有土，却没有一样可以跟我们世界的美丽事物相比拟。可是我们会看到，上面那个世界的事物要比我们这个世界的事物更加优胜。辛弥亚啊，我可以给你们说个故事，谈谈天底下的大地上的事物，以及这些事物像什么，这是很值得一听的。”

辛弥亚说：“苏格拉底啊，我们是非常想听这个故事的。”

苏格拉底说：“那就先从大地本身说起吧，朋友。据说，从上面看，它好像一个由十二块皮子包裹起来的球，呈现出各种不同的颜色，我们在这里看到的颜色只是它的摹本，像画家做出来的画一样。可是在那里，整个大地是由那种颜色组成的，比我们这里的颜色要更鲜明、更纯粹。因为有一部分是无比华美的紫色，有一部分是金色，有一部分是白色，比粉或雪还要白，大地由这一类的各种颜色组成，它们比我们所见到的数目更多，更加美丽；大地上那些充满着水和气的洞穴也有一种颜色，在周围各种色彩里闪耀着，看起来好像一道连续的色带。这个大地上，各种发荣滋长的事物，比如树木、花草、果实之类，成比例地在这里散发着美丽的光彩；山岳、石头也比我们的光滑、透明、颜色可爱。我们高度珍视的宝石，像翡翠、玛瑙、黄玉这类，都是那些石头的片段。那里的一切都跟宝石一样美，或者更美。之所以这样，是因为那里的石头处在自然状态，不像我们这里的，受到侵蚀、由沉渣构成，被雨水带到此处，造成大地上各种石头、动物、植物中的丑陋和毛病。那里的大地装点着各种珠宝，以及黄金、白银之类。因为这种宝物在那里举目可见，既多又大，到处都是，所以谁见到这个大地就无比幸福了。那上面也有许多动物，也有人类，有些处在内地，有些住在大气的旁边，就如同我们住在海边一样，还有些住在岛上，周围也是气环绕着，离大陆不远；总之，那里的气就如同我们这里的水和海一样，不过，在那里的气是清气。那里气候温和，所以居民都不生病，寿命比我们长很多；他们的视觉、听力、智力都比我们优越很多，就像气比水更纯粹，清气比气更纯粹。他们供奉神灵，有供奉神灵的圣林和庙宇，实际上，神灵居住在那里，他们通过交谈、暗示、幻想和神灵交往，他们可以看见日月星辰的本来面目，在其他一切方面他们也有这样的幸福。”

“这个大地的正题以及周围事物的本性就是这样。在整个大地四周，在它的那些洞穴里，有很多区域。有些比我们的洞穴深而广，有的比我们的深却有较窄的出口，也有些广度比较大。这些洞穴由地下通道相连，有窄有宽，通过它们，有大量的水从一个盆地流到另一个，也有火的通道，形成了巨大的火河，有的稀薄，有的浓厚，例如西西里就有些河夹杂着泥浆，又和熔岩融合，后来河流就流着熔岩。泥浆和熔岩遍布各地，因为相继发生过类似的洪流。这种反复的运动为地下的震荡力所造成，之所以发生震荡，是由于大地有一道裂缝比其他都大而且贯穿大地。这就是荷马说的：‘通到很远、很远处，那地下的深渊。’在别的地方他和其他人把它称为鞑鞑若。所有的河流都流进这道裂缝，又从其中流出，每一部分都融合了它所流经的那部分土地的性质，之所以这些河流全都由此缝流进流出，是因为流动的液体是没有底、没有根基的。所以，它反复震荡汹涌，它附近的气和风也是如此，因为它向大地一边流或者逆流的时候都是跟随着液体，正像能呼吸的动物呼吸那样，风在那里伴随着液体，一出一入造成了可怕的、不可抗拒的狂风怒潮。水退到所谓低谷区时，就流进那里的河流，把它们填满，就像用水泵打进去似的。当水离开那一片区域时，就全部汇聚到了这里。合川被填满时，就经过通道，穿越大地，来到不同的途径，通往各个地方，形成了海洋、沼泽、河水和泉水。从那里它们又深入地下，纷纷绕过大大小小的区域，重新流进鞑鞑若，那里的地方比吸进点要低得多，有的只是低一点点，总之都比入口低。有些河流进了它们原来流出的那一边，有些河流则流到了相反的一边；有的则完完全全绕着圈子流，像蛇一样在大地上环绕，然后再下降到尽可能深的地方，重新落入缝隙。从两边向中间流去，却不能越过中心，因为那里的坡度很陡，容易形成壁垒。

“这些水流又多又大，其中有四道最大，顶大的称作渥格阿诺，绕着圈子流淌；与此相反，流到相反方向的是阿克戎，穿过沙漠地带，经过地下，注入阿克儒夏湖。很多亡人的灵魂都前往此湖，这些湖在那里停留一段时间，有的长、有的短，然后被送往世间，再生为生物。第三道水流淌在这二者之间，在离开发源地不远处落进一个辽阔的区域，被大火所侵蚀，形成一个远远大于海的湖，湖中有泥浆在疯狂地翻腾着。滚烫的它从这里拖泥带水地绕着圈子流淌，激流澎湃，行经下一个地方，到达鞑鞑若的下层。这就是毕里甫勒葛通，由其中分出大量支流，向四处喷射着岩浆。在这条水流的对面，据说又流出第四道，首先流过凄凉可怕的地方，深蓝的水色，好像碧琉璃。这就是斯蒂克斯地区，由这道水流形成的湖称为斯蒂克斯湖。这道水流入这个地区，水中得到了神奇的力量时，便通过地下，沿着与毕里甫勒葛通相反的方向绕行，与毕里甫勒葛通相会，行径另一条路进入阿克儒夏湖。这道水流的水同时也不与别的水相混，绕着圈子落进毕里甫勒葛通对面的鞑鞑若。据诗人说他的名字是哥句多。

“这些事物的本性就是这样。亡者各自由其守护精灵引导到这个地方，首先根据他在世的时候是否虔诚善良受到审判。那些生时被判定不善不恶的，就前往阿克戎，乘坐我们准备的船只来到阿克儒夏湖；他们将在那里住下来，洗除罪恶，如果做过错事，则受罚而得宽免；如果做过好事，也要有善报，一一按照功过处理。至于那些看来已经不可救药的，由于犯下了许多严重罪行，如渎圣、杀人以及其他罪行，十恶不赦，则根据犯罪情节的严重性，投入鞑鞑若以为报应，永远不得翻身。还有一些被判定犯有严重罪行，但是还可以挽救的，例如一时性起虐待父母，以后终身抱恨，或者在与此类似的情况下杀了别人之类，则必须投入鞑鞑若，在那里囚禁时间达到一年时随波涛涌出，杀人者取道哥句多，虐待父母者取毕里甫勒葛通。当他们被水流送到阿克儒夏湖的时候，将放声大哭，向过去自己所虐待或杀害的人呼喊，恳求他们的宽恕，让自己进入湖中。如若感动了苦主，他们将进入湖中，脱离苦难，如若苦主不许，他们又将被投入鞑鞑若，回到那两条河里，经此反复，直到蒙受苦主原宥为止，因为这是法官判定的刑罚。至于那些被判定为终生虔诚的人，则从地下的这些区域释放，形同出狱，上升到洁净的住所，住在大地的上面。还有那些曾经用哲理把自己清洗得干干净净的人，从此以后就会完全脱离肉体，过着纯粹的生活，进入更加漂亮的居所。那里是很难描述的，更何况现在时间不足，不能细细讲解了。

“辛弥亚啊，我们已经把这一切跟你们说清楚了，我们应该全力以赴地在生活中追寻美德和智慧。因为奖励是荣耀的，希望是巨大的。

“一个有识之士也不能断言我说得一字不差，不过在灵魂及其他居所方面，这些话基本上是对的，因为既然证明了灵魂是不死的，我们就可以而且值得大胆地相信它。大胆是很可贵的，我们可以利用这样的一些讲法来时刻激励自己，时时给自己念念这些咒语，因此我把这个故事讲了那么长。也正是因为这个缘故，一个人应当为自己的灵魂打气，在生活中拒绝肉体的享受和奢华，认为这是身外物，对自己有害无利，一心追求知识的快乐，不用外在的饰物装饰自己的灵魂，只用它自己特有的东西来装点它，如理智、公正、勇敢、自由、真实之类，等待着离开今生前往另一个世界，在命运召唤时就去。辛弥亚和格贝啊，你们以后也会去的，各自有各自的时间；我现在已经准备好了，正像悲剧作家所说的那样，受到命运的召唤。我去沐浴的时间差不多到了；因为我想最好在服下毒药之前沐浴，免去妇女们清洗遗体的劳累。”

他说完以后格黎东说：“苏格拉底啊，请你指点指点我们，说说你的子孙和其他事情该怎么办，我们愿意为你效劳。”

苏格拉底说：“格黎东啊，就是我一直说的那些话，没有新的。你们关心好自己就等同照顾我和我的家属以及你们自己了，怎么做都行，不一定要现在许愿；如果你们不关心自己，不愿意按照我们现在和过去曾讨论过的道路一步一步前进，那就将一事无成，现在不管怎么样诚恳许愿都没用。”

格黎东说：“我们一定会按照你说的尽力办好的。可是我们怎样埋葬你呢？”

苏格拉底说：“你们想怎么办就怎么办吧，只要把我牢牢抓住不让跑掉就行。”然后他祥和地笑着，盯着我们说：“我无法使格黎东相信，那个谈天说地、观察入微的苏格拉底就是我。朋友们，他认为我是将要死掉的人，问起怎么埋葬我！虽然我长篇累牍地说过，我服毒之后不再跟大家在一起了，要去享受你们所知道的幸福和快乐，可是他似乎都以为这只是鼓励大家、鼓励我自己的空话，所以我要请你们替我向格黎东担保，担保的内容与他向我的判官提出的相反，他担保我不会逃走，你们则要担保我死时不会赖着不走，而是要前往彼世，使他对此感到宽慰，看到焚化或埋葬我的身体时不至于太悲痛，不会认为我受到了可怕的待遇，在葬礼中自己可以不说在送走苏格拉底，或者跟他到坟墓，或者在埋葬他。因为，亲爱的格黎东啊，这些不合理的说法不但本身不好，而且对灵魂有损。你们一定要鼓足勇气说，你们埋葬我的身体，你们认为这样做是最好、最安全的。”

他说这些话的同时，站起来走到另一个房间去沐浴；格黎东跟着他，叫我们等着。我们在等待的时候彼此交流，议论所听到的讲话，然后说到那将降临到我们头上的巨大不幸，因为我们感觉他好像是我们的父亲，失掉他之后我们就要当一辈子孤儿了。他沐浴完以后，有人把他的孩子带来（他有两个小儿子，一个大的），他家的女人们也来了，他当着格黎东的面跟他们交谈了几句，做了一些指示，然后让女人们出去，自己又走到我们这里来。这时候太阳快下山了，因为他在室内的时间相对比较长。他沐浴后爽快地坐下来。之后他没怎么说话，典狱官的仆人走进来站在他的旁边说："苏格拉底啊，我不会像对待别人那样粗暴凶狠地对待你，因为他们在我奉令叫他们服毒的时候总是发脾气咒骂我。这时候我从各方面看到，你是来到这里的最高尚、最和善、最善良的人，现在我知道了，你的脾气是对着别人而不是对着我，因为你知道谁该受到谴责。现在，你知道我来这儿的使命，再见吧，请你尽量顺利地完成对你的要求吧。"说完之后他泪如泉涌，转过身走出去了。苏格拉底盯着他说："再见吧，我会按照你说的做。"然后他跟我们说："多好的人啊！自打我到这里来之后，他曾经多次来看我，找我谈话。他是最善良的人，他为我流泪是多么高尚啊！来吧，格黎东啊，我们服从他吧，毒药准备好了就叫人送来吧，要是还没准备好就叫人准备吧。"格黎东说："可是我想，苏格拉底啊，太阳还没落山呢；我知道别的人都到很晚才服毒，在命令已经下达之后，还大吃大喝，有的还跟自己所爱之人缠绵。你别急，还有时间呢。"

苏格拉底说："格黎东啊，你说的那些人那样做是很自然的，因为他们认为那样做对他们有利。可是我不那样做也是很自然的，因为我相信晚一点服毒对我来说并不是有利的。我如果贪图活命，锱铢必较，那在我的眼睛里只是显得虚伪可笑，毫无实利可求。来吧，请你满足我的要求，不要拒绝。"

这时格黎东向站在旁边的仆人点头示意。仆人走出去，待了很久，然后跟一个人走回来；那人是管理毒药的，带来了一杯备用的毒汁。苏格拉底看见他的时候，就说："我的好人啊，你是了解这些事情的，我应该怎么做？"他说："不用做什么，只要你喝下毒药，来回踱步，直到觉得自己的两腿无力，然后躺下，毒性就发作了。"

这时他把杯子递给苏格拉底。苏格拉底接了过来，态度极其温和，艾克格拉底啊，他没有一点儿发抖的迹象，面色和表情都未发生改变，跟往常一样睁着大眼睛对那些人说："我想从杯子里倒出一点来祭奠神灵，你说可以吗？"他说："苏格拉底啊，我们只准备了够用的。"苏格拉底说："我明白了。但是我想我可以，而且必须要向神灵祷告，祈求去得顺利；我现在做的这个祷告，是希望能得到允许。"他说这些话时就把杯子举到嘴边，痛快地、安静地一饮而尽。在这以前，我们中间大多数人还能控制住自己，能抑制住自己的泪水；等到看到他举杯的举动，看到他把毒药喝尽，我们就沉不住气了；为了不让自己泪如泉涌，我用面巾遮着脸暗自饮泣；这并不是为他而哭泣，而是因为我很不幸失去了这样一位朋友。格黎东在我之前站起来走出去，因为他已经情不自禁地流下了眼泪。阿波罗多罗原本就一直在哭泣，这时更是号啕大哭，使大家都悲痛欲绝，只有苏格拉底例外。他说："这是什么行为，你们这些古怪的人！我把女人们送走了，主要是为了不让她们做出这种荒唐事情；因为我听说最好是安安静静地死去。请你们安静，勇敢。"我们于是感到羞愧，抑制住了自己的泪水。他踱来踱去，当他说两腿沉重的时候就躺下了，因为这是行刑者的嘱咐。管理毒药的人两手放在他身上，过了一会儿去试探着他的脚和腿，然后捏出他的脚变硬了，便问他有没有感觉，他说"没有"；接着又问大腿怎么样，如此逐步往上挪，证明他在变冷变硬，他又摸着他说，毒性发作时冷到了心，就结束了；这时已经冷到大腿根，就把原来盖住的面部揭开了，于是他说出了他的最后一句话："格黎东，我们还欠阿斯格雷彪一只公鸡。别忘了一定要还了这个愿。”格黎东说：“我这就做，你还有什么别的话吩咐吗？”这话没有得到他的回答，片刻过后他动了一下；行刑者揭开他的面巾，他的两眼定了。格黎东见此状就伸手把他的嘴和眼合拢了。

艾克格拉底啊，这就是我朋友的末日。我可以说，在我们所认识的人中间，他是最明智、最善良、最公正的人。

爱比克泰德金言录

The Golden Sayings Of Epictetus

〔古希腊〕爱比克泰德　著

主编序言

爱比克泰德是希腊人，大概在公元1世纪中期出生于佛里吉亚——希拉波里斯。他的早期历史是未知的，后来我们在罗马发现了他，他是厄帕洛狄托的奴隶，尼禄（古罗马暴君）的被解放的奴隶。他腿脚有残疾，据说是由于他深受其主人折磨而导致的。通过穆瑟尼厄斯·鲁弗斯的讲解，他似乎已经很熟悉禁欲主义的原则。解放后，他成为罗马的教师，也讲授禁欲主义的原则。大约在公元90年左右，当皇帝多米田在意大利驱逐所有哲学家时，爱比克泰德去了尼科波利斯（古希腊西北部城市），在那里他继续教学。他没有留下任何书面形式的知识，我们非常感激他的弟子——希腊哲学家和历史学家阿里安。从他老师的编译讲座和对话中，他整理出《话语和释义手册》一书，《金言录》就取自其中。目前，有关他的死亡状况和日期，还不得知晓。

爱比克泰德是禁欲主义道德的权威代表之一。他主要强调：培养完全独立于外部环境的重要性，自我幸福的发现和尊敬灵魂深处的责任。在任何年龄段，很少有道德老师是像他那样振奋和精力充沛的；自从他成为一个异教徒，也就是成为天主教教徒以来，他的话语就已经得到认可了。

查尔斯·艾略特

1．这些是普罗维登斯所提供给我们的吗？用什么才足以赞美他们呢？如果可以理解，我们应该永远不再见和祝福这神圣的力量，无论是公开的和秘密的，也不再传播他的仁慈礼物吗？无论是做工、耕作或吃饭时，我们都应该唱赞歌给上帝，是吗？

上帝是伟大的，因为他赐给我们这样的工具来使用；

上帝是伟大的，因为他赐给我们的双手、吞咽和消化的力量。

我们在睡眠中，无意识地自由呼吸和成长。

因此我们曾经应该唱：是的，这是最宏伟的、最神圣的赞美诗：伟大的是神，因为他赐给我们一个头脑来理解这些事情，而且能适时地使用它们！

那么，看到你们大多数人如此盲目，难道不应该有人代表所有人来唱赞歌给上帝听吗？除了唱歌给上帝听，这年老和蹩脚的老头还能做什么呢？如果我是一只夜莺，我就会像它那样。如果我是一只天鹅，我也会像它那样。但现在，因为我是一个人，我必须给上帝唱歌：那是我的工作。我这样做，不会认为这就是我的头衔，只要它授予于我；对你，我也同样会唱这样的颂歌！

2．那时候，人们会怎样做呢？仿佛一个曾在某个旅店寄居后返回自己国家的人，对那里是那么的喜欢，所以决定在那里长期居住。“朋友，你已经忘记你的意图！这不是你的目的地，只是还在到达那里的路上。”“不，但这是一个适合你的地方。这个地方究竟是什么样的呢？只有亲身经历后才知道！你的目的是要回到你的国家，去缓解你的亲属们的恐惧；那是你作为公民的职责；然后娶妻生子，完成使命。你不是来选择哪些地方是最令你感到愉悦的，而是要回到那个你出生的地方，你曾作为一个公民的地方。”

3. 试着和其他人共同去享受这美好的生活吧！

4. 但有一个人，我必须让他满意，我必须接受他、服从他：他就是上帝和那些他身旁的那些人，他使我相信自己，坚定自己的意志，并正确地坚守我的道德。

5. 拉弗斯常说，如果你有闲暇来赞美我，那也无济于事。事实上，他非常精明，我们每个人都待在那里，认为一些人向他指责拉弗斯。当然，他对我们的行为了如指掌，他对每个人的错误行为看得清清楚楚。

6. 但是上帝说什么？——“如果可能的话，爱比克泰德，我就会使你的身体不受任何约束，财产自由。但是，不要自欺：那些不是你自己的；你拥有的是很健康的身体。从那以后，我不能做这样的事，在追求权力和回避权力过程中，我不能保全自己。总之，如果你忽略了处事的能力，就将得不到你想要的。如果你没有忽视这个，而是保留了你拥有的，你将永不会被阻碍了；你永远都不要悲伤；你不必责备或奉承任何人。那又怎么样？似乎你不在乎这些？上帝保佑！——“满意吧！”愿上帝与我同在！

7. 安提西尼说什么？你听说过吗？这是些神圣的事情，上帝啊，要做好并杜绝恶名！

8. “啊，我不应该这样贬低自己，不值得。”爱比克泰德说：“你应该考虑那些，而不是我。你知道什么是值得；你也知道什么能使你出卖自我。因为不同的人以不同的代价出卖自己。”

这是为什么，当弗洛拉斯考虑他是否应该出现在尼洛的表演时，她自己参加了那场演出。

艾格皮亚斯回答："采取一切手段出现。"当弗洛拉斯问道，"为什么你不出现？"他回答说，"因为我不考虑这个问题。"对于那些一旦屈尊考虑这些问题的，并且思考外在事物价值的人们来说，他们早已忘记自己是怎样的人。为什么，它是什么，你问我吗？死亡还是生活更可取？我回答：生活。痛苦还是快乐？我回答：快乐。

"好吧，但是如果我不行动，我将不能活命。"

"然后去行动！但对我来说，我不会采取行动。"

"为什么？"

"因为你认为自己什么都不是，只是一个由许多纹路构成的躯体。你应该像一般人一样，因为你没有野心，也没有比其他人更杰出。但我想成为杰出的那种人——小而闪亮，使其他人看上去都美丽动人。那么为什么让我变成众人呢？那样我就不能凸显我的价值。"

9. 如果一个人能够彻底地渗透这个想法——我们都是从上帝那派来的，而且上帝也是所有圣神的祖先，十分肯定他永远不会设想出自己原来的样子。而如果恺撒收养了你，你的傲慢将是很难以容忍的；你不知道自己是上帝的孩子吗？然而现在不管它与我们有没有关系，都要认识到，我们出生时这两样东西是混合体：身体——我们和动物共有；理智和思想——我们和上帝共有；许多人倾向于把这不幸的亲属关系与死者联系起来，很少人能上升到精神与上帝的祝福。此后，每一个人必须根据视图形式来处理每一件事情，少数人认为他们生来富达、谦虚，并确信在处理有意义的事情，从来没有想过自己的初衷。但众人都是相反的。为什么，我是什么？——可怜的人类生物；与我讨厌的肉体一道，的确很痛苦！但你身上一定有什么是比那微不足道的肉体好的东西。为什么要在一棵树上吊死而对其他的视而不见呢？

10. 你只是一个附在毫无生气的躯壳上的可怜灵魂。

11．有一天，我将一个铁灯放置在我家神灵旁边。我听到一阵敲门声，慌忙取下灯去查看。我想，应该没有不法分子的侵入吧。于是我说："朋友啊，明天你将发现一盏陶瓷灯，这就是我能失去的已拥有的唯一东西。"

12．我丢失了我的灯是因为小偷的警觉性比我高。他偷了我的灯是要为此付出代价的，因为他承认自己是个盗贼，换言之，他失去了人们对他的信任。

13．但上帝已经提出让人类来关注自己以及自己的作品。他们并不只是观察自己，同时也要对自己的生活做出阐释。因此，要是他们离开了野蛮人所生活的地方，那将被视为一件可耻的事。他应该在自然的指引下，定居或离开某个地方。这样专注、理解并以这种生活方式生活，正是和谐的体现。

14．你千里迢迢来到奥林匹亚看菲迪亚斯的作品；你们每个人认为在死亡来临前，若没有拥有这些东西，那就是不幸。如果你不愿意思考并研究这些作品，那就没有必要踏上这趟旅程。然而你又在现场，作品已呈现在了你的面前，你难道不考虑一下在这学习吗？

"但是生活中有许多不愉快、难对付的事情。"

难道奥林匹亚没有吗？你没有感受到太阳的酷热吗？你难道没有住在拥挤的房间吗？你没有在不舒服的环境下沐浴吗？下雨的时候，你没有湿透吗？你没有忍受吵闹和大喊大叫这样的烦恼吗？嗯，我假设你处理了所有事情，并很有耐心地对付了。那又怎么样？你有没有本事承受迎面来的一切？你有没有强大的内心、巨大的勇气、坚定的毅力？如果我的内心足够强大，我还会惧怕这一切吗？什么能让我消沉或干扰到我呢？什么可以让我痛苦？我可不可以使用权力来结束我得到的，而不是抱怨遇到的一切？

15．如果哲学家说的上帝与人之间的关系是真实的，人们要做的，即苏格拉底做了的：当问到自己是哪国人时，不应该说我是一个雅典人或一个科林斯人，应说我是一个世界公民。

16. 他已经了解了世界的统治情况，得知这个由上帝和人类组成的社区是最重要、最强大、综合为一体的社区。生活是自上帝那里开始的，不是只有父亲和祖父那里才有的，而是任何在地球出生和成长的事物都来自那里，那些理性的人们（对于那些本质上与上帝相处融洽的、通过什么原因与上帝联合的）为什么没有这样的一个人称自己是世界公民的呢？为什么不是上帝的孩子呢？为什么他害怕人们遇到难以对付的事情呢？是与恺撒亲属关系，还是与任何其他在罗马的伟人的关系足以让人类认识安全？没有什么思想：尽管上帝是我们的创始人，有父亲或亲属，这都不得使我们摆脱悲伤和恐惧吗？

17. 我不认为一个像我这样的老家伙需要一直坐在这里，试图阻止你可笑卑劣的观念，阻止你们以一个卑鄙的、不光彩的方式谈话；而是需要防止你们中间偶尔有这样的年轻人，在认识到他们家族的上帝、他们的束缚和他的身心必需品后，应该渴望摆脱他们觉得过于严重的负担，离开他们真正的家族。这是你们名副其实的主人和老师应该忙于的挣扎。你会来告诉我说："爱比克泰德，我们再也不用忍受被身体束缚的痛苦；不用给它食物、饮料，让它休息和净化；不用为它牺牲，被迫听命于这个或那个人。这些东西不再对我们冷漠了吗？死亡不是邪恶、不对的吗？难道我们与上帝没有关系吗？我们不是来自他吗？让我们离开那里，让我们免受这些束缚。这里有小偷、强盗和法庭，他们被称为暴君，他们认为他们有权力控制我们，因为我们这讨厌的身体和与身体有关的一切，让我们呐喊：他们没有权力控制任何人。"

18. 对于这个，我的回答是："朋友，等待上帝吧。当他给出信号，并将你从这种服务中释放出来后，你就可以离开他了。但就目前而言，请忍受。对于有意志力的人来说，在这个地方待的时间其实会很短，什么暴君、强盗、法庭，他们对于那些尊重自己身体和所有属于他的一切的人们，是不会造成任何恐怖的。因此，留下来，不要草率地离开！”

19. 这应该是一位老师教给那些天真的年轻人的。教什么？老师毫无生气，你自己也毫无生气。当今天有足够的食物吃时，你却为明天的事物而哭泣。这就是奴隶！如果你得到了你想要的一切，你会觉得一切很美好；否则你将会离开。门永远都敞开着，为什么悲伤？下一个流泪的地方在哪儿？下一个谄媚的地方又在哪儿？为什么要彼此嫉妒，尤其是他们特别强势和易怒，为什么？他们该做些什么？他们能做什么？我们不会在意这些。而我们应该关注的是他们所不能做的事情。到那时，谁能控制有意志力的人？

20. 明白这些后，注意你拥有的能力，你应该说："上帝阿，给我磨炼吧！我有手段和能力使自己光荣释放并通过以后遇到的任何考验！"相反，你却待在那里，担心某些已经降临的考验，哀悼未来要降临的磨炼。然后你还责骂诸神。这样卑劣的行为只能带来一个结果：不虔诚。

然而上帝不止给予我们这些能力，而这些能力，使我们在遭遇一切不幸时，不会被击败或感到压抑。就好比贤明的君王或慈祥的父亲，他将这些无私地给予我们，毫无保留，同时也将主动交给我们。可是，虽然你完全自由、自主地拥有这些能力，却从未去让它们发挥作用，只是呻吟着，顾影自怜。你们其中的一部分，对给予者视而不见，对恩人不知感恩；还有人对上帝只有抱怨和自责，这是多么卑鄙啊。但是，我可以告诉你，那些让你得到勇气，内心得以强大的能力和力量是显而易见的；那么也请你告诉我你又凭什么谴责、抱怨？

21. 苏格拉底在这方面会怎样做呢？而其他人又为何如此确信自己与上帝有着密切的联系。

22. 上帝将自己的品性赐予我们，而如果在这个过程中他或其他任何人有所保留，他便不应是上帝。如果你做了选择，就不要再责备或怪罪任何人。所有的一切即刻将会依照你自己的思想、上帝的意图改变。

23. 固执可以分为两种，一种是出于理解；另一种是出于羞耻感。这往往是因为人会固执地将真理拒之门外，而紧紧抓着自相矛盾的悖论。我们中的绝大多数害怕肉体的克制，因而为了躲避而不遗余力，但对于我们灵魂的禁欲却漠不关心。事实上，从灵魂方面来说，如果一个人处于这样的状态，即无法理解任何事物。

24. 如果我们对自己所拥有的感到满足，如同那些罗马人对自己所感兴趣的事物感到满足，或许我们会真正获得一些东西。我认识一位比我年长的人，现在是罗马玉米市场的负责人。我记得在他被流放多年后，重返家园经过这里的时候，给我讲述了他的前半生，并说到等回到故乡，只想安静地度过余生。“因为我时日不多了。”他哽咽着。我说道：“不，你不会这样的。此刻罗马的气息就在你身边，但你终会忘记的。如果某天允许你进入宫廷，你还是会很乐意的，还会感谢上帝给了你这个机会。”“爱比克泰德，”他回答道，“如果你发现我再走进宫廷一步，你就照我说的做吧。”正如他所说的，他是怎么做的呢？他来到这个城市后，就遇到来自皇室的派遣，并且接受了。他已经忘了之前立下的决心。我想在他身边提醒他在路过这里时他说过的话；并告诉他，和他比起来，我更像个预言家！

然后呢？我是不是说人生下来并不是为了那份积极向上的生活？远非如此！但另一些人的志向和我们的存在巨大差异，只需一眼就看得清清楚楚。他们终日只是算计着、谋划着，为庄稼、牧场等的收成苦恼着。不过，我还是恳请你去了解一下这个世界运行的法则，了解一下这个拥有着理性的生命的地方；去想想你是谁，想想自己的善良与邪恶。

25. 曾经有人让我以他的名义写封信到罗马。正如很多人所想的，之前他很富有，而且很有地位，但在一次变故后变得一无所有，之后一直住在这里。于是在信中便以谦虚的语气描述了他。可是，他读完信后把信退还给我，回复道：“我只需要你的帮助，不是同情。没有厄运发生在我身上。”

26. 事实是这样的——每件事都应按自己的规律发展。那么该如何发展呢？就如处置者所做的，于是有了夏与冬，富饶与贫瘠，恶与善，万物相对却又相互依存。

27. 当你失去一些身外之物的时候，你是否有过这样的想法：之后你所得的是你失去的替代物；而当替代物更加珍贵时，你就不会说我经历过失去的痛苦。

28. 关于上帝，有人并不认为有上帝的存在；有人认为上帝是存在的，但上帝不会去激励任何人，也并不关注其本身，同样不具备预见性。还有一些人相信上帝的存在以及他的预见性，但这预见性只体现在重要的事情上。另有一些人承认宇宙间的事物，但也只是从宏观的角度来看，并非每个单独的个体。而那些诸如尤利西斯和苏格拉底一样的人，却在那呼喊着：

没有您赐予的知识，我不会离开。

29. 让我们来想想这些事情：一个善良而真实的人，他将自己的主动权交给了他——那个主宰世间一切的人；这就好比一个守法的公民将自己交给了这个国家的法律。这个被上帝指引的人会产生这样的想法——我如何在所有事情上都追随上帝的脚步，又该如何对这世间法则感到满足？怎样才会自由？他是自由的，因为对他来说，事物总是会随着他的意愿而发展，也无人可以阻挡他。那么，什么是因自由而疯狂？这是上帝所不允许的。因为自由与疯狂不能同时存在。“但我希望我渴望的都能成真，并且是以我希望的方式。”——你已经变得疯狂，已经有些失控。而我随心所想的就要按我的欲望来，这绝不高尚，甚至超出了底线。

30. 要知道，让某一原则深入某个人的骨髓并不容易，除非他每天牢牢记在心里，并在生活中践行这一原则。

31. 你缺乏耐心，难以取悦。独自一人时，你将其称为孤独；有人陪伴时，你说他们是同谋，是小偷；对父母，对孩子，对兄弟姐妹还有邻居，你总是很挑剔。而独处时，你称其为安逸、自由；因此你认为自己在向上帝靠近。当有人陪伴时，你本不应称他们为无聊的、嘈杂的一群人，而应将其看作一次集会、一次裁决，这样就会愿意接受这一切。

32．那么，对那些不愿接受的人会有什么惩罚？就让他们保持原状吧。对独处有异议？就让他孤独着吧。对父母不满意？就让他做个不孝子，在父母离世后再痛苦吧。对自己的孩子不满意？那就让他做个不称职的父亲吧——“把他送进监狱！”——监狱？——他已经在监狱里了，因为他总是和自己的意愿相违背；当一个人所做的是和自己的意愿相违背的，他就将自己置于监牢中。所以说，苏格拉底并未处于这样的境地，因为他的做与思是一致的。

33．知道吗？和宇宙相比，人这种艺术是多么微不足道——这是从人的肉体来说；从理性方面来说，人并不次于上帝。理性的伟大不是靠长度或高度可以衡量的，而是内心的坚定。为你与上帝平等而感到高兴吧。

34．当问到一个人如何品味美食，对上帝来说是可以接受的。埃皮克提图回答道：如果他在品味美食时在量上是适当的，心情是愉悦的，内心平静，遵守秩序，难道说不会被上帝接受吗？而当你需要一杯热水，你的奴仆却没有回应，或者他只拿了杯温水，亦或者他根本不在房内，你为此生气，这难道也会被上帝所接受吗？“但我们怎么忍受这样的人？”“我的奴仆，难道你会无法忍受你的兄弟吗？那个和你一样的人，上帝是他的祖先，拥有和你一样的血统。如果你身处高位，你会立刻为一位暴君来效力吗？不要忘记你是谁，和你所统治的人们。他们在本质上是你的亲人，兄弟姐妹，也是上帝的后代。”“但我给他们支付了薪水，而非他们支付给我。”

35．当有人邀请我们参加宴会，我们肯定会接受主人已经准备好的食物。如果一个人要求主人做份鱼或一些甜点，人们肯定会觉得这个人很荒唐。总而言之，尽管上帝已赋予了我们太多东西，但我们仍向上帝要求一些他未给予我们的。

36. 当问到一个人如何确信自己的一言一行上帝都可以看到，埃皮克提图回答道："难道你不认为所有的事都是合为一体的吗？""是这样的。""难道你不认为宇宙间的万事万物都是不断地延续，并且彼此之间有序、协调的吗？""是这样的。""另外，为什么树的生长规律似乎是按照上帝的要求那样，开花，发芽，结果，最终化成一地落叶？就如同那月圆、月缺，日出、日落。这样的变迁与交替在尘世间可以看到吗？那么，如果生长的万物，甚至我们，紧密联系，这不就正是我们灵魂的校准器？如果我们的灵魂紧密相联，和上帝心灵相通，就好比他身体的一部分，难道他不会对我们的言行感同身受吗？"

37. "可是，"你说道，"我不能马上理解。"

"为什么？谁告诉你，你拥有和上帝一样的能力？"

但事实上，上帝在每个人身边都安排了一位属于自己的"护卫"。

精神，即那个上帝安排来监视他的"护卫"，他从不休息，也不会欺骗。我们在他眼里是多好的一个守卫呢？多称职的守卫啊！所以当你关上门，身处黑暗中时，不要忘记你并非一个人，因为你有上帝和你的精神"护卫"的陪伴，而他们又怎会需要光亮去看你在做什么？对于这样的上帝，你应该发誓效忠，就好比恺撒的将士们，在他们为恺撒效力时，发誓要捍卫恺撒的生命，因为他们认为这比任何事情都要珍贵。难道你不应该发誓吗？以此换来那么多重要的天赋，难道不值得吗？对于斯多葛派学者来说，精神护卫即人的理性。在发过誓后，你会不遵守誓言吗？你会发什么样的誓言？永远不要违背，也不要指责任何上帝所授予我们的。任何摆在我们面前需要我们去做的，不要不情愿或感到煎熬。

"是不是誓言要像那些将士的？"

他们发誓捍卫恺撒，而对你来说，捍卫我们真实的自己比什么都重要。

38. "要怎样我的兄弟才不会对我如此凶恶呢？"

带他到我这里，我会告诉他。而关于他的愤怒，我没什么要对你说的。

39. 有一个人曾向埃皮克提图询问道："我发现了一个现象，就是不论我的兄弟对我多不友善，我都会不为其所动，就如自然界的事物一样。"埃皮克提图回应道："一切伟大的事物，它们都是慢慢成长的，甚至包括葡萄或无花果。如果此刻你说想要葡萄，我只能说这需要时间：要等它吐蕊、开花、结果、成熟。但无花果并非瞬间成熟，那么你还想轻而易举地得到人类思想的果实吗？——千万不要这么想，即使我命令你！"

40. 厄帕洛狄托有一位鞋匠，他只把鞋卖给那些认为是没用的人。一次偶然的机会，他把鞋卖给了恺撒的一名手下，而之后他也成了恺撒的鞋匠。你应该看看厄帕洛狄托是以什么身份付钱给他的。如果我们中任何一个人问道："善良的费利西蒂怎样了？让我知道她的情况。要是我们中的任何一个人会问：以巴弗提在做什么？回答是：他在与费利西蒂就这件事进行交谈，也就是在和费利西蒂谈。"——他把鞋卖给厄帕洛狄托，这对他有什么好处吗？是谁把他一瞬间变成一个自以为聪明的人。事物的重要与否只取决于人的意愿。尼禄统治下的自由人民，亦会是埃皮克提图的拥有者。

41. 你努力避免自己难以忍受的，也要避免强加给他人。你避免被奴役，却想束缚他人！如果对此你能忍受，那么我们有理由相信你曾是自己的奴隶。因为邪恶与美好完全不会有共通之处，自由与奴役同样如此。

42. 是否有人被提拔到护民官的职位？他遇到的每个人都向他祝贺。有人亲他的眼睛，有人亲脖子，而奴隶们亲他的双手。他回到家发现火炬燃烧着；他走向朱庇特神殿，将自己献祭——是否有人因正当的欲望而牺牲，如果考虑到大自然会指引他做的事。事实上，我们对上帝充满感激，因为我们身处福祉中。

43. 今天有人和我谈论奥古斯都的神职。我对他说："就这样吧，敬爱的先生；最后只是一场空。""好吧，不过我的名字会出现在所有文件和合同上。""难道你要站在那个读这些东西的人身边，告诉他这里有你的名字？即使现在你可以这么做，那你过世以后呢？”

“但我的名字终会保留。”

“那把它刻在石头上吧，这样也可以。好好想想，除了尼科波利斯，你还会有什么回忆？”

“我会戴上金色花环。”

“如果你真要花环，还是戴那装饰着玫瑰的花环吧，这样你会显得更高贵！”

44．总之，不要忘记，门永远是敞开的。但不要比孩童还要多份畏惧。当他们厌倦了游戏时，会哭闹着说：“我不要玩了。”在你遇到同样的情形时，也可以像他们一样哭喊：“我不要再玩了。”然后离去。但如果没放弃，就不要抱怨。

45．房间里有烟味儿吗？如果烟味儿轻微，我就忍受；如果烟味儿浓烈，我就离开。这一点你必须要牢记在心并且亲自遵守，因为那房门可是敞开的。

“你不应该居住在尼科波利斯。”

“好，可以。”

“你也不能居住在雅典。”

“那我就不住在雅典。”

“你也不能居住在罗马。”

“那我也就不住在罗马。”

“你应该居住在嘉拉！”

呃，但是居住在嘉拉对我来说就好比是待在有浓烈烟味儿的房间里；我要启程去一个没有人能禁止我居住的地方：那个居住地向所有人开放！至于那最后一件衣裳，遮蔽的是穷人的身躯；除了这一点，没有人能对我做出什么。这就是为什么德米特里对尼禄说：“你用死亡来威胁我；但是同时大自然也在威胁着你！”

46. 哲学一开始是要了解自己内心的思想状态。如果一个人意识到自己的思想处在不良的状态中，他将不愿用它去思考一些重大时刻的问题。正如一个连一口知识都咽不下去的人，偏偏却买了一整本论述册，想把它们都吞进去。结果他们要么反胃呕吐，要么遭受消化不良之苦，再伴有胃绞痛、拉肚子和发高烧的症状。反之，他们应该停下来，仔细去想一想自己的能力究竟有多大。

47. 理论上，很容易说服一个天真的人：但是，在实际生活中，人们不仅不愿意让别人说服，而且还会憎恶那个说服自己的人。

苏格拉底曾经说过，我们永远都不能过没有经过精心观察过的生活。

48. 这就是为什么苏格拉底在被人提醒应该准备审判时回答说："难道你不觉得我这一生都在准备这个审判吗？"

"此话怎讲？"

"我始终坚持走在我的道路上。"

"为何如此？"

"无论是私下里还是公开时，我从来都没有对任何人做过一件坏事。"

49. 你现在是以什么身份站出来的？

是作为一个受上帝召唤的证人站出来的。上帝说："你来，为我做证，因为你配被我选出，来做我的证人。你意志之外的那些事物，是不是非好即坏？我伤害过任何人吗？我是否曾张冠李戴，将一个人的良好品质放在另一个人的身上，放大他的力量？你究竟要为上帝见证什么？"

"主啊，我处在邪恶之中，我完蛋了！别再挂虑我，也别再赐予我任何东西：所有的人都在责备我，都在说我的坏话。"

这就是你要做的见证吗？上帝认为你配被他召唤，在一项如此伟大的事业中替他做见证，他赐予了你至高的荣耀，难道你要使上帝的召唤蒙羞吗？

50. 你想让别人说你的好话吗？那你先去说他们的好话吧！在你学会

说他们的好话的时候，再试着去做对他们有好处的事，这样你就会收获他们对你的好评。

51．当你步入伟人的行列时，请记住上帝在天上看着一切事情的进展，你应该努力取悦上帝，而不是取悦凡人。他会问你：

“在学校时候的你是怎样看待流放、坐牢、监禁、死刑和耻辱的？”

“我根本对它们漠不关心。”

“那现在的你是怎么看待它们的呢？有没有一点变化呢？”

“没有。”

“那你自己变了吗？”

“没有。”

“那么你说说看，哪些东西是你漠不关心的？”

“不在我力量范围之内的东西。”

“接着说，还有什么？”

“不在我能力范围之内的东西，对我来说什么都不是。”

“那你也说说看，你觉得什么东西是好的呢？”

“应该具有的意志和对有意义事物的有效利用。”

“最终目的是什么呢？”

“是要跟随你！”

52．“苏格拉底就应该得到雅典人这样的对待！”奴隶！为什么要提“苏格拉底”？要说的事是：苏格拉底可怜的尸体本应被强权拖进监狱！那毒堇也应该放到苏格拉底的尸体中；应该让他的生命灰飞烟灭！你对此感到惊讶吗？你认为这不公平吗？是不是因为这你就要起诉上帝？苏格拉底就不需要弥补了吗？那么对他来说，哪里才有理想的美好呢？我们应该听谁的，是你还是他？苏格拉底又会怎么回答？

“安尼托和迈雷托士也许会置我于死地：他们的力量不足以伤害我。”

再重申一遍：

“如果这是神的意思，那我就接受。”

53．不！年轻人，看在上帝的分儿上；如果你曾听见过这些话，请回家对自己说：“不是埃皮克提图告诉我这些事情的：怎么会是他呢？不，一定是某位伟大的神通过他告诉我的。否则，这些思想是不会进入他的脑袋，再由他告诉我的。毕竟他不是用来给每个人说话的。那么，我们不要生活在神的愤怒之中，我们要顺从他的意思。”——嗯，确实如此，如果一只乌鸦哇哇的叫声向你传达某种信号，那不是乌鸦，而是上帝在通过它向你传达他的旨意；如果他想通过人的声音向你传达意思，难道他不能也选择一个人来把这些话告诉你吗？这样你也许就知道神的力量了——他是如何用一种方式向一些人传达意思，又如何以另外的方式向其他人传达旨意的，在一些重大的事情上，他又是如何通过最高贵的信使来表达自己的意志的？

诗人还有别的意思吗？——我曾经亲自吩咐过他，并派遣闪亮的赫尔墨斯星神监督警告他：丈夫不要杀害也不要恳求变心的妻子。

54．同样，我的朋友赫拉克利特因为罗德岛的一个小农场陷入了一场官司，庭审之初他先向法官表明他的理由是正义的，然后在官司快结束时他大声说道：“我是不会乞求你的：我也根本不在乎你做出什么样的裁决。这是你的审判，是由你来做决定，而不是我！”他就这样结束了他的官司。

55．至于我们，我们表现的就像一群鹿一样。当它们满心恐惧地逃离猎人的猎杀时，它们该向哪条路逃窜呢？它们有什么安全的港湾呢？为什么它们竟匆匆地奔向了自己的巢穴！最后它们都死了，因为它们没有分清什么是应该害怕的事物，什么是没有危险的事物……死亡和痛苦本身并不可怕，对它们的恐惧感才让人感到害怕。正如这位诗人所言——死亡并不可怕，可怕的是羞辱地死去！

56．怎么能说某些身外之物是符合自然的，而另一些则是违反自然呢？为什么当我们孤身独处的时候就会这样说。譬如说，一只脚，我将允许它是自然的，它也应该是干净的。但是如果你只是把它看作一只脚，一个不是靠自己站立的东西，那么（如果必要的话）它将在泥泞中行走，踩踏荆棘，有时甚至为了整个身体的利益把它砍去。再有其他，它将不再是一只脚。用同样的方式，我们也应该考虑一下我们自己，你是什么？——是一个人。当被单独视为一个独立的个体时，你在健康与财富中长存是很自然的事情。但是当你被视为一个人，只是一个社会整体中的一部分时，为了这个整体的利益，你有时会生病，有时要勇敢地去面对大海的险恶，你要知道需要的意义，也许还会英年早逝。那么还有什么好抱怨的呢？你知道如果一只脚脱离了身体，那它就称不上是脚了，因此，人脱离了社会这个整体，也就算不上是一个人了吧？人是什么呢？是一座城市的一部分——首先，这是一座神和人的城市；其次，这所城市是整个宇宙世界的缩影。在这样一个身体里，在这样一个包围着我们的世界里，处在众人当中，每个人都会经历这些事情。你来到这里谈论那些合适的东西，命令它们适合此事。

57. 在一个人请戴奥真尼斯写推荐信时，他做出了一个很好的回答——“你是一个人，当他看见你时他就会了解你——你究竟是好还是坏，如果他有一点辨别是非能力的话，他就会很快知道。但是如果他没有辨别是非能力的话，就算我给他写几千封信，他也永远不会真正了解。”——这就像是一枚银币渴望被人验证真假。如果这个人对鉴别银币很在行，他就会知道：这枚银币自会讲述自己的故事。

58. 即使一位旅行者遇见他，向他问路，不知道坚持向右走而不是向左走是不是明智之举（因为他只想走那条通往他想去的地方的路），这时我们应该求助神来做向导；即使我们没有劝诫他们不要给我们展示其他的东西，我们的双眼也会甘愿接受他们呈现给我们的形象。但是当我们焦虑地站在一旁看着受害者用恳求的声音召唤预言者——“主啊，你可怜我吧：请赐予我逃脱的办法！”奴隶，到那个时候，你会拥有比这最好之物更好的东西吗？还有什么比神的美意更好呢？难道只要在你的谎言里，你就会不贿赂你的法官，不使你的法律顾问误入歧途吗？

59. 神是慈善的。美德也是善意的。神本质的内涵同样也蕴含在美德之中。那么，神本质的内涵是什么呢？——智慧、知识还有正当理性。这就不难找到美德的真实意义了。当然，你在一棵植物或一只动物的身上找不到这种理性。

60. 只在你认为具备美德的人身上寻找美德的真正内涵。什么？难道其他的事物就不是神创造的杰作了吗？——它们是，但是它们不是神首选的荣耀，它们也不是神的部分。但是，你的确是神首选的荣耀：你是从神的身上撕下来的，你本身就是神的身体上的一部分。那么你会质疑，为什么自己不知道自己高贵的血统——不知道自己是怎么来到这个世界的？你吃饭的时候，你是否还会记得你是谁，你在喂谁吃饭？在社会交往、锻炼身体和与人讨论时，你都不知道你喂的是一个神，锻炼的是一个神，带着到处走的也是一个神。哦！多么痛苦啊！你自己却毫不知情。你以为我在谈及银之神或金之神的时候，没在说你吗？不，你的身体里有他！你会毫无意识地用自己不纯的思想和肮脏的行为玷污神的身体。如果神让你看到他，你就不敢做以前那些不好的事了。但是，神就在你自己的身体中，能看见所有，也能听见所有，你却毫不脸红地有了那些不纯的思想和肮脏的行为。唉，你根本不了解你自己的本质，你也不知道你正处在神的愤怒之下！

61. 在我们送一位刚从学校出来的年轻人进入实际的社会生活时，为什么会担心不已，担心他会毫无节制地纵容自己的胃口，担心他会因为自己衣衫褴褛而贬低自己，或者因为自己穿着高档而变得趾高气扬？他大概不知道神寓于他的身体中，也不知道他在和谁一起上路吧？我们有没有耐心听他向我们诉说，我多么想陪在你左右！神跟随着你，你是否还在寻求其他？除了这些，他会告诉你别的事情吗？如果你是菲狄亚斯手下的一尊雕像——雅典娜或者宙斯，你会想起你自己，同时也会想起你的创造者。

如果你有情感，你将不会去做侮辱你自己人格的事，你也不会去做侮辱你创造者的事，更不会在伪装自己的旁观者面前出现。但是现在，因为神是你的创造者，你为什么不应在乎自己的表现呢？这些艺术家和他们手中的作品又有多大的区别呢！

人类艺术家在创作时要展现出作品的什么能力呢？它绝非只是大理石、青铜、黄金或者象牙吧？不，菲狄亚斯创作的雅典娜伸出她的手，迎接胜利，她的姿势就定格在了永恒之中。然而，神创造出的作品是运动的，是有生命、有呼吸的，他们使用而且评价事物的意义。看到这样一位艺术家如此精湛的技艺，你还会使他蒙羞吗？啊！他不仅创造了你，还像个护卫一样关心、保护着孤独的你，你不应该忘记这一点，更不应该使他对你的关心蒙羞！如果神把一个孤儿托付给你，你还会无视他吗？他把你交给你自己去呵护，他说，没有谁比自己更相信自己的了：替我照顾这个人，让他保持自然赋予他的品性——谦虚、忠实、高尚，让他远离恐惧、盛怒、焦虑……我把我的意愿告诉你们——“如何才能免于疾病，年老和死亡？”——不，像神一样，接受疾病，接受死亡吧！

62．戴奥真尼斯认为，不靠体力是可以接受的，我们的目的是增强自己的勇气，使灵魂而不是体力变得更加坚强。

63．一个向导，找到了一个迷了路的人，并把他带到了正确的路上——他并没有讥讽嘲笑迷路的人，然后自己走了。你必须向无知的人说明真理，你会看到他们跟随真理。但是如果你没有告诉他们真理，你不应嘲笑他们，而应感到那是你自己无能。

64．苏格拉底最让人印象深刻的品质是，他从来不会在谈话中变得急躁，他也从不会说一些辱骂他人的话，相反，他总是在忍受别人的辱骂，来结束这场争论。如果你想知道他的忍耐程度，就去读读色诺芬的《宴会》吧，读了之后你就会发现他结束了多少场争吵。这就是为什么诗人们能正确地高度赞扬他的这种能力——他能迅速又明智地化解宿仇。

然而现在这种做法并不是很安全，尤其是在罗马。不用我说，采用这种做法的人不应该在一个不起眼的角落表达自己的观点，而应该大胆地与人搭讪，如果有可能的话，和一些显贵富有的人交谈。

“先生，你能告诉我你委托谁来照看你的马匹吗？”

“我能告诉你。”

“能让那新来的、对它们一无所知的人来照看吗？”

“当然不可以。”

“呃，那让那个替你看管金银或锦衣的人来照看行吗？”

“他必须还得有经验才行。”

“那你的身体呢——你有没有考虑过把它托付给其他人来照看呢？”

“我当然想过。”

“毫无疑问，你会把这份差事交给一个经验丰富的教练，或者一名医生吧？”

“那是当然。”

“这些是你所拥有的最好的东西吗？你还有其他更珍贵的东西吗？”

“你指什么呢？”

“我是说能够利用的，能权衡一切的，能提供建议和解决办法的。”

“哦，你是指灵魂吧！”

“你说得对，我就是在指人的灵魂。苍天在上，我认为灵魂比我所拥有的一切都更加可贵。那么，你能告诉我，你都是如何关心你的灵魂的吗？很少有人会想到，一个拥有像你这样的智慧和思想的人，如果粗心大意，忽略细节的话，也照样会使你自己最珍贵的财富毁灭。”

“当然如此。”

“你关心你自己的身体吗？是有人教给了你正确的方法还是你自己发现的？”

现在有危险了：首先，这位伟大的人可能会回答，“为什么这样问，我的朋友，对你来说那是什么？你是我的主人吗？”之后如果你还继续打扰他，他可能会举起手来打你。在这种经历降临到我身上之前，我一直都是一个赤诚的崇拜者。

65. 有一个年轻人在剧院装腔作势，说道：“我很明智，因为我和许多智慧的人交谈过。”爱比克泰德回应他说：“我和许多富有的人交谈过，但我并没有变得富有！”

66. 我们知道，一个木匠通过学习一些手艺才能成为一名真正的木匠。一个驾驶员通过学习一些东西才能成为一名驾驶员。或许在当下，只有想拥有智慧和美德的热情和渴望还是不够的。还有必要去学习一些东西，这就是我们要探究的内容。哲学家们首先会让我们知道世上有神，他指引着宇宙的运转。然后，哲学家们会让我们知道，想在神面前隐藏自己的行为或思想意图是不可能的。此外，他们会给我们讲神的本质。无论神的本质是什么，人都必须努力顺从他、取悦他和模仿他。

如果神是值得相信的，那么他也一定是值得信任的。如果神圣者是自由的，他也一定是自由的。如果神圣者是宽宏大量的，他也必须是宽容的。这样，作为神的模仿者，他必须在每一件事、每一句话上都追随他。

67. 如果我告诉你，你缺乏快乐最重要的元素，你的注意力完全集中在了其他事物，而不是最重要的事物上。最重要的一点是，你既不了解神，也不了解人。也分不清善与恶。为什么？你对别的一切都一无所知，也许会有人告诉你，但是你还是不了解你自己，你怎么可以交代呢？你如何坚持自己的立场，证明自己？你显然做不到。

你即刻愤怒地转身离去，我对你有什么害处？除非你说镜子把你的丑态真实地显现出来是伤害你；除非你觉得医生告诉你：“朋友，你觉得你身体没问题吗？你发烧了，今天什么都不要吃，只能喝水。”是在伤害你。但实际上，没有人会说：“这是多么不能让人忍受的辱骂！”然而，当有人告诉你：“你的欲望火热，你拒绝诱惑的毅力薄弱，你的目标往往不能长期坚持，你的想法冲动，往往与自然不和谐，你的观点肤浅错误。”那你一定会立刻转身离去，认为他是侮辱伤害了你。

68．我们的生活就像是个集市。羊群和牛群沿街走过等待出售，更多的一群人等着买卖。但是几乎没有人只是来集市观看，并询问集市是怎样又是为什么而举行的，谁是负责人，又负责哪些工作。所以，在人生的集市上，有些人像牛羊，什么都不管，只在乎要吃的饲料。你们知道吗？你们忙着为土地、奴隶和公职奔波，其实它们就好比是饲料！

这个世界的人来参加集市，很少有人肯思考究竟是谁在管理集市，没有管理者可不可以？怎样就有了管理者。他的本质如何，他又是如何管理经营的？我们作为他的臣民，需要履行什么样的职责？我们与他有任何紧密的联系没有？

这就是我所说的那为数不多的几个人留给我的印象。他们只是在离开之前思考并检查大议会。他们被众人耻笑。商人们也嘲笑旁观的人：唉，如果这些畜生也有情感的话，它们也会笑话这些心里只想着饲料的人吧！

69．我想我现在知道了我以前从不了解的东西——就是这句名言“你不能弯曲或折断一个愚蠢的人”的意思。祈祷上苍，我宁愿从来都没有一个聪明的傻瓜来做我的朋友，没有什么比这更棘手的了——“我的决心是坚定的。”——精神有问题的人也是这么说的，他们越是坚信自己的错觉，就越是需要治疗。

70．“哦！我什么时候才能再见到雅典和卫城呢？”——可怜的人啊！你对你双眼每天看到的东西还不满足吗？地球和海洋之外，你还能看到比太阳、月亮、星辰更美妙的事物吗？如果你的确领悟了掌控宇宙的神的真谛，如果你肯定他就在你的身体里，你还会去追求一个石头的碎片和一块细石吗？如果让你跟太阳和月亮永别，你还会坐在一旁哭得像个孩子吗？怎么样？你听到了什么？又学到了什么？你为什么把你自己写成一位哲学家，你本可以写下事实的，即“我已经写了一两个概要了，我已经读了克律西波斯的一些作品，我甚至没有触摸过哲学长裙的下摆！”

71．朋友，即使绝望也紧紧地抓住吧，要不就太迟了，把握住灵魂的自由、平静与伟大！挺胸抬头，像挣脱约束的奴隶获得了自由一样。大胆地看着神说：“按照你的意愿来对待我吧，你和我同属一个思想，我是你的：对你好的东西我不会拒绝，我会去你指引的地方。给我穿你满意的衣服，你会让我成为一个统治者还是臣民百姓？让我安心在家还是流放在外？让我贫穷还是富有？所有这一切我都会替你向人们证明，我会一一展示它们真实的本质……”

在赫尔克里斯家里磨蹭的人会是谁呢？是欧律斯透斯，不是赫尔克里斯。当他在人世间行走时，曾找到了多少朋友以及志同道合的人呢？对他来说，任何人都不及上帝那样亲切，因此大家都认为他是上帝的儿子，而这也是事实。为了忠实于上帝，他便向众人宣扬非正义和法治败坏观念。

但你说你并不是赫尔克里斯，也不能因为别人的罪恶就那样做，即使是提修斯也不能将阿提卡的灵魂从那些恶棍身上夺回来，是这样的吗？从自己的脑海中，不是从强盗和恶棍身上去摒弃一切罪恶，清除恐惧、欲望、嫉妒、恶毒、贪婪、软弱和放纵这些病态思想。这些也许并不能完全驱除，除非只出于看在上帝的面子上，只关心上帝，并决定投身于上帝的使命中，你才决定那样做。要是你不选择其他事物，就只能跟随比自己更强大的神灵，终日唉声叹气，不得安宁。你找不到他的栖身之地，其所在之地，也无从找寻。

72．一个人要想学习哲学，他的首要任务就是丢掉他的旧思想，因为要是一个人还保留着他已有的思想，是不能开始学习哲学的。

73．请给我举出一个年轻人，说他是带着哲学的思想来到这里，对这件事的缘由有着独到见解的。他能说：“我放弃了一切，只要我的人生能不受任何阻碍和困难的影响，我就感到满足了。我能以自由人的身份、自信的姿态直面一切事物；将上帝视为朋友，不惧一切。”找出这样的一个人来，那么我会对他说："来吧，年轻人，来获取属于你的一切。你的宿命就是研究哲学。你所拥有的就是这些，你的这些书和所说的这些话！"

当我们信念的守护者们在关于这个话题部分有了充分的见解时，我希望他会回来告诉我说："我希望能从激情和不安中解脱出来，和那些在追求虔诚和哲学思想的人一样，不用忍受痛苦；我希望我能领悟上帝的使命，领悟对父母，对兄弟，对我的国家以及对他人的义务。"

"接下来进入这个问题的第二个部分，也同属于你。"

"但我已经掌握了第二个部分，我只希望能坚定不移地坚持下去——如睡和醒时的状态那样坚定；如在失望和郁闷时能够靠红酒来振奋自己那样坚定。"

"朋友啊，你真是神灵啊，你铭记了伟大的造诣。"

74. 爱比克泰德说："这个问题现处于紧要关头，因为它非同寻常，应该这么说——我们是否是出于理智来讨论这个问题的呢？"

75. 如果你被愤怒所驱使，那邪恶将会一而再再而三地侵入到你的本性中，你习惯性地加强这种思想，就使得你的脾气越发变得火爆。假使你在肉体的驱使下战胜了这种习惯，不要将它看成一次简单的胜利，同时你那放荡的恶习也得到了巩固。习惯和官能都会受到相应的影响。那些之前没有参与其中的便会一跃而起：其他人会在力量和程度上取得收获。这就是哲学家们对精神疾病的起源给予的解释：假使你曾经贪于钱财，假使有充分的理由能使邪恶相生，那你的贪念就会得到控制，思想立即便可重获原来的力量。要是你不采取任何补救措施，那你将不再拥有那些好习惯；反之，下次在相应客体的刺激下，坏习惯又会被激起。欲望的火焰较之前会猛烈得多。这种状态多次重复之后，思想就会长期变得死板僵硬，这种精神疾病就变成了名副其实的"贪婪"。

一个人在经历了一场感冒之后，身体状况将不如从前，除非确实得到了完全的医治。这个道理对于精神疾病同样适用。此外，有一个关于水疱来源的传说：一旦水疱全部被有效地清除掉，在原先长水疱的地方就不会再长出水疱，只是会感觉疼痛。要是你不想生气，就不要助长这种习惯，不要让它有任何机会可以增长它的气势。首先，心平气和地细数你并不感觉气愤的日子：“以前我天天发怒，过了段时间我隔一天发怒，然后是隔两天，再后来是隔三天！”要是你能在一个月内坚持这样做，那么你就成功了，就在感恩节这天去祭奠神灵吧。

76. 如何获得这一切呢？——那就下定决心去做吧！如果之前从未做过，那现在就去做，向自己证明自己；向上帝证明自己的美丽，并和上帝一道保持内心的纯洁。

77. 真正的体育家，是能够将自己锻炼成能抗拒这些肉体影响的人的。

“站住，你这恶魔！我承受的不是失去你的痛。论战是伟大的，但使命是神圣的，我们是为王权而战、为自由而战、为幸福而战、为人类的安宁而战。切记：恳求上帝的帮助，这样就可以像在战争中有了依靠。”

78. 谁是这样一个不以苦乐为意的人？某种程度上就像菲迪亚斯的雕像那样，只是作为大师的艺术品。告诉我有没有这样的一个人，永远只是口头上遵守教条。告诉我有没有这样的一个人：疾病缠身还感到兴高采烈；身处险境还得意扬扬；生命即将终结还怡然自得；被流放还依然乐此不疲；邪恶不堪还依旧幸福洋溢。我再问，有没有这样的人呢？所以，上帝啊，我期待有这样的一个不以苦乐为意的人出现！如果你没有一个符合这样的要求的人选，那么请至少让我看到有这种倾向的人。请帮我实现它！怨恨不应归结到老人身上，因为你所看到的东西正是他从不曾看到过的。我希望能看到宙斯或者菲迪亚的雅典娜，他们都是靠金子和象牙装饰出来的，对吗？——那么，就请展示给我你们中的其一，一个人类的灵魂，他渴望与上帝同心同德，不对上帝及人类加以谴责，不再有任何不快，或与自己相触的事物。他不发怒、不心生嫉妒——总之，为何还要再欺瞒呢？一个普通人是很乐意成为上帝的，一个狱中人，拖着已死的躯壳，与上帝为伴便成了他的最后的追求。请告诉我是否有这样的一个人！——哦，你根本就讲不出这样的人！那为何又要嘲笑自己、欺骗他人呢？为何要偷偷摸摸乔装成小偷、强盗，给自己冠上不属于你的名字，拥有不属于自己的东西呢？

79. 如果你所扮演的角色超出了你的能力范围，那么你既塑造了一个糟糕的形象，同时也忽略了一个你能掌控的角色。

80. 朋友啊，你在家同一个奴隶高谈阔论：你将这个家弄得鸡飞狗跳，你让邻里困惑不堪，你来到我的地方，却摆出一副做作的谦虚——你正襟危坐，貌似圣人，对我的解释也提出了批评。你喋喋不休的话语不堪入耳。你是否满心的不满与愤怒，因为没有从你的家乡带去什么。讨论仍在继续，这会儿你却坐在那里冥思苦想你的父亲和兄弟是如何对待你的，你说："他们都说了我什么呢？此刻他们认为我正在进步，会说：'他归来时定已变成上帝了！'我希望我在归去之前就能变成上帝。但要成为上帝会很麻烦，在尼科珀利斯河里洗澡会很脏，家里是一团乱，这里也是如此。"之后他们会说："学校里没人过得相对较好"——谁愿意来到学校真心地希望妥协自己的原则，来"医治"自己呢？谁又能得到他想拥有的一切？为何会在归家时因为带走的是你投入到学校的一切而感到震惊？

81. "爱比克泰德啊，我一直在期待你能说些什么，可你始终未给予我任何回应，那么现在，我恳求你，还是说些什么吧。"

爱比克泰德回答道："要是讲话就要讲究一定的技巧性，并能给听众带去收益，那么你认为有没有'讲话艺术'这个东西，同其他事物的艺术性一样？"

"有。"

"听众听到的都能使他们受益吗？还是只是其中的一部分？所以好似对于听，也有听的一门艺术，同说话艺术一样。这就如同要塑一座雕塑，也是需要一定技巧的。同样地，观赏雕塑也需要一定的技巧。"

“这我承认。”

“因此我认为，所有需要听哲人讲话的人，都需要在很大程度上进行听力训练。不是吗？接下来就请告诉我，你在哪一点上能‘听’懂我的话？”

“在关于好与坏这点上。”

“是关于什么的好与坏呢？一匹马，还是一头牛？”

“不，是在关于人的方面。”

“那么我们了解人是什么吗？人的本性如何？我们对人有着怎样的看法？好吧，你知道什么是‘自然’吗？如果我说我要使用论证，你能在任何程度上都明白我的意思吗？你知道什么是‘论证’吗？‘正确’与‘错误’又是什么概念？我一定要将你‘引入’到哲学的领域吗？告诉我与你探讨这些问题，我的意义何在，以使我有欲望与你探讨。下午看到牧场上一只羊躁动不安，就想到喂它食物：放一块石头在那儿或者一点儿面包在它面前，它就不会跑开了。因此，我们也有一些自然的欲望，也就是说，能够使我们讲话的，必定是我们觉得这个听众是值得讲话人花费口舌的，也因此激起了讲话人的兴趣。但如果他像一块石头或一株草那样坐在那里没有反应，那他又怎能激起讲话人的意愿呢？”

“那也就是说，你不会对我讲任何东西啰？”

“我只会对你说：要是一个人所了解的并非真实的自己；不知道自己的出身；不知道世界是怎样的一个世界，不知道自己在与谁在交往，不能区分好与坏，美与丑等甚至真假不辨，那他在形成他内心的需求、激情和厌恶这些部分时，便不能从理性的角度出发，在判断时也不能从理性的角度赞同、否定或质疑。总之，就完全是个聋子或者盲人，他自己也就更谈不上能获取什么真理。难道不都是这样的吗？自人类出现以来，不就是因为这样的无知，才导致了人类所有犯下的错误和不幸吗？”

“这就是我要跟你说的一切，即便这样说有违事物的本性。但因为你并没有激起我的欲望使我能跟你讲些哲学上的东西，看看你能激发我兴趣的地方在哪儿，就好比一匹烈马可以使赛马教官热血沸腾。你的身体？你那遭受过虐待的躯壳！你的着装？太花哨了！还是你的举止？你看看吧——没什么能使我产生演讲的欲望。当你想听一个哲人讲话时，不要说：‘你没跟我讲什么东西’；你只需看看你自己到底有没有‘听’的价值，或者够不够条件来‘听’。然后你将知道你的言行到底有没有打动演讲者。”

82. 现在要是你看到兄弟们看上去亲密无比，似好朋友般相互依存着，不要立即对他们的友谊给出任何的说法，即便他们之间曾信誓旦旦，许下过承诺说：“我们是不可能分开的！”你也别这样做。因为一个低劣的人是谈不上信任、原则和忠贞的：一会儿会因为一时的感觉激情蓬发，当作朋友；一会儿又会因为别的而反目成仇。对他们通常不要问：是否是一对父母所生，是否一起养大，是否在同样的老师指导下接受教育；你只需问：他们真正的兴趣何在——是在外界的事物上还是出自自身的意愿，如果感兴趣的是外部的事物，那么他们就不能称作朋友关系，更别说什么信任、忠贞、勇敢、自由了。干脆说他们不是人好了，如果你还有点儿理智的话。但往往这种人，你会听到他们常常只把所谓的“意愿”挂在嘴边，并谎称为美好的事物。他们只是对这些事感兴趣，根本不会去询问到底是父子关系、兄弟关系，还是一如既往的同伴情谊。但可以肯定的一点是，他们会大言不惭地说他们是好朋友，他们彼此很信任对方，也都公平地对待着对方：没有礼让，又谈何友谊？没有美好和真诚的交融，仅凭所谓的几句“朋友”，又怎能谈得上友情？

83. 没人可以夺走我们的“意志”——也没人可以凌驾其上！

84. 当疾病和死亡悄然来临时，我不得不将我的“意志”从激情的碰撞中抽离出来，不得不将其从阻碍、悔恨、奴役中解脱出来。

然后我受雇于上帝，因此我便对他说：“我违抗了您的旨意吗？我滥用了您赐予我的官能、理智以及自然界的原则了吗？我曾责备过您吗？

或者说对于您的统治有何不满吗？您对此要是感到无比愉悦，我将痛苦不堪——其他人也会如此。但我的意志会赞同我这样做，因为那是您的快乐——我的可怜之处。但我的心却欣喜不已。这个国家没有属于我的权利，因为你不允许我有这些想法！您可曾看到我忧郁的面容？我曾兴致勃勃地看着你，专注于你发出的每个信号，随时待命吗？你认为我现在是要从人类这个圈子中离去了吗？是的，我要离去了：衷心地感谢您，感谢您让我在这个世界上活得有价值，让我亲眼见证了您的杰作，领悟了您的统治。”

这就是我在临死前的所感、所写、所悟。

85. 这看上去对你并不意味着什么，你不用控诉、谴责神灵或人类，是吗？你难道也要带着你进来时一样的表情吗？这就是苏格拉底神秘的地方：他从未说过他知晓或曾教授过什么。你们中谁使他达成了这样的目的？如果真是这样，那你就应该欣然接受疾病、饥饿，以及死亡本身。

86. 我们是如何被大自然塑造成，使我们变得自由、高贵、谦逊（其他生物会脸红，或者会感到害羞吗）的呢？快乐同样也是自然赋予我们的，作为一名侍女和牧师，这样做是为了加强我们的人类活动，也为了我们能在大自然设定的道路上不断前行。

87. 农民经营着自己的田地；医生和教练员关心着身体；智者在意的就是他自己的思想。

88. 我们中有谁不崇拜斯巴达公民莱克格斯所做的一切？一个年轻的公民瞪大了他的双眼，因为他被这儿的人民送到了莱克格斯手中，等待着严厉的审讯。莱克格斯不愿生活在仇恨中，相反，他从中深受启发，摇身变成了一个好人。他让这个囚犯在剧院等公众场合游行，并对震惊不已的斯巴达人说：“我从你们那充满暴力的手中接过了这个青年，你们的态度是如此荒唐、傲慢。现在我要将他放还给你们，因为他做出了正确的决定，要为他的国家效力。”

89. 货币兑换商不会拒绝恺撒的金币，一个卖香草的人也绝对不会拒绝。但当这块金币展示出所要交换的东西时，他就有可能会拒绝。所以对于灵魂，也是如此。一旦美好的事物出现，它就有着无穷的吸引力，邪恶就会相应地被逼退。但美好的事物有一点很明晰，就是它的灵魂永远不会褪去，而人在恺撒的金币面前就不是如此。在这一点上，人与神极为相似。

90. 问到常识是什么？爱比克泰德答道——这就好比说，普通的耳朵就是为了辨别声音，而能够区分音符的耳朵必定是经过训练的；因此总有那么一些东西，并没有在大众所认为的自然属性中被完全颠覆。这种思想构成就叫作常识。

91. 你能审判人类吗？让我们像苏格拉底那样成为你的效仿者吧。这样做才行，别那样做，不然你将进监狱。这里根本不把人当作理性的生物来看待。还是按照上帝的旨意去行动吧，否则你将遭受惩罚和损失。要问失去的是什么？不是别的，你失去的将是你应该完成但又没能完成的事，即对你自己的信任度、尊严和谦逊的追求！这比起你没能找到这些东西是更大的失去。

92. “他的儿子死了。”

“到底发生了什么？”

“他的儿子去世了。”

“没发生别的事了吗？”

“没了。他的船沉了。”

“什么？”

“他的船没了。他也被送进了监狱。”

“这到底是怎么回事？”

“他被送去吃牢饭了！”

这儿的任何一件事对他来说都是不幸的，都是他加给自己的痛苦。然而你却说上帝是不公平的——为什么？是因为上帝给了你这些痛楚来承受，还是因为他让你体会到了灵魂的伟大？是他使得这类事情变得美好了吗？他为你带来了快乐，让你随处可以感受得到，是吗？还是当事情并不如你所愿时，为你敞开了一扇大门？——你离去吧，我的朋友，不要再挑刺了！

93. 你告诉我说，你正起航前往罗马，要去克诺索斯州当州长。你并不满足于在家享受先前的荣耀，你想要干番大事，想要更加瞩目的生活。然而你可曾在何时出航这件事上去审视过你的原则，去摆脱被证实的那些腐朽的东西？为了达到那个目的，你曾去拜访过谁？你曾何时为此努力过？你也老大不小了！浪费光阴，在我面前你难道不感到羞愧吗？在你年幼时，你曾反省过你的原则吗？你现在做的一切，之前都曾涉及过吗？在你还是个青年时，你上演讲培训学校，自己练习演讲技巧，你想过你的不足之处在哪儿吗？在你长大成人时，你常出现在公众场合，引发一场场辩论，造就了一个不符合你的称谓，是这样的吗？而在何时，你又一次反省过自己的原则，最终发现这些原则并不成立？那时我又该对你说些什么呢？你大喊道："请帮帮我！"神啊，我也无能为力！你也拿它没辙，如果你是以一个哲学家的身份来找我，那你还是应该去找卖香草的人或是补鞋匠——那哲学家们认为的有原则的又是什么呢？——不管发生什么，我们的掌控官能将如大自然所赐予的那样。你认为这是件小事？并非如此！这是件至关重大的事。好吧，那在这件事上花费的时间将不会长吧！一个路人可以将其牢牢抓住吗？——要是能够抓住，不要错过！

你接下来又说："是的，我碰到了爱比克泰德。"

哦？那可能是座雕像或者纪念碑吧。你看到我了！就是这样。两个人的相遇就是一个相互学习思想的过程，也就是去领悟对方的思想。看看我的思想，再让我看看你的思想，然后你再说你遇到了我。让我们来试着做一下这件事，要是我的思想里有什么错的观念，请剔除它，要是你也有同样的问题，我会帮你剔除。这就是所谓的哲人之间的相会。但你认为事实上并非如此，这样的相互试探只是短暂的。当我们踏上了这艘游船，也就见到了爱比克泰德，让我们看看他将要说些什么。然而在我们即将离去时，你却叫喊道："爱比克泰德真是个没用的家伙，讲的话是多么的粗俗低劣啊！"对此，你又能做何评判呢？

94. 不管怎么说，你都没我富有！

"我什么地方不如你呢？"

你所缺乏的有这些：思想的持续性，比如说自然的属性：安宁。对于资助人，我根本不在乎，但你却很在意。我比你富有的原因在于，我不会因为恺撒对我的看法而感到焦虑，备受煎熬；对那些我根本不用刻意奉承。这就是我所拥有的东西，胜过一船的金银财宝。你所拥有的东西可能是金银珠宝，但你的理智、你的原则、你所认同的观点，以及你的想法、欲望，都是极其低俗的。

95. 对你来说，一切都看似卑微；而对于我，我的一切都很有价值。你就是个贪得无厌的家伙，我呢，是极容易满足的。看，那些孩子们将手伸进一个窄口的罐子，想尽力取出里面的坚果和无花果。手已经塞满，便不能再拿更多的了，最后只能掉下泪来——有人便说："先拿一部分出来，再拿剩下的出来，就可以了！"——你啊，也应该消消你的欲望了，不要贪得无厌，这样你就会得到你想要的一切。

96. 彼塔卡斯，明明有权处置一个犯人而最终将其释放，因此有人便诽谤他。对于自己的这种行为，他说："原谅好过复仇。"对于这二者，一个展现的是与生俱来的温和，另一个却是无理的蛮横。

97. "我的兄弟不该那样对待我。"

的确。他也必定意识到了这一点。然而，他对我的态度必定出于正义之道。这是我所展现的东西，不会被一切给掩盖。

98. 然而，一个人应时刻准备着独自行走——独自居住，即便是上帝也是如此；独自休息，仔细感受内在的统一；专注于自己的思想。同时我们也要能够与自己对抗，不受旁人的干扰，不为分心而唉声叹气，将内心世界放在神圣的统治中。看看我们身边发生的一切，人类的灾难使我们变老，再看看今天的我们因此又变成了什么样，到底人类拥有着怎样的威力使我们惨痛不堪，再看看人类在怎样疗伤、迁居，又在理智的驱使下在完善着这一切。

99. 如果一个人与他人交往频繁，不管是以会话、娱乐或者只是熟悉的方式，最终他要么与他们成为同类人，要么将他们变成自己的那类人。将一块活煤放在一块燃尽的煤旁，要么这块活煤被点燃，要么将被那块死煤猝熄。风险如此之大，因此在承认这种亲密关系之前，还是谨慎为妙。谨记：要想不近墨者黑，那你是不可能结交到朋友的。那你将怎样做呢？假设这个辩论是关于争论者、马或者有奖争夺的——更糟糕点儿说，是关于人的吧——难道就是为了谴责或者赞同其他人的吗？还是一个人对别人的论断加以讥笑，展示他那丑陋的脾气？我们中间有吹笛子的人吗？那应该知道，首先应拨出弦外之音，再将乐器调整到最佳。你们中有没有像苏格拉底一样的强人，像他一样，在与人交往的过程中，总是喜欢在辩论上战胜对方？因此，在没有人指导的情况下，你必定会摇摆不定。他们是怎样证明比你强的呢？因为他们都是竭尽全力地在讲这些事：他们那低俗、腐朽的思想才是他们拿来辩驳的武器；而你那缜密的思想只不过是从你嘴边滑出的华丽辞藻罢了。这就是为什么他们如此死板。大家在聆听着你的劝告，同时也感觉出了你那糟糕的道德，因为你一直都是在胡说八道。他们就是通过这些粗俗的方式来比过你的，无处不在的力量、无处不在的胜利都在等着你来定罪。

100. 总之，一切约束身体的条件——无论是修正欲望还是反对厌恶的情绪——最终都以苦行般的生活终结。如果纯粹为了显摆什么，那么那个一心只是垂涎外面世界的人将会遭到背叛。一个有着远大目标的人，并且随时随地都寻找一些人，并对他们说：“你瞧，他是多么伟大的一个人！”这也就是为什么阿波罗尼会说：“如果你专注于细微的个人修养，直到有一天你发现有了一定收获，就像你感觉炽热封喉，这时你便喝口冷水，再将其吐出，你不需向任何人说明，便证明了你的伟大！”

101．学习怎样给予一个病人帮助：你得考虑把整体的部分变成个体的部分以予之，并且要以尽量快的速度，只给其水喝。依靠欲望来获取这一切，之后你再从理性的角度去遵循。

102．你可以为人类带来福音吗？那你就以身作则，看看哲人是怎样造就的，停止那些愚蠢的纠纷吧。吃，也要吃出益处；喝，也要与你同饮。向一切屈服，让自己变得荒唐可笑！

103．就正如有些人不能独唱，却只能合唱一样；同样，有的人不可以独自行走。

人，要是拼命地想一人闯天下，并常常与自己较劲，不在集体中生活，最终，看看你自己吧，把自己弄得忙碌不堪，那时你便知道你自己是谁了！

104．在奥运会中，你说很开心自己能够获胜。是啊，想想你要为此付出的代价吧。然后你只需伸出你的双手，去获得你的利益。你必须遵守规则，不得肆无忌惮地享受美食，得避开美味的肉食，随时锻炼，不论寒暑。你还得忌喝凉水及啤酒。总之，你得完全听从教练的安排，也得听从医生的忠告。

然后到了赛场上，你得全神贯注，随时面临着手臂脱臼、脚踝扭伤的危险，要吞下大把的黄沙，还要遭受鞭子的毒打。这一切都有可能让你与成功失之交臂。看看你所付出的一切吧，要是你仍然雄心勃勃，那就试试搏斗者的生活。我要告诉你的是，你的表现将会像一群孩子那样，时而像是在摔跤，时而像是在辩论，之后你便听到了即停的口哨声，又得进入下一段比赛，只要大家的兴趣还在，就还愿意再观看下去。你也是如此：扮演了摔跤者、辩论家、哲学家，以及演讲家的角色，结果都不能反映你完整的灵魂。你就像只猴子，只是在模仿你看到的一切，永无休止。对那些熟悉的东西你已经毫无兴趣。因为你从不认真思考这些东西，也不严格鉴赏或从各个角度欣赏它们。在我看来，不，你的选择完全没有经过考虑，你热情的火焰已经被浇筑，奄奄一息……

朋友啊，首先还是想想你应该做什么，再看看你的本性里所反映的自己能够承受的有多少。你是要做一个摔跤者吗？看看你的肩有多宽，你的腿有多壮，再看看你的腰力够强吗？并非所有人的实力都是一样的。当你是一个哲学家时，你是否在以哲人的身份要求自己？想想你在吃饭、喝水时是否感受到的都是愤怒与不快？那么你就得小心了，你必须努力战胜一些欲望，离开你的一些熟悉的朋友，屈从于那些曾经轻视过你的人，嘲笑那些曾经取笑过你的人。在做一切事物时，放低姿态，无论是在办公室、官场上，还是在法庭上！

仔细衡量下这些事，然后，将属于你的东西放置于手心，你将收获到的是自由、宁静和踏实的安详。

105. 一个没有乐器的孩子是在音乐世界中的孩子；一个不会写字的孩子是在学习中的孩子；一个没有受过教育的孩子是在生存中的孩子。

106. 能从这些人身上获取什么利益吗？哦，是从所有人的身上。

“什么，哪怕从一个谩骂者身上也要夺取什么吗？”

为什么，请告诉我，一个摔跤者从教练身上得到了什么好处？得到最多的应该是这些吧：他训练了我的耐力，学会了控制脾气，也学会了温和的待人方式。然而你却不赞同：你认为，教练这个人，抓紧我的脖子，训练我的腰，压我的肩，你居然还说他给我带来好处？……他那样训练我的脾气，对我根本没任何帮助。这就是问题之所在——不知该如何从人类获取收益！我的邻居脾气暴躁？那是对他自己有害，但对我未尝不是件好事。赫耳墨斯的惩罚便是如此。接触你将接触的东西，它们就有可能变成金子。你甚至可以带来你将接触的东西，我将把它带给上帝。疾病、死亡、贫穷、耻辱、生活的磨炼，让这些统统都来吧——在赫尔墨斯的指引下，它们终究会变成有财富。

107. 直到那时你的那些观点已经站住了脚跟，你也因此而获得了一定程度上的力量，使自己有足够的安全感。我提醒你在与没受过指引的人接触时，还是小心为妙。在学校，大脑接受到的所有印象都会像阳光下的蜡烛一样，日渐消失、褪去。一旦产生了那样的柔然的情感，你应该避开“阳光”的照射。

108. 我们要以与众不同的方式来对待这个问题，因为它覆盖范围广，神秘不堪：由此看来，并非常事，也不是一般人所能解决的。它可能是智慧，但青年们是不会有太多关注的。人也需要测测其就绪程度，比如说做职员的天分等。是的，还有特定的身体素质，至关重要的一点是：要忠于上帝，接受上帝所赐予的使命；即使任命苏格拉底为错误驳斥使者，戴奥真尼斯为皇家最高批判官员，任命齐诺为积极引导者，你也得那样做。然而你随时都得准备去看内科医生——只会给你开毒品的医生！这样的人们是在何地被任命的，以及怎样被任命的，你无从知晓。

109. 如果你感兴趣的是抽象的条条款款，而并非其他，那就请坐下，将这些条款在你的脑海里悄悄地过几遍吧。但不要因此就给自己冠上哲学家的名号，也不要允许别人那样称呼你。你宁愿说：“他是错的，我的意愿、我的激情，一直都不曾改变。我所遵循的还是以前的作风，我行事的方式依旧如前，不曾改变。”

110. 一个朋友赞成爱比克泰德提出犬儒学派的观点，对于怎样的人才配称得上犬儒学派的人这个问题，需要一个系统的、全面的阐释。他回答说：“闲暇之余我们会考虑这个问题。目前我对自己所说的这些东西十分满意，如果一个人在没有上帝指引的情况下接起了这项重任，那上帝将会愤怒不止。这样做只会让他在公众的场合下蒙羞。因为在一个秩序井然的房子里，没有人会贸然进来，自言自语地说：‘我应该成为这间房子的主人。’然而，那间屋子的主人在发现之后，看到他在那里独自一人发号施令，便会将他踹出门外，并施以严厉的惩罚。因此，在这个大城市中也是如此，在世界中也是如此。下面是一个房主所说的话——你是太阳！你运行着并产生了能量，这才有了四季和年月；你让大地不断繁衍生息，风起风去；你总能及时感受到人间冷暖；寒来暑往，你总在循环，将世间万物从较高层次变到最低层次！不断循环……”

“你成为特洛伊战争中希腊军队的统帅——阿伽门农吧！”

“在这场单打独斗中，你可以迎战赫克托，成为阿基利斯吧！”

“那人进来了，并发布了主要施令。在一大群目击者面前，他遭到了拒绝，他获得的都给自己丢尽了颜面，此时他已一脸困惑。”

111. 其他人在遇到这种情况时总会将自己困在家中，躲在暗角——啊，他们将自己藏起来的工具实在太多了。也有人会关上房门，或关掉会客厅前的厅门。要是有人来访，便会听到：他已出门了！他没空！但真正吹毛求疵的人是不会有这些做法的，他们会沉浸在谦逊之中：要么他将面带羞涩，赤身裸体，暴露在大庭广众之下。那就是他所谓的“屋子”、所谓的“门”、所谓的“看守前厅的奴隶”，那也就是他所谓的“黑暗”！

112. 死亡？它要来就让它来吧，它将带走的是我的部分感官呢，还是我的全部？飞走吧！你告诉我说——飞吧！但我要飞去哪儿呢？有谁能将我掷到世界的边沿？这不可能！不论我去到哪儿，都能在那里找到太阳、月亮和星星。在那里我能找到我的梦想，发现征兆，并且能与众神对话！

113. 此外，真正的犬儒定会明白他是上帝派往人间的信使，他向人间传递不正确的善恶观；看看这些人吧，他们常常难以被找到，也不曾思考自己身在何方。就像戴奥真尼斯，当他在喀罗尼亚战役之后被带到菲利普跟前，犬儒学派定会记得他是个间谍，而他也真的是个间谍——他回答了什么是人类的事情，什么又是与人类相对抗的事情。要是他足够机智，能够洞悉一切，那他回来时便会如实报告，而不至于慌张之中敌友不分，要么就是被情感类的东西弄得困惑不解。

114. 怎么会有这样一个一无所有的人？他没有衣服、没有房子、没有家、没有身体保护物、没有居住的城市，然而却依然能生活得平静、满足。看吧，上帝确确实实派了这样的一个人来到人间。看我！我既没有居住的城市也没有房子、财产或者家仆：以地为椅。没妻没子，没住所——我唯有天、地和一件破旧的斗篷为伴。但我又缺乏什么呢？我曾在意过悲伤、恐惧吗？我难道不自由吗……我何时向上帝或是人类呈上过什么？我又曾控诉过谁吗？你们有谁看到我脸上挂着一丝忧伤吗？而对于你们这种长期生活在恐惧与不安中的人来说，又是以怎样的智慧来看待我的呢？是不是像奴隶那样卑贱？有人在什么时候认为我不会见着他的主人和国王吗？

115. 让自己多点劳动吧，让自己明白，你是可以与上帝对话的；没有了上帝，你将一无所获！

116. 一个年轻人说："结婚并养育后代吧。犬儒派会将这项作为主要职责吗？"

爱比克泰德说："让我成为大众中的智者吧。也许没什么可以轻易将犬儒的生活加在他身上。有什么理由可以让他接受那样的生活呢？假设他接受了那样的生活，那就没什么能阻挡他结婚和养育后代的欲望。他的妻子将会是另一个他，他的父亲也是如此。他的孩子也会在这种模式中长大。"

目前的形式就像一支在战场上的军队一样，犬儒学派不能排除所有的困扰，全部归顺于上帝，以使自己能在人间来去自如，而不用被职责给牵绊，陷入普通生活的关系中，是这样的吗？因为他一旦超越了这个界限，会失去作为一个好人的性格；然而要是你仔细观察他，会发现这是他作为信差、作为侦查员、作为上帝使者的终结。

117. 要问我是否认为一个玩世不恭的人会从事国家事务管理？这样问是多么愚蠢啊！在他们治理的管辖区域内，你都能成为比他们更高尚的官员，是吗？你觉得一个在工作上要求他与这里所有的人：雅典人、科林第安斯队人和罗马人一道探讨幸福与疾苦、成功和逆境、奴役与自由的人，会在雅典议会上谈论收入、食物这些无关紧要的东西吗？

我问问你，你觉得有人会在从事了这些事务之后，又想要管理国家事务吗？你也问我他是否会这样做，那么我的回答是：你傻啊！你想从事比他现在所从事的更高尚的政治吗？

118. 这样的人也需要一定的体质。要是他看上去弱不禁风、面色苍白，那他在意的将不是做相同的当权者。他要做的，不仅仅是要向无知的人证明自己的灵魂是什么，也要证明他的灵魂足以使他成为一个他们所敬重的好人；此外，他也必须身体力行，证明大大方方地过着简单、朴实的生活对健康没有什么不好。“看吧，我就是个例子！过着这样的生活，我的身体依旧。戴奥真尼斯也曾这样做过，凭着一时的新鲜，他那特殊的装扮吸引了人们的眼球。但如果一个玩世不恭的人只是为了后悔而遗憾所做的一切，那他就成了个乞丐；自己所做的都不属于自己，似乎一切都在背道而驰。他的表情不该是那样的无奈，不该让周围的人惧怕；相反，他不应该外表脏兮兮的，以免把人吓跑；即使他的贫困也应该是干净的和富有吸引力的。”

119. 国王和暴君发动了警卫，来惩治那些邪恶的人渣。但要是把这些权力交到玩世不恭的人的手中——指没有武器，也没有工具，当他们在知晓他们是代表人类在观察和劳作时，那他们的睡眠也会变得纯粹无比，他也将一直保持这种状态，因为他的思想也就是众神之中一个友人的意见——即作为一名侍从，在神圣的上帝的统领下，也有一部分特权。他嘴边常挂的一句话是：

噢，上帝啊，指引我方向吧，服从你的统领是我的宿命！

还有一句：如果这是上帝的旨意，那就这样吧！

为何他不大胆地对他的同胞们、他的子女，也就是他所有的同族们说出这些话呢？

120．一个哲人会致力于让人们来听他的演说吗？或者说他宁愿遵从他的本性，吸引那些想从中获益的人呢？医生又想病人来治疗什么呢（尽管我确实听说罗马的医生如今随时都能来看病）？我来到了你这里，却听说你干得很糟糕，你最在乎的是你最终的收益；你明白这并非善举，简言之，你就是个浑蛋！多么好的发财之道啊！在你看来只有哲学家能影响你，否则那些话也等于白说。

121．哲学学校就像是间手术室：充满了痛苦，没有快乐，你要是进去了应该能感受到这一点。因为进去了的人将不再完整：一个肩膀未接上，一个患有脓肿，还有一个化脓着，第四个患有头痛病。我接下来是不是就该坐下来治愈你受伤的地方，将空洞的患处填好，治愈你的情感，那样你就会对我大加赞扬，然后再离开？因为你的肩、头、化脓处、脓口处都丝毫没有影响你的学习。是不是因为这样，年轻人就应该离开家，离开父母、朋友、亲属，以及一切填饱肚子的物质，来虚度你那空虚的年华？

122．要是有人感到不快，那就请他谨记，他不幸福的原因只能归因于他自己，因为上帝赋予了每个人享受幸福和无穷尽好处的机会。

123．我们能永无止境，不用专注于哲学的教育吗？（除非碰到偶然的机会，使得这些话像巫师的咒语一样在耳边嗡鸣）

这个世界是一座伟大的城市，这里的一切都已经成型，这当然也需要一定的时间才能形成，一些人把地方让给另一些人；一些人死去，换来另一些人的重生；一些人迁移，一些人原地守候：所有的这一切相互间都有着深厚的情谊——上帝为上，人次之。而自然又将人与人紧密地联系在一起。

124．赫尔克里士不会因为丢下了他的孩子而哭泣、悲伤。因为他知道没有人是孤儿，父亲永远都会守护着他们，永远。没有人听说万能的上帝就是人类的祖先，不要因为他被称作“先辈”就这样认为，人类所做的一切都在上帝的关注下进行。因此不论身在何地，他都被赋予了快乐生活的权利。

125. 看看这些事是不是意味着战争：一个人所从事的职业是随时待命的警卫，或者当侦探，又或者打仗；这些事都不能发生在一个地方，也不可能是一次远征。但对于你，与其让你执行首领的命令，还不如说这是场残酷的考验。我不明白，你是出于什么样的理由将自己带到军队的呢？要是所有人都照你学，那就没有人愿意挖战壕，也没有人愿意驻扎营地实施防卫、放哨，或者只身探险了。大家都投身到毫无用处的战争服务中……在这里也同样如此，每一段人生都是一场战役，持续时间长，而又复杂多变。你必须要履行一名军人的职责；要遵守每一条规章制度，以赢得首领的满意。要是有可能，你做的一切将被奉为神圣的东西，因为在这与执行者之间，不论力量大小，优劣与否，都无从比较。

126. 难道你忘了吗？一个真正善良的人，他做任何事并不是为了一些很表面的东西，而是希望做一些正确的事。

“那么，就没有任何回报了吗？”

回报！难道还有什么比一个善良的人做一些正确、公正的事更值得吗？不过，在“伟大者的游戏”中，你只想寻求回报；在这个游戏里，胜者的皇冠在你看来弥足珍贵。那些在你看来是微不足道或毫无价值的东西，对那些善良的人来说却是幸福所在。

127. 你不应为任何人而感到不快，而应为所有人而感到开心，尤其是上帝，是他让我们做到这点。

128. 戴奥真尼斯，在人们看来是如此的绅士、真诚，如果他不爱任何人，那他又如何忍受在为人类寻求福利时肉体上的苦痛？他有多爱他们啊，就好比为至高无上的上帝服务的牧师，关心众人而又服从于上帝。

129. 我性本善，而非性本恶。

130. 要时刻提醒自己，你所爱的人并不会永生——你所爱的一切东西并不是你的；而是上苍送给你的礼物，你没有永久使用权，即使是处在成熟时期的无花果和葡萄……

“但这些话语带有邪恶的征兆。”

你又将什么称作邪恶的征兆呢？如果你凡事畏缩，思想狭隘，自怨自艾，毫无羞耻之心，那么怯懦就是邪恶征兆的代名词。

不过我希望你，不要将自然界里所发生的也称作邪恶的征兆：如谷物的成熟；那只意味着谷穗的分解，而不是这个世界！——也不要把落叶称作邪恶的征兆；因为那意味着无花果替代了绿叶，葡萄制成了葡萄干。所有的这些变化只是从一种状态变成另一种；这不是毁灭，只是遵循规律的变化。就好比一个人离开家庭，只是一个小小的变化；就好比死亡，是一种显著的变化，从此时状态变成非此时状态。

“那么，我将不再是我吗？”

并非如此；你还是你；只是因为这个世界的需要，会有些不同。因为你的出生并不出于你的选择，而是这个世界需要你。

131．因此，那些善良、真诚的人，他们谨记着自己是谁，从何处来；他们只关心完成自己的使命，他们遵守纪律，服从上帝。

没有你我还会活下去吗？会的，并且会自由、高贵地活着，如你需要我一样。是你让我从阻碍我的事物里得到自由。可是你不再需要我了？那么谢谢！因为在此之前我所做的都只是为你，不是他人：现在我会遵从你而离开。

你要如何离开？

我又说道，就像你需要我的那样，就像一个自由的人那样，就像做你的仆人那样，就像那个听从你命令的人一样。

132．无论你让我上刀山还是让我下火海，就像苏格拉底所说的，愿意付出自己的全部性命。你想让我去哪里？是罗马还是雅典？是底比斯还是荒岛？我就在这里。你将我送到人类无法居住的地方，就像自然需要他一样，我会离开的，绝不会违背你的意愿，而是如同你听到需要我离开的信号一样：不是我抛弃了你——对我来说绝不是这样！我只是明白你不再需要我了。

133. 如果你身处吉尔若斯，不要总是回想在罗马的日子，回想在那居住时令人高兴的事，还有那些会引起回忆的事物。而应对此感到满足——一个居住在吉尔若斯的人居然也可以高尚勇敢。如果你身处罗马，就不要回忆在雅典的生活，而是应学会在罗马如何生存。

最终，在这充满各种其他欢愉的空间里会有另一种幸福，它来自对上帝有意识的遵从。

134. 对于一个善良的人来说，无论生死，都不存在邪恶。上帝就好比一个聪明的指挥者，如果他不再提供食物，这个人难道会听不出这是让他离开的信号吗？我服从、遵从——颂扬我的指挥者的品德，赞扬他的德行。因为在他需要时我来到他身边，同样在他需要时离开；而在我活着时，向上帝唱赞歌是我的职责！

135. 我们需要反思的是，人类所有邪恶、卑贱、怯懦的来源并非死亡本身，而是对死亡的恐惧。

我希望你变得坚强，去抵抗这种恐惧……

136. 一个人如果按自己的意愿生活，那么他就是自由的；对他来说没有人可以对其侵犯，没有人可以阻挡他；他的冲动不会受到阻碍，他所希望的总能达到目的，他也不会陷入自己所避免的困境。那么谁又会在错误中生活呢？——没有人会这样。谁愿意自己的命运是活在欺骗中，生活里充满了不公正，在酗酒和无尽的抱怨中度过——没有人愿意。而邪恶的人并未按其所想的生活，所以他也不会自由。

137. 所以在旅途中行者要更加谨慎，因为据说这条路已被强盗包围。行者不能独自冒险，他需要有人陪伴，比如一名使者、一位财务官吏，或者一个地方总督。他已经将自己依附给他人，所以可以安全度过。世间那聪明的人也是这样做的。而许多是强盗或暴君的同伙，也有那与风暴、海峡为伴的，而失去一切的人往往拥有着珍贵的东西。无论他去哪里避难——要怎样才不会受到攻击呢？在路上，他要等到一个什么样的伙伴来保护他呢？比如一位富翁或者领事？可如果他被抢了，然后哀伤、痛哭，于我有什么好处呢？而且如果我的同伴反过来依赖我，或者抢劫了我呢？我该怎么做？我会成为恺撒的朋友！在他的船上，没人能……首先，哦，我要忍受人们对我的侮辱同时争取尊重！哦，无数双手会来打劫！即便我成功了，恺撒也同样不会永生。那么我是不是应该去冒犯他，然后逃往他不管辖的地方？逃亡野外？在那里就不会患上热病吗？然后该怎么做？难道就找不到一个真诚、忠诚且会抵御袭击的伙伴吗？于是智者认为如果自己能平安度过，一定是上帝伴其左右。

“你是如何理解上帝伴其左右的？”

若那是上帝的意愿，便也是他的意愿；上帝不会做的，他也不会做。

“那么这要如何才能发生呢？”

去想想上帝的言行，还有他们的法则吧。

138. 你从另一个人那里得到一切，如果他又夺回这些，你会不会抱怨或责备这个施予者呢？为什么会这样？你是谁，你又会成为什么样的人？不正是他带你来到这世界的？不正是他给予你光明、同伴、感知还有理性？他是如何带你来到这个世界的？这就好像人生下来终有一死；好比人注定要在这个肉身中过着尘世的生活；遵循自己的原则，但偶尔也要和浩大的巡游队伍合流。在他要求你继续向前时，你难道不会在高高兴兴地离开之前看到那庄重的宴席和集会吗？同时带着一丝羡慕和感激，感激你看到的和听到的？——“会的，不过我会很乐意多停留一些时间。”——啊，那么那些神秘主义者也会将仪式延长；那么可能“伟大者的游戏”的人群也会驻足看更多的摔跤选手。

但这隆重的集会结束了！继续前行吧，带着感恩和谦逊的心——把位置留给那些要变成像你这样的人吧。

139. 你为什么贪得无厌，缺乏理智，给这个世界带来种种阻碍？——“的确，不过我愿意让妻儿和我在一起。”难道他们属于你，而不是他把他们赐予你？——不是他创造了你……放弃那些不属于你的东西吧，送给那些比你更优秀的人吧。“不，可是为什么他将一个人带到这个世界会附带这些条件呢？”

140. 你为何还不满足，不讲道理？为什么要拖累这个世界呢？是的。我想与我的妻儿在一起——他们属于你吗？难道他们不属于把他们赐给你的神吗？他们不属于那个也创造了你的神吗？难道你不放弃不属于你的东西吗？你难道不向比你高尚的神屈服吗？——为什么神赐予我生命，又要加上这些条件呢？如果这些条件不适合你，你可以离去。神不要挑剔的观众，神需要的是能够参加节目舞会，并且会为他们鼓掌、为节目唱赞美诗的观众。让神烦心的怯懦之辈要滚出节目。因为当这些人参加节目时，他们在节目上不像是在过节，不担任任何角色，而是摆着一副苦瓜脸，到处惹麻烦。他们找神的碴儿，找命运的碴儿，找朋友的碴儿。他们没意识到神的恩惠，没把神的恩惠用到正处——高尚的情操、高贵的品性以及我们在追求的自由。

141. 有人问道：“你是自由的吗？”——以神的名义，我希望我是自由的，祈祷我是自由的。但我不敢面对我的主子。我仍然在乎自己的躯体，努力让它保持健全，尽管它并不完整。但我能告诉你谁是自由的人，因此你用不着到处寻找榜样。第欧根尼是自由的。他怎么是自由的呢？不是因为他的父母是自由的——他父母是奴隶，而是他挣脱了所有的奴役枷锁，他将不受任何人的奴役。他能轻易地离开任何东西，它们只是挂在了他的身上，如果你抓住了他的财产，他会放开它，而不会为此跟着你。你如果抓住他的腿，他会放开它。如果你抓住的是整个身体，他会放开它。他对待他的亲朋好友以及国家也是如此。他知道自己从何处、从谁、根据什么条件得到这些。他不会抛弃他真正的祖先——诸神——即他真正的“祖国”。他不会顺从或屈从于任何人，他能比任何人都更加愉悦地为“祖国”献身。他从来不表现自己为“宇宙”做过什么，但他记住万事的源头在此，是为“祖国”而创造的，是统治宇宙的神委托给我们的。

142. 如果你想要得到自由，如果你想要得到名副其实的东西，你就得研究下这些事情、这些判断、这些论断和典范。如果你用巨大的代价交换极其宝贵的东西，这会令人惊讶吗？为了自由，一些人走上了绞刑架，一些人跳下了悬崖，有时整座城市毁灭了。为了坚不可摧的真正自由，当神要求你交还赐予你的东西时，难道你不愿意吗？柏拉图说过：你不仅要研究面对死亡，而且要研究在绞刑架上受到的折磨、受流放、受鞭打。总之，要研究放弃属于别人的东西。如果不这样做，你就会成为奴隶中的奴隶。即使你当过一万次的执行官，即便你进了皇宫，你还是个奴隶。你会理解到克里安提斯的话，“哲学家的话可能违反常理，但确实不违反理性”。

143. 问我们要如何最好地对抗敌人，爱比克泰德回答说：“安心过自己最高贵的生活。”

144. 我自由了，我与上帝为伴。做好了要听从上帝的指挥的准备。纵观一切，我不会收获什么——我的躯壳、财产、职位或是好的评论。总之，定会是别的什么东西。我想留下的东西并非出于上帝的本意。要是他乐意，他自会带给我些好处。然而现在他并没有那样做，因此我不能越过他的指令范围。紧抓不放的都是上帝恩赐的好处，但其他上帝所赐予你的东西只是出于理性的角度，因为对此他非常满足。此外，你还将遭遇失败，放任或阻碍，这些都是上帝的教条，他的法令，这些人对此是需要予以扩充和解释的。最终归顺上帝，而不是听从马里厄斯和卡西阿所规定的条条款款。

145. 谨记并不是爱和财富的力量使我们落后于别人，而是宁静的力量，自在的心，场景的变换。总之，即是学习！他并不关注外在的东西，而是将自己置于其他事物之上。想成为参议员与不想成为参议员，二者的区别在哪儿呢？或者说在想当官与不当官之间，区别又在哪儿？哭与痛二者的关系又是怎样的？我不知道该怎样回答。绑紧手脚就好比书一样，并喊道，我痛苦着！我没时间读书，尽管书并不是外在或脱离意志的东西，也不是像官员、权利或至高的招待会那样。

告诉我，什么理由才能让你去读书呢？如果你只是纯粹追求享乐，不寻求知识，那你只是个可怜、无内涵的恶棍。如果你坚持学习下去，就会得到无比的宁静、安详。要是读书并不能带给你宁静，那又有什么好处呢？他说：是的，这是可以保证的。这也是为什么我为丢弃了读书而悔恨不堪。对路人而言，他们掌控的安宁又是什么呢？我说的并非受帝王的支配，而是普通人的意愿，只是小菜一碟，或者类似的许多事物。然而生命的安宁并不只以此为标志，随时都有变动的可能。

146. 如果从你口中说出了恶意或邪恶的话语，全部或者从某种角度上讲，如果你草率地将它们不屑一顾，那么邪恶、放纵、萧条将会随之而来。如果对于曾经感动过你的事物，如今你无动于衷，或者以曾经的方式被感动，那就是件值得庆贺的事，因为今天你在这个问题上表现颇好，明天在另一个问题上表现也不错。要牺牲，那得付出多少努力啊，这比当领事官或完美人士还要付出得更多。是不是这样呢？

147. 从你和上帝那里得到的一切，你都必须记住是谁赐予的，给谁的，为什么而给。让这些充实你的灵魂吧，还在为幸福在何处而争执不休吗？你将会在何处继承上帝的快乐呢？上帝是否在每个地方附着的都一样？是不是经过的每个地方都如出一辙呢？

148. 上帝给每个人都赐予了自由的权利：使家庭有了爱，城市有了和谐，国家有了和平。他指引人们对上帝要满怀感激，对自己要充满自信。只要一有可能，他就会处理外部事物，不管属于自己或者不值得追求。

149. 如果你要探求真理，那么你不可能通过一切可能的途径去实现，因为在你发现真理的时候，你要有面对被打败的勇气。

150. 这样的谈话是多么的愚蠢啊！要是我对自己不满意，我又怎会有正确的原则呢？难道我都像大家意念中那样地漂浮不定吗？

151. 上帝创造了世间万物，也创造了世界本身，使得它不受阻碍，在尽善尽美中完善，部分也驱之整体。没有其他的生物能够了解他的统治。但人是具有理性的动物，他能靠他的官能思考所有事物——不仅仅是自己这个部分，以及是怎样的一个部分，部分又是怎样变成一个整体的。本性决定了他的高贵，他宽大的胸襟，以及自由的态度。他把身边的一切分为两类：一类是不受困难、权利的束缚；而另一类则常常受阻，要依赖别人而活。如果他将自己的善、兴趣只放在毫无阻碍的地方、不受权利约束的地方，那他将是个自由、平静、快乐、被保护、有着高贵心灵、虔诚的人。对上帝表达你的感激之情吧，不要对过往之事耿耿于怀，不要试图与世间万物对抗。然而要是他将善置于外物之上，不依赖意愿行事，那他将遭受困扰和阻碍，成为他曾敬畏的当权者的奴隶；他将变得不再虔诚，注定要在上帝的掌中受害；他也不会成为正义之士，不会像曾经那样去做分外之事，他必定会成为一个吝啬、卑贱之徒。

152. 我会惧怕谁呢？他们会将我关在上帝的寝宫外吗？要是他们觉得我是迫不及待地想要进去，他们要那样做，那就将我拒之门外吧。

"你为何而来呢？"

因为我觉得是时候来见见上帝了，得参与到游戏中来才行。

"你为什么喊叫呢？"

因为我必须得承认并非我的意愿想来这里，相反，我的意愿只是巧合罢了。上帝的意志力比我更加坚定，我只是他的随从而已，但我与他有着一样的活动，一样的欲望，一样的意志力。我并不是为此不平，只是想尽力让这些东西得道。

153. 苏格拉底怎么说？——"有人看着自己的田地渐渐有了收成而高

兴；有人因为有了马而高兴；而自己却因日益变好而欣慰。”

154. 这件衣服只不过是件艺术品，工匠们赋予它的是艺术品的名称，而并非衣服的名称，也正因为如此，幼发拉底斯的话是有道理的。他说：“我在试图掩盖自己遵循哲人的生活，这使我受益良多。首先，我知道我所做的一切都是正确的，并不是为了给别人看，而是做给自己的。我按正确的方式吃饭、以正确的姿势行走、我看自己和上帝的眼神坚定安宁无比。我独自在险境中探索。要是我干了什么可耻的事，因为哲学，我将不会面临危险，即便我以哲人的身份无理地对待了众人。因此那些不明白我目的的人会为此感到震惊，我的生活、谈话时时都与哲学家息息相关，无一例外。我不再是我自己，哲学家们应该知道自己的所作所为有怎样的坏处，而不只是做一些外部的标志。”

155. 首先，通过学习掩盖你本来的面目，给自己增长点智慧。要想收获果实，得先将种子埋在土里的某块小地方，然后它将在土里慢慢生长，直至成熟。要是它在长茎之前就长出了穗，那它就不完美了，就成了阿多尼斯（爱与美的女神阿芙罗狄娜所爱恋的美少年）花园中的一株植物。瞧，多么遗憾啊！开花太早，将抵不过寒冬的摧残！

156. 首先，应谴责你目前的这种生活。谴责之余，还是不要绝望。不要像低贱的人一样，放弃了、离开了，最终被一股激流给冲走。不，你要向摔跤者学习，他们被打垮过吗？他们只会说：“起来！再摔，直到力量迸发。”你也应该这样想。要知道没有什么比人的灵魂更听话的了。基于意志力之上，事情就得以完成。灵魂走上了正确的道路，反之，只需自己同意，一切都将消失殆尽。毁灭和重生都是基于内部因素啊。

157. 这是人类至关重要的一刻。当麻烦找上你时，记得上帝正像一个摔跤教练一样，让你和一个粗暴、强悍的对手竞赛——你问“何时结束？”你就等着战胜对手时再问吧。不付出艰辛和汗水，你是达不到的。

158. 要是自己取得了进步，要显示出大智若愚的样子，虚怀若谷，随时对外界事物充满崇敬。不要想尽知一切，要想看得起自己，那就得相信自己。

159．记住在生命中，你要像在宴会中那样表现。你难道要吃掉送上来的一切食物吗？伸开手，礼貌地用餐才对。要是那道菜没有经过你旁边，那就不要去获得它。还没来？不要总想得到，静心等待，总会到来的。是孩子的就是孩子的，是妻子的就是妻子的。做官得有做官的样子，对待财富也要有像样的态度。终究有一天你将会与上帝共同进餐。要是你对呈上来的菜不屑一顾，那么你将不能与上帝一道享受更丰盛的晚宴，还有可能被驱逐出这块土地。

160．记住，不论人生这部戏有多长，你只是上帝这位作家挑选出来的剧里的一个演员。要是他高兴让你扮演一个乞丐、统领或者仅仅只是个市民，你都得尽力演好这个角色。因为你的工作就是扮演好你的角色，要想自己选择角色，那又会是另外一回事了。

161．时刻想着死亡、流放这些事，人类的遭遇时刻在上演，但最为壮烈的当属死亡。当它来临时，你不再有丁点儿的思想，也不会掩饰控制范围外的一切事物。

162．好比做标记并不是怕遗忘，自然的邪恶也并非就是世界所生。

163．对众神虔诚点儿吧，确切地说，主要因为他们掌控着这个宇宙，带给人们善和正义。你就是他们委派来服从他们的。你得接受发生的一切，你得积极地面对它们，以确保这些事都能在最大限度被理解的情况下完成。这样你就不会再挑出上帝的毛病，或者忽略了自己与他们对抗。

164．不要花时间，将自己的个性、行动浪费在独处或与他人在一起。让平静来支配你的一切；或者只是简短地说一些必要的话。然而，在必要的场合，我们将进行一些辩论，尽量避开格斗士、赛马、运动或谈论不休的吃喝这类的话题。重要的是，切忌谈论人，不论褒贬，或两者相行。

如果可以，在回话上胜过你的同伴，使其成为你的话语。要是你发现你与陌生人有所隔阂，而又不能逃脱，那就保持沉默吧！

165. 笑，不应太多、太频、无节制。

166. 尽可能地避免许下承诺，如果不能，那也最好躲得远远的。

167. 出席没有受过教育的人的宴会，对于他们，无一例外，要回避。要是有这样的机会，你不得有片刻松懈，否则你一张口，便会酿成大错。你可以安然地休息，这里的人似乎纯洁无瑕，要是他的同伴不纯洁，那他也避免不了身沾污垢。

168. 将与健康相关的一切带得越远越好，因为那些都不需要经过什么许可。比如肉、水、衣物、住房以及仆人。抛弃一切证明奢华的东西。

169. 如果你被告知有人在背后说你坏话，不要对此做出申辩，只需回答：他一定不知道我其他的缺点，所以才会只说这些！

170. 要是你去拜访某位当权人士，别指望他会在家。你会被拒之门外，甚至会遭受当头一棒。他们根本不会考虑你的感受。要是这一切发生在了你身上，你要做的就是离开，认命吧！但别对自己说：遭受这样的打击不值得。因为那样就和那些愚昧、没受过教育的人在遭受打击时的样子没什么区别。

171. 在与人为伴时切忌过多、过分地谈论你的行为和面临的险境。但对于你克服困难这些事你可以放大地讲，大家也乐意听，对于你的冒险行为，可能没人愿意去听。避免引人发笑，这是愚蠢的人才会轻易流露的表现，这样身边的人对你的敬意将会大打折扣。谈话是粗俗的也易造成危险，在这种情况下，要是方便的话，就阻止说话者；要是条件不允许，那就沉默、使脸色，或者表现出不安，表明你对这个话题并不感兴趣。

172. 一旦决定了要去干某件事，那就去干。不要怕被看见，尽管别人会说这样做不妥。因为你要是做得不对，那是你的行为在回避；如果做得对，为什么又会因为不该有的遣责而心生畏惧呢？

173. 一个人要是花大把的时间在身体上，比如身体锻炼、长期专注于吃喝，或者身体的其他功能上，那他就会被看成低微无能的人。这些事应该放其次，你所有的注意力都应该放在理解万事万物上。

174. 事物都有两面特征：一方面让它诞生；另一方面将它毁灭。要是你的兄弟犯了罪，要与你对抗，那就不是出于非正义的一面，因为那样就不会有机会出现这样的事，而应该以另一种方式对待。因为他是你的兄弟，你青春的同伴，你将它置于另一面，这样它就可以重新开始。

175. 不要将自己变成哲人，也不要对未受过教育的人过多地谈论原则，做他们在做的事就好。因此在宴会上，不要谈论应该怎样用餐，吃你该吃的东西就行。记住，苏格拉底会全然避开这些。人都希望被举荐给哲人，他会在一旁努力工作，生怕被看上了。要是有关哲学的话题被提及，你一定得保持最大限度的沉默。因为稍不注意，你那些消化不良的谬论就会暴露无遗。当有人说你一无所知时，不要愤怒，这时你就可以确信自己是在践行自己的原则了。

176. 你想要为身体补充点东西时，不要因此而烦恼。不要时时刻刻都说：我只喝水！要是你想锻炼自己的耐力和坚韧度，切记“己所不欲勿施于人”的道理！不要去设法得到什么地位！

177. 一个人因为能够明白并阐释克吕西普的写作而沾沾自喜时，就告诫自己说：如果克吕西普字迹清晰，那这个家伙就没什么值得高兴的了，因为大家都会懂。但我奢求的又是什么呢？明自然之理，追随上帝！我随之又问：谁会对此做出诠释？当听到是克吕西普时，我就跟随他而去！似乎我对他的作品一窍不通，便寻人帮我解释一番。但我却不因此而感到自豪。当我找到了那个能给我解释的人时，也只是那人在对我施以引导。这件事本身倒是挺值得骄傲的。要是我只是对解释这件事感到崇拜，那我岂不成了个评论家，而不是一个钟爱智慧之人？除非我能为克吕西普的作品给出解释，而不是荷马的作品。因此每当有人跟我说：请帮我说说克吕西普的作品，我定会面红耳赤，因为我的能力还达不到他的要求。

178. 在盛宴上，记住你是在愉悦两个部分：一个是肉体，一个是灵魂。你给予肉体的，目前已不复存在；你赋予灵魂的，当得以永存。

179. 用餐时你发现，服务人员是多于客人的。看一群只有椅子数量一半的出席人员在那里雀跃，是多么荒唐啊！

180. 最好和服务人员分享接下来的一切，不论是宴会准备过程的艰辛，还是享受盛宴的过程。要是这件事很难办，那就想想你这样一个精力充沛的人正接受着他们的服务，而他们已经疲惫不堪了；你在这里吃喝，而他们却没有；你在这里高谈阔论，他们却只能沉默不语；你在这里安然享乐，他们却还备受约束。因此不要因为一时的不高兴，就让自己变得蛮横无理，也不要摆出一副苦相，惹怒他人。

181. 当粘西比（苏格拉底之妻）责备苏格拉底没有尽心款待他的朋友时，他说："要是他们真是我们的朋友，是不会在乎那些的；要是他们在意我的做法，那我们就没必要再理会他们。"

182. 要问谁是富足的人？爱比克泰德答道："会满足的人便是富足的人。"

183. 沃里努斯告诉我们关于爱比克泰德说的两种错误比较严重和邪恶：不能创造，不能承担。在我们不能耐心地承受不可阻挡的打击，不能避开不愉快的事时，他说："那么，要是一个人心中只有两句话，并专注于内心的治理，他就会最大限度地摆脱罪恶，他的生活将会变得宁静、安详。"他的这两句话是：要么创造，要么承受。

184. 不论在什么场合，都应该铭记这些：

指引我吧，上帝，你就是我的命运，

降使命于我，

我将在所不辞，如果我不遵从，

那我就是个懦夫，因此我将始终跟随你！

还有：

适当屈尊，这才是智慧之道，上帝的旨意！

加之：

克利同啊，要是这是上帝的旨意，就这样吧！对于我，阿倪托斯和米利都将我赐死，这永远不是对我的伤害！

185. 我们将同苏格拉底一样，在狱中写赞美诗，以颂扬众神的恩赐。

186. 要将受环境影响的认真态度和不予以关注的狂妄这两种品质相提并论并非易事。但不是不可能：否则就不可能有幸福。我们需像在海上那样表现。

能做的有哪些呢？这个问题发向了船长、船员。天气、机遇的选择……突然狂风刮起……这与我何干呢？我已经干了我该干的。这个问题应该由船长来解决，那就造船吧！那我又该干点什么呢？我能干的只有浸没在水中，没有恐惧、没有哭声，也没有对上帝的埋怨，我只知道，出生和死亡是一个道理。因为我不是永生的，我只是个凡人——整体中的一个部分而已，就好比一小时也只是一天里的部分概念。我就像这一天里的一小时那样，无声地走过！

187. 现在我们将派你到罗马去侦探地形，没有人会派一个胆小鬼去担任这样的一个角色：当他听到一丝声响或看到某处移动的阴影，他便会失去理智，飞奔回去。嘴里还大喊道：敌军来啦！

你去到了那里，回来告诉我们说："罗马的一切糟糕透了：死亡、流放、诽谤、需求，这些遍地都是，惨不忍睹。同志们，快跑吧！敌军来啦！"那我们会说：你走吧，你果真是这样的人，我们居然派出了你这样的废物！戴奥真尼斯，在你之前的一位侦探员，他给我们传达的情报是这样的：在那里，死亡并非被看作邪恶之事，并不用因此感到羞耻。名誉也只不过是神经失常的人发出的空虚的噪音。他做的汇报是像你说的关于痛苦、快乐、需求之类的吗？用麻袋布着装恐怕也比一件紫色的长袍要好吧；睡在赤裸裸的地上也好比松软的沙发，他的每一次论断都表明了他的勇气、坚定和自由，使得他有着健康的体魄，坚实的力量。他大喊道：“哪有什么敌军逼近，这里一片安宁！”

188. 要是一个人拥有这样的平静——不是恺撒所说的那种平静，而是上帝出于理性的角度赐予他的——当他独处时，是不会得到满足的。他看到了世间万物之后便会说：邪恶之事不会找上我，这里没有强盗、没有地震，一切都得以和平、安详。无论在公路上还是在城市中，不论聚集的人群、邻里或者同伴都不会对我造成伤害。对于我的食物、衣物，管它呢！我对理智的认识和原始的理念都有了改变。一旦上帝满足了我的需求，那就证明他就在支持我们，他已向我们敞开了大门，并对我们说：来吧！——哪儿呢？你不必畏惧，只需亲近你的亲属，搞清楚你从何而来。哪怕你遭遇大火，它终将会退去；地球上的一切也会归结到地球上；精神也会找到精神的家园；水，也是如此，总会汇集到水流中去。没有地狱、没有传说中的哀河、火坑：所有的一切都充满生机，神圣无比。如果你这样想，看着太阳、月亮、星星，享受着大地和海洋的魅力，你会发现人从来都不曾无助、孤独过。

189. 当死神来临时，你在干什么呢？如果要我选，你将会发现我在做着有关真正的人性的事情，即广纳百川、受益于人、神圣高贵之事。要是我没能履行这些使命，至少我还寄希望于这些——阻碍我的是什么，我拥有的特权有哪些——以至于在我倒下时还能站起来，以更智慧的方式处理情感，找回属于我的宁静，感恩生命中的一切。

要是死亡能让我震惊不已，能伸手与上帝对话我便知足了。我会说：“我从你手中获得的能力，使我能理解你的治理之道，我并没有丢弃它们。我没有给你带来荣耀，那就请看看我是如何让我的能力发挥作用的吧。我曾对你的统治说过什么吗？曾抱怨过经历的这一切吗？或者期许过另一种形式的生活吗？我是否违背过生活的各种关系？它们是你赐予我的，我心怀感激。我在做这一切时花费的也是你的时间，我感到满足了。

将它们收回吧，放在你想放的地方！这些全是你赐给我的。”——如果一个人在辞世时有这样的想法，难道还不够吗？还有比这更美好、更高贵的生活吗？有什么结局比他的终结更令人开心呢？

沉思录

The Medit Ations Of Marcus Aurelius

〔古罗马〕马可·奥勒留·安东尼　著

主编序言

古罗马帝国皇帝马可·奥勒留·安东尼（121—180年），原名马可·阿尼厄斯·维勒斯，生于罗马。其父亲家族曾是西班牙人，但已定居罗马多年，并从维斯佩申皇帝（69—79年在位）那里获得了贵族身份，因此被载入史册，并于161年成为古罗马帝国的皇帝。马可·奥勒留在位的近21年，是一个战乱不断、灾难频繁，洪水、地震、瘟疫不断的21年。在他统治的大部分时间里，尤其是后10年，他很少待在罗马，而是在帝国的边疆或行省的军营里度过，以抵御边疆蛮夷部落的进逼。

马可·奥勒留所受的教育不是学校教育，而是分别由私聘教师指导授业。他的学习内容非常广泛，从辩论学到斯多亚派哲学，以后者的学习为主。所以他自幼即学习过一种简单朴素的生活，习惯于吃苦耐劳，锻炼筋骨。马可·奥勒留的《沉思录》是古罗马斯多亚派哲学最后一部重要典籍；此典籍呈现出其注重实践的特性。马可·奥勒留坚持按照自己在实践中总结出的规诫从事。作为一个政治家，马可·奥勒留是实际的，同历代帝王一样，他关心民生福利，蔼然仁者之心。

马可·奥勒留即位后就遭遇到战端四起的威胁，疫疠饥馑蔓延不休，民穷财尽、局势日非。马可·奥勒留被迫出售私人所藏珠宝，筹款赈灾。但民众恐慌，纷纷为基督耶稣壮烈殉教，在教徒们看来，这一切皆是因惹怒天神所致。后人将此殉教归因于马可·奥勒留压迫基督教教徒。他的历史记录也因此而受到抹黑。

《沉思录》真实地刻画了帝国权贵们的智慧与秉性；其文笔拙朴，口吻诚挚，从千古高度记录了无宗教信仰的人们求真务实的精神，其实质精髓与其教学实践证明“即使身在皇宫，生活也可以美满幸福”。

查尔斯·艾略特

一

1. 从我的祖父维勒斯那里，我学习到了和善的待人之道，以及控制自己情感的方法。

2. 从别人对我父亲的称赞声中，以及我自己对他的回忆里（其父死于136年之前。其祖父死于138年，近90岁），我学习到了要做一个谦逊和勇敢的人。

3. 从我母亲身上，我知道了一个人要敬畏上帝，为人要慷慨；不但不能有做坏事的行为，更加不能有这样的念头；我们宁可过着朴实而平静的生活，也不要让自己身上有那些富家子弟的坏习惯。

4. 我的曾祖把我送进了公立的学校，又给我请了优秀的家庭老师，并且告诉我在求学的时候，不要吝惜钱财。

5. 我的教师（教师姓名遗失。可能是下面第10节中之科蒂艾乌姆的亚历山大）教导我说：不要在竞车场中，不要成为蓝背心和绿背心的拥护者；也不要在比武场中，加入重盾和轻盾的武士。我从他身上也学会了忍受劳作、清心寡欲、事必躬亲，不干涉他人事务和不轻信流言诽谤。

6. 从戴奥吉纳图斯那里，我学会了不使自己碌碌于琐事，不相信术士巫师之言、驱除鬼怪精灵和类似的东西；学会了不畏惧也不热衷于战斗；

学会了让人说话；学会了亲近哲学。我先是巴克斯，然后是坦德西斯、马尔塞勒斯的一个倾听者，我年轻时学习写过对话，向往卧硬板床和衣粗毛皮，从他身上，我还学会了其他所有属于希腊学问的东西。

7. 从拉斯蒂克斯那里，我领悟到我的品格需要改进和训练，知道不该迷误于诡辩的竞赛，不写作投机的东西，不进行烦琐的劝诫，不显示自己训练有素，或者做仁慈的行为以图炫耀；学会了避免辞藻华丽、构思精巧的写作；不穿着出门用的衣服在室内行走及别的类似事情；学会了以朴素的风格写信，就像拉斯蒂克斯从锡纽埃瑟给我的母亲写的信一样；对于那些以言辞冒犯我，或者对我做了错事的人，一旦他们表现出和解的意愿，就乐意地与他们和解；从他那里，我也学会了仔细地阅读，不满足于表面的理解，不轻率地同意那些夸夸其谈的人；我亦感谢他使我熟悉了爱比克泰德的言论，那是他从自己的收藏中传授给我的。

8. 从阿珀洛尼厄斯那里，我懂得了意志自由和目标坚定不移的重要性；懂得了在任何时候都要依赖理性，而不依赖任何别的东西；懂得了在失子（阿尼厄斯·维鲁斯在169年夭折，年7岁，长子在147年出生后不久即殇。奥勒留处之泰然）和久病的剧烈痛苦中镇定如常；从他身上，我也清楚地看到了一个既坚定又灵活，在教导人时毫不暴躁的活的榜样；看到了一个清醒的、不以解释各种哲学原则时的经验和艺术自傲的人；从他身上，我也学会了如何从值得尊敬的朋友那里得到好感而又丝毫不显得卑微，或者对他们置若罔闻。

9. 从塞克斯都（普鲁塔克之孙）身上，我看到了一种仁爱的气质，一个以慈爱方式管理家庭的榜样和合乎自然的生活的观念，看到了毫无矫饰的庄严，为朋友谋利的细心，对无知者和那些不假思索发表意见的人的容忍：他有一种能使自己和所有人欣然相处的能力，以致和他交往的愉快胜过任何奉承，同时，他又受到那些与其交往者的高度尊敬。他具有一种以明智和系统的方式发现和整理必要的生活原则的能力，他从不表现任何愤怒或别的激情，完全避免了激情而同时又温柔宽厚，他能够表示嘉许而毫不啰唆，拥有渊博知识而毫不炫耀。

10．从文法家亚历山大（科蒂艾乌姆的亚历山大享受高年，145年在罗马，曾下榻宫中）那里，我学会了避免挑剔，不去苛责那些表达上有粗俗、欠缺文理和生搬硬造等毛病的人们，而是灵巧地通过回答的方式、证实的方式、探讨事物本身而非词汇的方式，或者别的恰当启示，来引出那应当使用的正确表达。

11．从弗朗特那里，我学会了观察仅仅在一个暴君那里存在的嫉妒、伪善和口是心非，知道了我们中间那些被称为上流人的人，通常是相当缺乏仁慈之情的。

12．从柏拉图派学者亚历山大那里，我懂得了不必经常但也不是无须对人说话或写信，懂得了我没有闲暇；懂得了我们并不是总能以有紧迫事务的借口，来推卸对与自己一起生活的那些人的义务。

13．从克特勒斯（一位斯多亚派的苦修者）那里，我懂得了当一个朋友抱怨，即使是无理地抱怨时也不能漠然置之，而是要试图使他恢复冷静；正像人们所说的多米蒂厄斯和雅特洛多图斯一样。从他身上，我也懂得了真诚地爱我的孩子。

14．从我的兄弟西维勒斯那里，我懂得了爱我的亲人、爱真理、爱正义；从他那里，我知道了思雷西亚、黑尔维蒂厄斯、加图、戴昂、布鲁特斯；从他那里，我接受了一种以同样的方法对待所有人、实施权利平等和言论自由平等的政体的思想，以及一种最大范围地尊重被治者的所有自由的王者之治的观念；我还从他那里获得了一种对于哲学的始终一贯和坚定不移的尊重，一种行善的品质：为人随和，抱以善望，相信自己为朋友所爱；我也看到他从不隐瞒他对他所谴责的那些人的意见，他的朋友无须猜测他的意愿；这些意愿是相当透明的。

15．从马克西默斯那里，我学会了自制，不为任何东西所左右，在任何环境里和疾病中欢愉如常，在道德品格方面形成一种甜美和尊严的恰当配合；完成摆在面前的事情并毫无怨言。我注意到所有人都相信他思如其言，在任何行为中都不抱恶意；他从未表现出过奇怪和惊骇，从不匆忙，从不拖延，从不困惑或沮丧。他不以笑声掩饰他的焦虑，另外也不狂热或多疑。他已习惯于仁慈的行为，随时准备宽恕，避开所有错误；他给人的印象与其说是一贯公正，不如说是不断改善。我也注意到：任何人都不能认为受到了他的蔑视，或者敢自认是比他更好的人。他也具有一种令人愉快的幽默的本领。

16. 在我的父亲曼尼厄斯·威勒斯及卡威瑟斯·图勒斯那里，我看到了一种温柔的气质和在他经过适当的考虑之后，对所决定的事情不可更改的决心；在世人认为光荣的事情上他毫无骄矜之心，热爱劳作，持之以恒，乐意倾听对公共福利提出的建议；在论功行赏方面他毫不迟疑，并拥有一种从经验中获得的辨别精力充沛和软弱无力的行动的知识。我注意到他克服了对孩子的所有激情；他把自己视为与任何别的公民一样平等的公民；他解除了他的朋友要与他一起喝茶，或者在他去国外时必须觐见他的所有义务，那些由于紧急事务而没有陪伴他的人，总是发现他对他们一如往常。我也看到了他仔细探讨所有需要考虑的事情的习惯，他坚持不懈，绝不因对初步印象的满足就停止他的探究；他有一种保持友谊的气质，不会很快厌倦朋友，同时又不放纵自己的柔情；他对所有环境都感到满足和快乐；能不夸示地显微知著，富有远见；他直接阻止流行的赞颂和一切谄媚，对帝国的管理所需要的事务保持警醒，善于量入为出，精打细算，并耐心地忍受由此而来的责难；他不迷信神灵，也不以赏赐、娱乐或奉承大众而对人们献殷勤；他在所有事情上都显示出一种清醒和坚定，不表现任何卑贱的思想或行为，也不好新骛奇。对于幸运所赐的丰富而有益于生命的东西，他不炫耀也不推辞，所以，当他拥有这些东西时，他享受它们且毫不做作；而当他没有这些东西时，他也不渴求它们。没有人能说他像一个诡辩家、一个能说会道的家奴，或者卖弄学问的人，而都承认他是成熟的人、完善的人，不受奉承的影响，能够安排他自己和别人事务的人。除此之外，他尊重那些真正的哲学家，他不谴责那些自称是哲学家的人，同时又不易受他们的影响。他在社交方面也是容易相处的，他使人感到惬意且毫无损人的装腔作势。他对他的身体健康有一种合理的关心，他既不是太依恋生命，又不是对个人的形象漠不关心（虽然还是有点漫不经心），但他通过自己的注意，仍然很少需要看医生、吃药或进补品。他很乐意并毫无嫉妒心地给拥有任何特殊才能的人开路，像那些具有雄辩才能或拥有法律、道德等知识的人，他给他们以帮助，使每个人都能依其长处而享有名声；他总是按照他国家的制度行事并毫不做作。而且，他不喜欢变动住所，而是爱好住在同一个地方，专注于同一件事情，在他的头痛病发作过去之后，他又马上焕然一新，精力充沛地去做他通常的工作。他的秘密不多，而且这很少的一些秘密也都是有关公事的；他在公众观瞻之物和公共建筑的建设中，在对人民的捐赠中表现出谨慎和节约，因为在这些事情上，他总在注意是否应当做这些事，而不是注意怎样从这些事情上获取名声。他不在不合时宜的时刻洗澡，不喜欢大兴土木营建住宅，也不关注他的饮食、他的衣服的质料和色彩，以及他的奴隶的美貌。他的衣服一般是从他在海滨的别墅罗内姆来的，是从拉努维阿姆来的。我们都知道他是怎样对待请求他宽恕的塔斯丘佗的收税人的，这就是他总的态度。在他那里，找不到任何苛刻、顽固和横暴，也没有人们也许可以称之为甜言蜜语的任何东西；他分别地考察所有事情，仿佛他有充分的时间，毫不混淆，有条有理，精力充沛，始终一贯。那对苏格拉底的记录也可以用之于他，他能够放弃也能够享受那些东西——这些东西是许多人太软弱以致既不能够放弃，又不能够有节制地享受的。而这种一方面能足够强健地承受；另一方面又能保持清醒的品质，正是一个拥有一颗完善的、不可战胜的灵魂的人的标志，正像他在马克西默斯的疾病中所表现的一样。

17．我为我有好的祖辈、好的父母、好的姐妹、好的教师、好的同伴、好的亲朋和几乎好的一切而感谢神明。我也为这样的事实而感谢神明：我没有卷入对他们任何一个人的冒犯。虽然我有这样一种气质，如果有机会是可能使我做出这种事情的，但是，由于他们的好意，还没有这种机缘凑巧使我经受这种考验。

而且，我还要感谢神明：我很早就不由我的祖父之妾抚养，我保护了我的青春之美，直到恰当的时辰甚至稍稍推迟后才来证明我的男性精力；我隶属于一个统治者、一个父亲，他能够从我这里夺去所有的虚骄，而带给我这样的知识，即懂得一个人是可以住在一个不需要卫兵、华衣美食、火把和雕像等东西的宫殿里的，而且一个人有力量过一种私心所好的生活，同时并不因此而思想下贱，行动懈怠，因为他重视以有利于一个统治者的方式，为公众谋利所必须做的事情。我感谢神明给了我这样一个兄弟，他能以他的道德品格使我警醒，同时又以他的尊重和柔情使我愉悦；感谢神明使我的孩子既不愚笨又不残废，使我并不熟谙修辞、诗歌和别的学问，假如我看到自己在这些方面取得进展的话，本来有可能完全沉醉于其中的；我感谢神明使我迅速地给予了那些培养我的人以他们看来愿意有的荣誉，而没有延宕他们曾对我寄予的愿我以后这样做的期望（因为他们那时还是年轻的）；我感谢神明使我认识了阿珀洛尼厄斯、拉斯蒂克斯、马克西默斯，这使我对按照自然生活，对那种依赖神灵及他们的恩赐、帮助和灵感而过的生活得到了清晰而巩固的印象，没有什么东西阻止我立即按照自然来生活，然而我还是因为自己的过错，因为没有注意到神灵的劝告（我几乎还可以说是他们的直接指示）而没有达到它；我的身体置于这样一种生活之外如此之久，从未达到本尼迪克特或西奥多图斯（本尼迪克特是哈德里安的妃子，西奥多图斯是哈德里安的宠仆）的高度，但在陷入情欲之后，我还是被治愈了；虽然我常常达不到拉斯蒂克斯的那种气质，但还是没有做过使我悔恨的事情；虽然我母亲（奥勒留的母亲多米塔·卢思拉乃克劳·图勒斯之女，卒于156年，约50岁。当时奥勒留刚35岁）不能尽其天年而终，但她最后的年月是与我在一起的；在我希望帮助任何需要帮助的人的时候，或在任何别的场合，我都不感到我缺乏这样做的手段；而对我自己来说却不会有同样的需要：即需要从别人那里得到的东西；我有一个十分温顺、深情和朴实的妻子（梵斯蒂娜）；我有许多优秀的教师来教育我的孩子；通过梦和其他办法，我发现各种药物来治疗咯血和头昏……

当我产生一种对哲学的爱好时，我没有落入任何诡辩家之手，没有在历史作品上，或者在三段论法的解决上浪费时间，也没有专注于探究天国的现象；而上面所有这些事情都要求有神灵和命运的帮助。

作于阿奎肯，时值其与夸地族人争战之中。

二

1．每天清晨我醒来的时候都要对自己说，我将要面对的是好管闲事的人、忘恩负义的人、狂妄无礼的人、欺骗我的人、嫉妒的人、孤傲的人。因为他们不能分辨善与恶，所以他们变成了这样。但是我只是能感受得到美丽的存在，而我讨厌那些邪恶的东西，那和我很接近的行恶者本身的性质——他不仅与我在血统上是同一来源，而且具有同样的理性与神圣的本质，所以我既不会受他们中任何一个的伤害（因为没人能把我拖累到堕落），也不会对我的同胞发怒而恨他；我们生来是为了合作，我们情同手足，所以彼此冲突乃是违反自然的，表示反感和厌恶更是不可能的。

2．我为什么是我，而不是一堆肉，是因为一口气和一股控制一切的理性。丢开你的书本！不要再被书本所困惑，被迷惑，那是不可以的。要像一个即将死亡的人一般，轻视自己肉体——那不过是一汪子血、几根骨头、神经和血管组成的网架。再看看那一口气吸进来，剩下来的都是理性；要这样想：你是个老年人了，不要再做奴隶，不要再做被各种私欲所牵扯的傀儡，不要再令他怨恨现世的命运，也不要令他恐惧未来的命运。

3. 神的安排总是充满了神意的，就算是命运的操弄也脱离不了自然，也不能脱离由神意支配着的安排和变化。一切都是由神意而来；不过“必然性”以及“整个宇宙的福利”（而你只是其中的一小部分）也是有它的作用的。整个的自然之所产生，整个的自然之所以维系，对于自然之各个部分都是有利的。但是宇宙之所以能够保全，完全是依赖这些变化——不仅是元素的变化，而且扩及于由元素复合而成的事物之变化。如果你引原则来看待，这样的想法对你是很充分的了，放弃对书本所抱的渴望吧，以便死的时候不留下遗憾，而能从容不迫从心底里去感谢天神。

4. 要记住，你已经拖延了多么久，神给了你那么多次的宽限，而你并未加以利用。现在可以明白你不过是那个宇宙的其中一部分，他是怎样的一个东西，你不过是依赖他的维护而始获得生存的，那个宇宙之主宰究竟是怎样的一个东西，你的时间是有限期的，如果你不用时间去照亮你的心灵，时间便要逝去——你也要跟着逝去——良机一去不复回。

5. 随时都要下定决心，像一个罗马人或者像一个大丈夫那样坚定，无论做什么事，都要小心翼翼，严肃而不骄傲，要怀着慈悲之心、自由与公道，不可稍存其他的念头。你可以做到这一点，如果你在一生中做每一件事都像是做最后一件事一般，你就可以避免粗心大意，避免违反理性的感情冲动，避免虚伪、自私，以及对自己命运的抱怨。

6. 你要知道，为了平静地度过一生——和神灵一般的一生，一个人需要具备的条件是那样的少；只要他遵守那些条件，神对他也不会有更多苛求。

7. 身边的烦心事在烦扰你吗？忙里偷闲再学习些其他的事情吧，不要再被外物牵惹得团团转。不过要当心别陷入另一错误，终生苦苦追求而漫无目标，每一个冲动甚至每一个念头都没有任何的原因的那些人，也是无聊的人。

8. 如果一个人心里不管别人在想什么，那他一定会很快乐；但是如果不密切注意自己心里所想的事，那你一定不会快乐的。

9. 有一点必须要记住，整个宇宙的本质是什么？我们的本质是什么？二者之间有何关系？我是怎样的一个整体中的一个什么样的部分？没有人能妨碍你，令你在“言与行”方面不与自然协调，而你正是那自然的一部分。

10. 提欧弗拉斯特斯在做恶行的比较时——就一般通俗的说法，此种比较是可以作为真正哲学的精神说——认为由于欲望而产生的错误比由于愤怒而产生的过错更为让人讨厌。因为被愤怒打乱而失去理性的人违反理性，好像是很苦痛的、不自觉的、良心不安的；但是由欲望而犯过错的人，被快感所挟持，好像是在做错事之际有一点较为放纵、较为缺乏男子气的样子。他又以哲学家的身份说，很明确的，与快感有关联的过错，比起与苦痛有关联的过错，应受更严厉的谴责。

一般而论，一个人先受了委屈，被苦痛所驱使而生愤怒，总还有一点男子气概，至于由欲望而入邪途的人，那就是自作自受孽了。

11. 你的每一桩行为、每一句话、每一个念头，都要像是一个立刻就要离开人生的人所做出来的。如果是有神离开人世，这并不可怕，因为神不会引你入于邪恶。如果根本没有神，或者神不管人间事，那么生存在一个没有神或没有神意的宇宙又有何益呢？不过神的确是有的，并且他们是管人间事的；他们已经赋予人类以力量，令他不致堕入邪恶。即使死后还有邪恶，他们亦已有所准备，使每一个人都不致堕入邪恶。神不使人变恶，怎会使人的生活变恶呢？整个宇宙绝不会因愚昧而生疏忽，并且一旦发觉有何疏失，亦必有力量去防御或纠正之；亦不会因蠢笨无能而造成重大过失，以至于令善与恶的报应毫无差别地同样落在好人或坏人的头上。不过死亡与生命，尊荣与耻辱，苦痛与快感，财富与贫穷，的确是无分善恶，是人人所不能免的，其本身是既不体面亦不可耻，所以那便无所谓善良或邪恶了。

12．一切的事物消逝得那么快，它们的形体消失在这宇宙里，在永恒的宇宙中它们很快被遗忘，那一切的感官方面的事物，尤其是那些用快感诱惑我们，用苦痛威吓我们，或被虚荣所艳羡的——多么无价值、可鄙、龌龊、短暂、无实。这都是我们应该通过思考加以认识的。还有，那些靠着言谈见解而博得声誉的人们究竟算得是什么人？死究竟是怎么回事？如果一个人把死参究一下，靠理性的分析把那虚幻的恐惧撇开，他便会觉得那不过是自然的运行而已。如果一个人被自然的运行所吓倒，他便是儿童；须知这不仅是自然运行的结果，正是自然之有益的措施。还要知道，人是如何与神接触，用他自己的那一部分和神接触，在什么情况之下，人的这一部分才能与神接触。

13．世上最可怜的莫过于一种人：苦苦地要研讨一切事物。甚至如诗人所说，“钻研到土底下的东西”，并且还要猜想别人心里的事。殊不知他们需要的，只是如何体认并且供奉他内心的神明。所谓供奉即保持其纯洁，勿使沾染一点“热情”、“轻率”，以及对于从神或人们而来的任何事物的“不满”。因为凡是由神那里来的必是极好的，值得我们尊敬；从人们那里来的亦属同类，值得令我们爱，有时候在某种状态之下，还值得我们同情，由于他们不能分辨善恶——这是和不能分辨黑白一样严重的缺陷。

14．纵使你的生命可以延展到三千年，甚至三万年，你仍要清楚一个人只能死一次，也只能活一次；所以，长的和短的寿命都是一个样。所谓“现在”，对大家是一样长的，我们所丧失的根本不是我们的，所以我们所放弃的显然只是很短暂的一段时间而已。所以有两件事要记住：第一，自古以来一切事物都是在同一模型里铸造出来的，然后一遍遍地重复翻演，所以一个人在100年间、200年间或永恒不变地看同样的事物演来演去，实在是没有差别的。再一件事便是：长寿的与夭折的人所放弃的是一样多的；因为一个人所能被剥夺的只有“现今”，事实上只有这个是他所有的，而他所没有的东西，他当然也不会失掉。

15．要记住，一切事物均取决于我们的看法。犬儒派的蒙尼摩斯所说的这句话，其意义是明显的，其效用也是很明显的，是要我们在其合理范围之内撷取其精华。

16．一个人的灵魂之所以会堕落，莫过于把自己尽量变成宇宙的肿瘤。对任何发生的事情都在抱怨，便是对于自然的违逆，因为一切的事物都不过是自然的某一部分而已。另一堕落之道便是：对于某人加以嫉妒，甚至意欲加害于他，许多愤怒的人便往往如是。第三个堕落之道便是：被享乐或苦痛所征服。第四个堕落便是戴假面具，在言行上虚伪不诚实。第五个堕落是人生漫无目标，对任何事都掉以轻心不加考虑，殊不知最琐细的事也应顾虑到其结果。有理性的人应以服从那最原始的组织形式——宇宙之理性与法则，那才是他的终极之目标。

17．人生的过程不过是一个点，其本质是变动的，其知觉是模糊的，其整个身体之构造是容易腐朽的，其灵魂是一个旋涡，命运是不可测的，名誉是难以断定的。简言之，躯体方面的实物像是一条河之逝水，灵魂方面的事物像是梦、像是云雾；人生是一场战斗，又是香客的旅途，死后的名誉只是被人遗忘；那么在人生路途中能帮助我们的是什么呢？只有一件东西——哲学；这便是说，把内心的神明保持得纯洁无损，使之成为一切欢乐与苦痛的主宰；做起事来不要漫无目的，亦不存心作为，不受别人有所为或有所不为的影响，更进一步，要迎受一切发生的或注定的事，因为无论其为何事，与我们自己都是同一来源；最重要的是，以愉快的心情等候死亡，须知一切生物都是由几种原质所组成，死亡不过是那几种原质的解体而已。如果每一件东西不断地变成另一件东西，其间就并没有什么可怕，那么一个人对于一切事物之变动与解体又何需恐惧？这是从自然之中悟出的道理，而自然是不会欺骗，更不会有邪恶的。

作于沙特尔。

三

1. 生命在一天天地消失，所剩下的时间并不多，因此我们不应该只知道怀念或空想；我们应该想想，如果生命能够延长，那么在将来，我们的心灵能否适合于知道事实和对于人的事物的苦思冥想，这是个问题。因为假如一个人的寿命可以延长，呼吸、消化等基本能力他还是有的，但是，把全部的精力都用尽，确切地克尽厥职，仔细地分析所接触的所有感官事物，明白地辨别自己生命终结的时间何时到来，以及另外相似的决定，都是需要极好的思考能力的，可这些能力在他的身上早已消失了。所以我们亟待向前拼搏，不仅仅是因为我们无时无刻不在靠近死亡，也是因为在临死前，我们的了解力和感觉已在慢慢地消逝了。

2. 还有一件事我们应该注意：在自然地运行之中还有些自带现象，他们本身是很美妙并且富有诱惑力的。比如：烤面包时，面包有些地方是要裂开的，这些裂痕虽然说破坏了面包师的预期，但它本身并不会坏，拥有一种强烈的刺激食欲的力量。又比如，无花果成熟时也会裂开；橄榄枝要成熟坠地时也有一种奇特的美。下垂的谷穗，狮子凸出的眉头，野猪嘴角滴下的白沫，还有其他别的事物，如果挑出来单独观察，不能说是美，但是由于是自然运行的结果，就显得十分美妙，惹我们欢喜。

同样，如果一个人具有敏锐的感觉，能深刻地认识宇宙的活动，那么任何食物，就算是间接产生的现象，都会让他觉得是可喜的，是整体的一部分。他看野兽张嘴，和看画家或者雕刻家所展现的，能得到相同的感觉。在老年的男人或者是女人身上，他会看到一种成熟的标志；在年轻人的身上，他会用单纯的眼光看到诱人的可爱。很多相同的事物，不一定能得到每个人的喜欢，但是一个真正知道其所有作品的人是肯定仔细欣赏过的。

3. 希波克拉底治好很多病人以后，自己因病而死。星象家预言很多人的死，然后他们自己也死了。亚历山大（马其顿国王，曾征服东方，约在公元前356—前322年）、庞贝（是罗马共和国末期大将，约在公元前106—前48年）与恺撒（盖乌斯·恺撒即朱林斯·恺撒，罗马独裁者），不知摧毁了多少名城，在战场上不知杀了多少的骑士和步兵，但是他们有一天也会离开世界。希拉克利特斯多少次猜想这世界有一天会被火焚毁，结果自己体内积满了水，浑身沾上牛粪死了。德谟克利特（绰号是“嘲笑哲学家”），他常有的一个念头是：“这些凡人们是何等样的傻瓜啊！”他创立了原子学说。死于虱之说未见其他任何文献，据拉尔提厄斯说他死于衰老，据卢克瑞提厄斯说他是因智力消退而自杀身死于虱；苏格拉底死于另一种害虫（指控诉苏格拉底之阿尼特斯与墨勒特斯）。

这是为什么呢？你已经动身外出，你已经扬帆起航，你已经碰到触陆地（古埃及之婉曲语，“触陆地”即死亡之意），你就上岸吧；如果开始另外的生活，在那里没有神；如果那是一个没有知觉的地方，你就不用受到苦乐的控制，不再做肉体的奴仆，那肉体比奴仆更加卑贱。一个是智慧的神明，另一个是腐朽的粪土。

4．不要把你余下的生命用来空想别人的事情，除非你有能力把空想的东西用一个目标联系在一起，因为那确实是浪费了你的时间。如果你只知道空想着他人在做什么、为了什么、说了什么、心里想的是什么、打算做什么，以及其他相似的事情，这些都可以把你带走，让你不能一心坚守你自己的理性。

所以我们必须消除我们思想连锁中没有目标的那些部分，太过好奇和恶意的部分更应该消除，一个人要经常思考一件事，如果有人问起“你心里在想什么？”你要立刻坦白地告诉他“我想的是这样或者那样”；你的回答要让别人觉得你的内心是单纯的、真诚的，是人群中的一分子，没有任何享乐放纵的幻想，没有任何争强、嫉妒、猜疑，或者其他害怕承认的想法。

说实在的，这样一个力争上游、害怕失败的人，可以说很像神的祭司，同时他也利用内在的思想，让他自己不受到贪欢享乐的诱惑，不受任何痛苦的伤害，任何屈辱都不会加到他身上，所有罪恶他都能抵抗，真正崇高的是比赛中的斗士，绝不被任何的情感所束缚，除了为重大的必需或与公众利益相关的事情，很少过问他人的思想和言行。因为只有和他自己有关的事，他才会排在他的活动之内，他不停地思考着“从全宇宙中他所分到的那部分”，自己的行为要争取做好，他确信命运是善意的。因为每个人得到的那部分，都是他天生的，并且与他的过去息息相关。

他也知道，凡是理性之类都是他的同类，关心一切是符合人性的，我们不会听取他人的所有意见，但是那些在生活中坚持执行自然之道的人的意见是我们要听取的。至于那些在生活中不这样做的人们，他们在外面的行为怎么样呢？晚上怎么样？白天又怎么样？在怎样的罪恶中挣扎？伴侣是什么样的人？关于这些他也是时常注意的。这些人自身没有优点，他们口中说出的赞美词，他自然不会理会。

5．所有作为不要来自违心、自私、轻率、勉强，不要用华丽的装饰装扮你的思想；不要多话，更不要管闲事；让你内心的想法指引你前进。你是大丈夫，成年人，从事政治的人，是一个罗马人，一个统治者，坚守岗位，就像一个时刻准备度过人生的人静候指示便可以离开人世，既不需要宣誓，也不需要向任何人做保证。摆出一张高兴的面孔，不用外来的帮助，也不用求别人给你安静。自己站立，不用别人搀扶。

6．如果你能在自己的人生之中找到能够超过公道、真理、节俭、勇气……的东西，也就是说，胜过你关于那些能帮你按照理性做事而使自己内心满足的东西，胜过你对于无奈命运的内心满足的东西；假如你可以找到比这些更有用的东西，一旦发现，就要马上全力去迎接，尽量去享受那种最好的感觉吧！

但是，如果你还没有找到什么能够胜过你内心的想法，那思想能抵制一切的欲望，能够反思一切想法，能像苏格拉底说的那样，不受到感官的引诱，能够敬畏神灵，能够兼爱天下；如果你发现其他任何的事物都没有这个伟大，都要比这个价值更低，就一定不要舍弃这个去追求其他的；因为当你有其他想法，就会走入歧途，你就不能再专注地侍奉你原有的好东西。所有的身外之物，比如他人的赞美、权势、财富、放纵，如果让它和理性和政治利益相抗衡，就是错误的。这些东西，即使在短时间内好像能让我们舒适合意，也终究会突然间占据上风把我们劫走。

因此，我认为，你要直截了当地选那个好的，并且要坚持到底。或许有人要说，对我有好处的就算好的。那么，对你这样一个有理性的人来说，对你有好处的，你就要坚持；如果你仅仅是一个动物，你就要勇敢地放弃它而且不加掩饰地保持你的想法，只是要留心你的思考有没有错误。

7. 所有事，要是强迫你去违背自己的意愿、放弃荣誉，让你怨恨、猜忌，又或者诅咒他人，让你成为一个伪善的人，诱惑你追寻要用墙壁布帘来遮挡的享乐，你就不要认为是对你有好处的事情。因为，一旦认为自己的智慧和想法超过一切，并且去崇拜他的人，一定不会变成一个悲剧，绝不会有苦痛的呻吟，不会希望孤独，也不会想离开尘世喧嚣；他一生的追求，也有闪避。他毫不介意自己的灵魂能在躯体里停留多久，因为就算要他马上死去，也会觉得快乐，就像做其他事情一样有条不紊，他一生只想一件事，思想不会违背理性和一个良好公民楷模的形象。

8. 在一个有节制的、彻底清洁过的人心里，你不会发现毒疮、坏疽，或隐藏着的脓疱；大限一至，他的生命不会是突然被切断——像悲剧演员台词未毕即匆匆下台那样。再说，他是没有一点儿奴性，没有一点儿虚娇的，不依赖别人，亦不离弃别人，不怕追究，亦无须躲闪。

9. 要尊重你那形成意见的能力。你的主宰的理性当中有无与自然不调和的意见，有无与一个理性动物的机构不相容的意见，完全是靠了它。这一能力能给你精思熟虑、对于人的友爱、对于神的虔敬。

10. 抛弃一切其他的东西，只把握住这些吧，虽然只有这几个；要记住，人的生命只是目前这么一段时间，其余的不是业已过去，便是可能永不会来。人生实在渺小极了，他所生存的地方只是地上小小的一个角落，就是那垂诸久远的身世之誉也是微不足道，那只是靠一些可怜的人们辗转传述，他们自己也要很快地死去，他们未必能认识他们自己，更何况老早以前死去的人。

11. 除了上述信条之外还要再加一个：“你遭遇一件事物，便要给它下一定义或做一描述，以便清晰地看出赤裸裸的真相——其全部的真相”，然后自己心里盘算其名称该是什么？组成其的分子的名称该是什么？将来要变化成为什么？

最能培养高尚胸襟的事，莫过于对人生遭遇的一切，做确实而有条理的研究，从而探究这宇宙到底是怎样的一个东西，当前的事物对这宇宙有何效用？对宇宙有何价值？对人有何价值？人乃是那最高国家组织中的公民，其他的各种组织只好像是家族的性质；这目前给我以印象的东西，其本质是什么？是由什么分子组成的？大约可以延续多久？它能引发我的什么美德？诸如谦逊、勇敢、真实、忠诚、无欺、自足等。

在每一情况之下你都要这样说：这是来自神，这乃是由于命运之交错以及类似之偶然的因缘；这乃是来自一位同族的人、一位亲戚、一位邻人，虽然他自己并不知道什么是合于他的本性的。但是我知道，所以我要和善地、公正地对待他，要合睦邻的自然法则；同时，对于既非善亦非恶的事物，我要以确定其真实价值为目的。

12. 如果你做的事能遵从正确的理性，能诚恳地、勇敢地、从容地、专心一意地保持内心的纯洁神圣，好像现在立刻就要把它奉还给造物主一般；如果你能把握这一点，别无他求亦无所回避，而满足于自然所准许的目前的活动，谈吐中一言一语均不失为大胆的真实，那么你一生将是幸福的了；没有人能阻止你。

13. 就好像是医生一般，刀剪随时准备在手边，应付紧急的手术；同样的，你也要认定宗旨，随时处理那些有关人与神的事务，纵然是极琐细的事，也要充分地认识二者之间的关联。因为你不可能永远好好地尽任何方面的责任，除非你把它联系到神方面去，反过来亦然。

14. 不要再信步漫游；因为你大概是不会读到你自己的“札记”①或“古希腊罗马事迹”②，及你预备在老年阅读的群书摘录。赶快奔向你的目标，并且如果你珍重自己，赶快放弃一切妄念，趁着尚可为力的时候救救你自己吧!

15. 他们不知道这些词句包含着多少意义——偷窃、播种、购买、沉默，发现有什么事情该做，这不是眼睛所能看到的，而是需要另外一种视觉。

16. 肉体，灵魂，智慧：感觉属于肉体，欲念属于灵魂，真理属于智慧。靠感官而获得印象，牛亦优为之；像傀儡似的由欲念来牵线，则如野兽与嬖童，一个法拉里斯与一个尼禄，都是同样的。说到靠智慧做向导以尽他们所体认到的责任，则不信神的人，见国家危急而不救的人，关起门来做坏事的人，全都有这个本领。

如果任何其他的事皆是上述各种人所共有的，那么一个好人的特点只剩下这一点了，那便是——对于一切发生的事和命运给他编造的事，一概感觉愉快而且欢迎，不污损其内心的神明，不以许多妄念去烦扰它，保持其宁静肃穆，规规矩矩地事之如神，不作妄语、不为邪行。如果所有的人不信他过的是简单朴素而愉快的生活，他不对他们任何人发怒，也不改其常轨，他依然是“纯洁地、宁静地”朝着他的生命目标前进，随时准备离开人生，毫无勉强地接受他的命运。

---

① 可能是本书《沉思录》。

② 有人认为这是奥勒留自己所著的一部历史。

四

1．吾人内心之主宰，在与自然之道相吻合的时候，对于一切发生之事都能适应；比如可能的、所遭遇的一切，都能从容不迫地适应它，它并不需要某一种固定的物质。当你追求其崇高目标之际，一定会有若干条件的限制，但如遭遇任何障碍却能改变其气质——就像任何东西投入火内，都能被它融化一般。小的火焰可能被它扑灭，但是熊熊的大火是能吸收一切投入之物的，焚毁之，结果却是火势更盛。

2．不要做不合于生活艺术之完美原则的事，亦不要做没有目标的事。

3．一般人隐居在乡间、在山上、在海边，你也曾经最向往这样的生活；但这乃是最为庸俗的事，因为你随时可以退隐到你自己心里去。一个人不能找到一个比他自己的灵魂更为清静的去处，尤其是如果他心中自有丘壑，只消凝神一顾，立刻便可获得宁静，所谓宁静也就是有条不紊之谓。充分地利用这种退隐的方法，使你自己得到新生。你内心的宗旨要简单而明确，拿来应用要能立刻解除烦恼，回转来时，对原有的事物不再有何恚意。

你对什么怀有恨之意呢？是不是人心太坏？你心里应该这样想：理性的动物是为了彼此互助而生的，忍耐便是公道的一部分；做错事都不是本愿的。很多都已经死去，变成灰尘了，试想在此以前，多少人在过着仇视、猜疑、嫉恶甚至拔刀对杀的生活。请想一想这一桩桩事，你最后便不复有什么恨意了。你是对整个宇宙中你所分占的一份觉得不满吗？要想想宇宙只有两个解释：一个是有神主宰一切，一个是原子的因缘凑合。我们有充分的证据可以说明“宇宙是像一个国家组织一般”。是不是肉体方面的苦恼总是抓住你不放呢？你要想到你所听到过的与服膺过的有关快乐与苦痛的种种道理。还要想想：人的心灵一旦收敛起来，并且发现其力量之所在，便与实际生活中的顺利与坎坷全无关系。

是不是那个无聊的、叫名义的东西使你不能释怀呢？试看，一切事物是多么快就全被遗忘了的啊！过去与未来是什么样的一片空虚啊！赞美的话是如何的虚妄啊！那些对我们恭维的人是如何的善变与缺乏判断啊！这一切活动的场所又是如何的狭小偏隘啊！整个的大地不过是一个点，我们走过的也就是其中的一个小角落，其中能容得多少人？称赞你的又是什么样的人？

所以从今以后，你该退隐到自己那块小天地里去，要从容自持，不要过分紧张、不要急躁，要像一个公民，一个人，一个有个性的人，一个尘世凡人，像那样去面对人生。但是在最方便的宗旨当中，有两项是你需要注意的：第一，客观的事物只是在外面静止着，并不能涉及灵魂；烦扰皆由内心而起。第二，眼见的世界瞬息万变，然后趋于消灭；要不断地想念你自己亲眼所见的有多少事物在变。“宇宙即变化，人生即主观。”

4. 如果智力是我们所共有的。那么使我们成为理性动物的那个理性的东西也是我们所共有的。如果是这样的，那么告诉我们何者应为、何者不应为的那个理性也是我们所共有的；如果是这样的，那么我们是在服从一个共同的法则；如果是这样的，那么我们都是公民；如果是这样的，那么我们都是一个共同组织的分子；如果是这样的，那么宇宙便好像是一个国家——因为由人类全体所组成的机构，不是国家是什么呢？并且从这共同的国家，我们获得了智识的、理性的与守法的本能。我身体里面的土是从土分割出来的，水是从水分离来的，风是从风来的，火是从火来的；任何事物都不可能无中生有，所以任何事物亦不能归于乌有，所以智力亦无疑的是其来有自。

5. 死，它和生相同，都属于自然的秘密，几种元素的组合，又解体成那几种元素，根本不是什么值得羞耻的事情，完全符合理性动物的本质，和人生的法则没有任何违背。

6. 这样的人，是必定会做出这样的事的。如果你不想这样，那就相当于希望无花果树没有辛辣的汁浆。在任何情况下都要牢记，在短时间之内你和他都是要死的，过不了多久，你们的名字也不会留在世间。

7. 铲除“我受到了伤害”的想法，受伤害的感觉就会马上消失，铲除那种感觉，伤害马上也消失了。

8. 凡是不能让一个人变得比以前更坏的，就不能使他的生活变得比以前更坏，也不会让他内外受到伤害。

9. 一切属于对大众有好处的事物，都有一种本质，让人们必须这么做。

10. 要知道，任何遭遇都是合适并且公平的。认真观察，你就会发现这是荒谬的；它不只是按照次序，就像根茎花果一样，都含有公道，如同冥冥之中有所安排，都是按照人们各自应有的获得。你既然已经开始，就要密切关注下去，不管怎么做，任何事，都像一个真正的好人那样去做；在每件事情上，都要保持这个原则。

11. 你自己的见解，不能像害你的人所想的那样，也不能像他们希望你想的那样。观察事情以事情本身的事实为依据。

12. 你要有两种准备：一个是随时准备仅仅是依照统管一切的理性的指引，去做对人类有好处的事情；另一个是准备随时改变你的想法，如果有人给你建议让你避免骄傲。但是这些改变必须要是以正当或者对大众有好处为基础，并且是唯一基础，不能只是因为一时高兴或者出于对荣誉的追求。

13. 你有理性吗？我有。那你为什么不去使用它呢？因为当理性发挥作用时，你还需要别的什么东西吗？

14. 你是宇宙中的一部分，你来自何处，便会消失到何处去，或者说你将会经过一系列变化，最终回到造物者的理性中去。

15. 许多的香灰飘落到这一个圣坛之上，有的早些，有的晚些，但是它们并没有什么区别。

16. 那些把你当作野兽或者是猿猴来对待的人，不用10天的时间，就会把你当作神明——如果你去遵守你的信念并且崇敬你的理性。

17. 不要以为你还有一万年的时间，你命在旦夕了；趁你还活着，还来得及，要做个好人。

18. 一个人，不论他人的言行、思想对错与否，只要注意自已的言行是否正确，那么这个人的生涯必定是非常丰富的！老实说，一个好人是不用去窥探别人的黑暗的，而只需“目不斜视地追求目标”。

19. 被身后美名所诱惑的人，真的是没有思想的，每一个知道他的人，以及他自己，很快就会死去，他们的后人也将很快跟着他们死去，直到最后有关这个人的整个记忆环完全消失；虽然在连环传递的时候也会大放光彩，但是终究要熄灭的。如果记忆与记忆者都是永不死去的，对你又有什么好处呢？对死者，我不用说，赞美是没有用处的，即使对活着的人，它又能有什么用处呢？除非真的把它当作一种达成目的的手段？因为你想放弃使用上天的恩赐，而去计较他日别人对你的议论，那是不切实际的。

20. 一切事物如果有其存在的任何不容置疑的道理，那么肯定源于它自身的美妙之处，并不是因为赞美才使得它美，赞美不能给它更多的美，也不能减少它的美。这是可以运用在大多数例如物质的东西或艺术品等大家所谓美的事物上的。其实，真正的美不是来源于赞美。除了它本身所具备的规律、真理、慈爱、谦逊之外什么都不需要。这些都不是源于赞美而产生的。是翡翠，没有赞美一样有价值，正如真金、象牙、紫袍、竖琴、短剑、小花、矮树，会因为无人赞美而失去价值吗？

21. 如果人死后灵魂一直存在，那么经过无数年的积累，怎么能有足够的空间？土地又拿什么来承载那么多的躯体？就像躯体会腐烂以腾出足够的空间一样，灵魂肯定也有其自身的变化，以火的形态回到宇宙的本源，以腾出足够的空间，这是我们能想到的解释灵魂不灭的答案。

但是除了躯体之外，我们存在的每条生物链上物物相食的数量也是庞大的，全都埋葬在食者的躯体，但依然会有足够的空间，因为它们变成了血，然后是气，最后是火。

这件事告诉我们追求真理要懂得怎样辨析物质的与抽象的东西。

22. 不要随波逐流，做每件事前想想是否公道：判断见到的事情要全面地判断是非。

23. 宇宙啊，你主导着与我和谐的，你安排着我所适宜的！自然啊，你带给我四季的果实！从哪里来的终归要回到哪里去。有人说过："可爱的刻克洛普斯的城市！"你为什么不说"啊，可爱的宙斯城市"呢？

24. 哲学家说："想要获得心中的宁静，就少要求一些，少做一些。"但是只做一些合乎宇宙要求的必须之事，并遵循它的要求去做，这样说不是更好吗？这样可以获得不管是手上还是心中的宁静。我们的所求，不一定都是必须的，学会节制当然会更加闲暇，更少烦恼。所以当遇到很多事时，试着问问自己："是不是必须的。"当然，从思想上去杜绝是寻求宁静的更好方法。

25. 努力去做一个好人，欣然接受宇宙赋予的。评定自己行为的正当与否，了解自己内心的忠诚度：是否对自己感到满意？你是否做到了？

26. 当考虑过一面后不妨再看看另外一面！不要自寻烦恼，简单其实是最好的。他做了错事？其实他害的是他自己。你遇到的遭遇不要烦恼，因为那是你人生舞台上的一幕，是宇宙赋予你的。总之，人生如此短暂，为什么不理性一点呢？少自寻烦恼，在对的时间做对的事。

27. 宇宙可以说是有它自己安排的秩序，也可以说是一团杂乱，但是终归是有计划的。如果宇宙没有秩序，你怎么来定你自己的秩序？况且看似分散的万物实则有所关联，所以你能说宇宙没有秩序吗？

28. 一个人，其性格可能是凶恶的、懦弱的、顽固的、无人性的、兽性的、稚气的、愚蠢的、虚假的、谄媚的、贪婪的、残暴的。

29. 但如果他不了解宇宙里的事物，他就是宇宙之外的人；同样，不知道宇宙里发生的事情，他也是宇宙之外的人。因此，如果他罔顾宇宙之法便是混球，不能善于观察便是瞎子，总是依靠别人的人便是乞丐，因为自己的不满而否定宇宙的人便是宇宙的负担——因为再怎么说是因为宇宙才诞生了你，用非理性行为做事便是一种残疾。

30. 尽管没有完整的衬衫，没有书本，没有衣服，但是他说："就算饿得快死了，但我还有理性。"是的，我不能从学问里得到什么实在的东西，但我也永远不放弃。

31. 珍惜你所学到的，不管是不是卑微，只要你自己安于其中；做人就要做一个全心信赖自己的人，不要骄纵凌人，也不要甘心为奴。

32. 想想维斯佩绅的时代，你会看见：结婚、抚养孩子、生病、死亡、作战、快乐、商品贸易、耕种、嘲笑别人、吹嘘自己、猜忌、阴谋、希望某人快死、哀伤自己命薄、恋爱、储蓄、希求做执政官、期待裂土为王，可是他们那时的生活没有在任何地方留下任何痕迹。回想图拉真时代的场景，情况也是完全一样的，那时的生活也都已经过去了。同样的，可以回想一下历史上任何时代或任何国家，那些惨淡经营的结果，都是死亡、最终消失。但最重要的是，你要想想自己认识的那些只知道虚荣而不安分的人。由此我们可以知道，我们对于任何行动的注意力，都应当有适当的价值观念以及比例观念作为准绳。这样，当你对于次要的事情不过分地耗费精神，就不会感到愧疚。

33. 许多以前的词句，现在都作废了。同样的，许多历史上被称赞的名字在某种意义上也可说是作废了的，如卡米勒斯、瑟索、沃勒瑟斯、登特忒斯，稍后的斯瑟皮欧与加图，再后的奥古斯塔斯，以及哈德里安与安东尼纳斯皮乌斯。因为一切都很快地消逝而变为传说，不久便彻底地被遗忘了。我所提到的这些名字都是在世界上曾经发出过光彩的；至于其他人，则一旦断了气，便可以说是“眼睛看不见，心里不再想”了。但是所谓“不朽之誉”究竟是什么呢？完全是虚幻而已。那么我们应该追求的是什么呢？只有这些：思想公正、行为无私、绝无谎言，认为一切遭遇都是不可避免，都是平凡无奇，都认为是从一个泉源里发出来的。

34．心甘情愿地把你自己交给克洛索，让她引领你的生命旅程，一切用途都让她来安排。

35．一切都是朝生暮死，记忆与被记忆都是一样。

36．要不断地想，一切事物是以变化而相嬗；要经常地想，宇宙最喜欢改变现存的事物，并且制造同一类型的新事物。现存的一切可以说是种子，滋生出新的事物。如果一提起种子，你就想到只有播在土里或子宫里的才是种子，这种看法太不哲学了。

37．你还没有能达到朴实无华、无忧无虑，不虞遭受外界侵袭，与众翕合无闲，并深信智慧与正义乃是一个真实的境界的时候，就将在不久后死去。

38．从统摄人类行为的理性的角度来看一看哲人们避免的是什么，追求的是什么。

39．你所认为是邪恶的，别人不会记于心里，也不会是由于你自己的看法而造成任何改变。那么是从何而生的呢？是来自你自己判其为恶的判断力；你自己不下判断，则一切都好。判断力的近邻便是你可怜的躯体了，你的躯体纵使被割裂、被焚烧、腐烂化脓，你也不要轻下判断；换言之，你只可认定没有事物是善的或是恶的，因为任何事物都可以同样地发生在一个好人或恶人身上。生活合于自然之道的人与生活不合于自然之道的人既然可以有同样的遭遇，那遭遇也就很难说是合于自然之道或不合于自然之道了。

40．我们要明白：宇宙是变化的，本质是唯一的，灵魂是唯一的，一切都会回到初始的状态，事物都是发自那唯一的动机，一切现存的东西都是一切将要发生的东西的原因，它们是如此错综复杂地相连在一起。

41. 埃皮克提图有句话不错：“你是一个担负着躯体的小小的灵魂。”

42. 所有事物都要起变化，这不是恶，也不是善，有些事物由于变化的结果才得以存在。

43. 时间蕴含无穷变化，它像一条河，它像一条急流，当你发现时它已消逝，看！当你再发现时，它已消失得无影无踪。

44. 一切疾病、老化、死亡、毁谤、欺诈，以及一切使愚人欣喜或苦恼的事物的变化都是平常而熟悉的，就像春天的玫瑰、夏天的果实。

45. 过去发生的和现在的是有密切关系的。因为事物并不是毫无关联的，它们有一种理性的关联。未来的事物和现存的事物是一样的，总是在一种和谐的秩序中被拼合，不仅是继起的性质，而且与现存的事物具有巧妙的关系。

46. 赫拉克利特说的：“土死变水，水死变气，气死变火，然后循环不已。”“那个忘了路向的旅者——人——永远在和他毕生关系最密切的那个向导——统摄整个宇宙的理性——争闹”；我们不可“像睡梦中的人那样做事说话”，因为我们在睡梦中好像也是要做事说话的；不可有像“儿童模仿父母”一般的作风，不可动辄以“我们的父亲是这样告诉我们的”为借口。我们一定要铭记。

47. 你究竟是若干年后死，还是明天死这件事应该要平常地看待。如果一位神告诉你说：“你明天就要死，无论如何总逃不过后天。”那么你究竟是明天死，还是后天死，你必定认为那是没有什么重要性的，除非你极度较真于概念，否则那分明实在是太小了。

48. 你要记住：有多少医生，经常在看着病人眉头紧皱后悄悄死去；有多少星相家，在正经严肃地预告他人的死期后悄悄死去；有多少哲学家，在争论死亡与不朽中悄悄死去；有多少伟大的军人，在屠杀了成千上万的人后悄悄死去；有多少暴君，蛮横地使用他们的生杀之权，就像自己会永远不死，最后悄悄死去；有多少座城池，也许我应该这样说，现在都死了，像赫里斯、庞培、赫库兰尼姆及其他无数的地方。

再看看我们身边所熟悉的人，他们总会逝去，是一个接一个的，我们会逐个按着次序去参加他们的葬礼。这些事情总是那么的顺应自然，合乎自然逻辑。所以，不管我们的生命旅途是如何的长或短，抑或是多么的骄人或难堪，总有尽头在最末端等待。一切都应该像橄榄从象征生命开端的发芽到最后的烂熟落地，然后感谢自然赋予的生命。

49. 我们要像岬角的岩石般坚硬，无论是海浪的冲击或是海水的侵蚀，只要自身意志在那里屹立不动摇，那么周围的波涛汹涌终会平静下来。

在遇到困难的事或者难以解决的事时，我们不应该抱怨时运不济。我们应该自豪这样的事情发生在我的身上。我自己能通过这样的事情明白人生中的道理，在下次遇见时我们会坦然面对，临危不惧。面对同样的事情，或许每个人都有不同的处理方式、不同的心理状态。那我们凭什么要轻易抱怨那是不幸的事呢？每个人对人性的意志理解是不一样的，我们不能因为自己的理解异于别人就强加给别人，别人和自己始终不是同样的大脑。即使以后自己遇到了不幸的事，也不会对自己有什么害处，那只是一种经验。任何一桩不幸的事情都会因为自己能勇敢面对而变成一桩幸事。

50. 面对死亡，我们要保持蔑视的态度，有些方法虽不科学，但是总是有效的——那就是列举一下那些康健而长寿的人们，他们比那些短命的又好得了多少呢？最后还是回归了黄土，例如卡迪瑟纳斯、法林思、弗里阿纳斯、勒皮德斯等，他们在世时送走了很多人，然后自己也最终入葬了。所以，不管从什么方面看，生命长短的差别是很小的，它总会走到尽头，这个过程中我们要经历很多的烦恼，会遇到什么样的伴侣，最终会秉有什么样的躯体呢？总而言之，生命没有什么大不了的。回头看，时间一直在你的身后长着嘴巴，向前看，则是生命的永恒。然而在这个永恒之内，只活三天的婴儿和拥有长达三个世纪寿命的人是一样的。

51. 我们要走的是自然之道，而自然之道是最短的道路，这条道路是引导人们到最安稳地方的道路。只要我们下定决心，有坚定的意志，就可以免除烦恼和竞争，远离机巧和虚骄。

五

1. 在天亮的时候，如果你不想起床，是否就要这样想："我要起来，去做一个人的工作。"我的出生就是为了做那工作的，我就是为做那工作而来到世间的，那么现在就去做那工作又有什么可怨的呢？既然我是为了这工作而生的，那么我应该蜷卧在暖和的被窝里吗？"被窝里较为舒适呀。"那么你是生来为了享乐的吗？简言之，我且问你，你是被动的还是要主动有所作为的？试想每一细小的植物，每一只小鸟、蚂蚁、蜘蛛、蜜蜂，它们是如何辛勤工作，如何恪尽职守，以组成一个有序的宇宙。那么你可以拒绝去做一个人的工作吗？自然命令你做的事你还不赶快去做吗？"但是一些休息也是必要的呀。"这我不否认。但是根据自然之道，这也要有个限制，犹如饮食一般，你已经超过限制了，且已超过足够的限量了。但是讲到工作你却不如此了，多做一点你也不肯。

你不爱你自己，否则你一定也会爱你的本性，而且按照你的本性去做。别人因敬爱他们的职业而辛勤地工作，以至于废寝忘食，羸弱不堪。但是你却不尊敬你的本性，还不如金属雕刻匠之于雕镂，舞者之于舞术，守财奴之于他的钱袋，好虚荣者之于喝彩声；这些人，做事非常认真，以至于废寝忘食，所以才能因其兴趣而精益求精；但是你以为与社会有关的行为是少有价值的，并且还不值得注意吗？

2. 排斥抹杀每一恼人的或敌意的印象，然后立即进入圆满的宁静状态，那是多么容易的事。

3. 凡顺于自然天道的言行，你都要知道那是值得做的，不要被别人的批评、议论所左右。一项言行如属有益，便不要认为你不配去做，尽管别人自有他们的想法，追随他们自己的意向。但你绝不可视若不见，径直向前走，追随你自己的本性，亦即宇宙之道，二者根本是同一条路。

4. 我按照自然之道进行，直到有一天我便要倒下去，作长久的休息，把最后的一口气吐向我日夜所呼吸的空气中去，倒在父亲所从其获得谷类，母亲所从其获得血液，乳妈所从其获得乳汁的大地上：那大地一直给我以饮食；那大地任我践踏在脚底下，任我随意做各种的用场。

5. 你没有敏捷的思维可以令人称赞。就算是这样吧！但是有许多别的品质，你却不能说："那是我生来所没有的。"那么，表现一下你能完全掌控的那些品质，如诚恳、尊严、耐苦、朴实；不要怨命，要安贫知足，要慈爱、独立、节俭、严肃、谦逊。你看出没有，你现在大可以表现多少美德，无法诿诸先天缺陷或性格不合，而你却不肯尽力而为。难道你是被迫怨天尤人，贪得无厌、甘心奉承、糟蹋身体、胁肩谄笑、大言不惭、心神不定，只因你是天赋如此？天啊，不是的！你早已就能摆脱掉这一切了，如果有错，也是错在认识不清、认识太慢。这一点你应该凭着训练而加以纠正，不可忽略你的迟钝或自甘迟钝。

6. 有一种人，在施惠于人的时候，希望对方回报。另一种人，虽不作此想，但在内心总念念不忘对方是他的债务人，总觉得自己做了一件好事。但还另有一种人，则行若无事，犹如一棵葡萄树，一旦生出了一束葡萄，并不希望什么报酬，又好像是一匹跑完一段程途的马，一条追奔了猎物的狗，一只酿好了蜜房的蜂。他做好一件事，并不大呼小叫的，只是默默继续去做第二件，就好像葡萄树在适当的季节，再去生一束束的葡萄一般。

"那么一个人做事就应该这样的行若无事吗？"是的！不过他还是要明察自己所做的是什么事，因为一个真正有乐善好施品德的人，一定要注意到他的这种品德是否已付诸行动。"那么他一定也愿他的邻人知道他所做的事了。”你说的是很对的；但是你误会了我现在的意思；因此你也不免成为我上述的那些人之一，好像是推理正确，其实是误入歧途。不过你如果认为我刚才所说的话有加以理解的价值，无须疑虑，你会被诱导去忽略做任何有益之事。

7. 雅典人有一个祈祷：“亲爱的宙斯，下雨吧！在雅典人的田地和原野上下雨吧！”其实根本不必祈祷，而只需简单而高贵地活在当下。

8. 我们全都听说过：“爱斯鸠雷皮阿斯（罗马神话中之医神）曾为某人开出处方，要他练习骑马，或洗冷水澡，或赤足走路。”同样的，我们也正可以说，宇宙之道也曾为某人开出处方，要他生病，或肢体不全，遭受亲属死亡（的悲痛），或其他类似的事。因为就前者而论，所谓“处方”其意义是这样的：他指定某某要如此做，以适合于他的健康；就后者而论，则是每个人所遭遇的早已命中注定，以逢迎于他的命运。因为我们说的事情“落”在我们头上，犹如泥水匠将墙或金字塔上的大块方石“落”在各个位置上，按照建筑计划而彼此协调。简言之，一切事物均有和谐，宇宙即由一切物体集合而成一整体，所以命运即由一切的因缘集合而成一个总因；这道理即便是最不善思维的人也承认，因为他们说：“他是命该如此。”既然此人命该如此，也可说是此乃对于此人的处方。那么我们接受我们的命运吧！就像是我们接受爱斯鸠雷皮阿斯的处方一样；实际上，命运中也有许多“苦药片”，但是我们欢迎它，希望增进健康。

对于自然之道所认为的与你健康有益的种种安排，即应做如此想，一切发生的事纵然有些不大适合，也要表示欢迎；因为那是适合于宇宙健康的，并且也符合宇宙本身的安宁。他不会令某一个人遭遇某一桩事，除非那是对“整体”带来福利的。任何事物，绝不会把不符合其本身利益的任何事物，加诸其所控制的任何事物之上。

有两个理由，可使你安心接受你的遭遇：第一，那是为你才发生的，是给你的处方，是和你有某种关联的，是命运中的一条线索，而且是在当初由于最古远的因缘而特别为了你纺成的；第二，每个人的遭遇对于那控制宇宙的力量都是一种原因，可以增加其福祉，助长其完美，甚至促使其延续不断。如果你把它的缘因或部分的连贯性稍稍加以割裂，整体的完整性就会受到破坏。在抱怨的时候，你便是在尽力割裂它，使它归于破坏。

9. 如果你的行为偶然地没能从正义出发，你就无须遭受良心谴责，更无须沮丧不安；但是一度挫败之后，便不可重蹈覆辙，不可因大部分行为尚无差错而自满，更不可自暴自弃。不要回到哲学，像回到教师面前一样，要像是眼痛的人去乞灵于海绵与蛋白，要像是一个病人借助于膏药与敷涂，对于理性，你也应该这样地感到满足，同时也不要以服从理性而炫弄。不要忘记！哲学所要求的，正是你的本性所要求的；而你所要求的，却是违背于自然之道的。“是的，但是我所要求的正是快乐的极致。”唉！快乐使人灭亡，不正是因为这个缘故吗？请看下面这些是不是更为使人快乐：心胸宽广、卓立独行、朴素无华、慈悲为怀、生活圣洁；还有什么东西比智慧更能使人快乐，在你想去理解的知识上运用起来，是如何的准确与圆融？

10. 普通的事物也可以说是十分的神秘，很多哲学家，并且是非凡的哲学家，都认定是非他们所能了解的：甚至斯多亚派哲学家也认为难于理解。我们的感官印象都可能是错误的，谁能永远不犯错误？我们再观察一下客观的东西，它们是何等的短暂，何等的无价值！它们很可能是属于一个宠仆、娼妓或盗匪的资产；再看看和你一同生活的人们，连其中最有修养的都是令人难以忍受的，至于自己是否能忍受自己就更不必提了。

在这样的黑暗与龌龊的世界之中，物质与时间如此的不停地流动，一切的东西随着流动以俱逝，这其间有什么是真值得我们重视，并能激起我们的一点点野心的，我真看不出来。相反的，一个人应该怡然自得地等候着他的解体，并且不必因迫不及待而烦恼，要以下述的两个念头安慰自己：“一个是，凡是与宇宙自然之道相悖的事物，绝不会降在我的头上；

另一个是，凡是与神及我内心神明相反的事，我决不去做。”因为没有人能强迫我去做我反抗的。

11．“我现在是怎样支配我灵魂的呢？”永远要用这句问话质询自己，并且要这样反省：我自己的一部分是大家所谓“理性”的，而对于自己这一部分，是保持着怎样的一种关系呢？我所有的灵魂又是何等样的灵魂呢？是一个婴孩的灵魂？一个青年人的灵魂？一个女人的灵魂？一个暴君的灵魂？一个家畜的灵魂？一个野兽的灵魂？

12．大多数人所认为好的东西，究竟是些什么，你可以从下面的探讨中发现出来。如果一个人认定某些事物确实是毫无疑问的好，例如智慧、节制、公道、勇敢，有此定见之后他便不屑去听诗人所说的“只因他拥有财富——”；因为那是毫无关涉的。但是，如果一个人已决意追求一般人所认为好的事物，他便会倾听而且承认此一喜剧诗人的句子为恰当，这一分别，任谁都可以分辨清楚；否则，这一句话在前一例中便不会遭人厌恶，而我们却认为是有关财富及名利享受之适当的俏皮话。那么，进一步问，凡是可以利用诗人这句话“只因他拥有财富，以致无处可以安生”（引自米南德的一个残篇）来加以讽刺的人，其所拥有的事物，我们是否应认为是好的而加以推崇呢？

13．我是由因缘与物质而形成的，二者都不会破灭而归于无，因为二者都不是无中生有的。所以我的每一部分，将要经由变化而成为宇宙的某一部分，然后再变成为另一部分，以此类推，以至于无穷。我之所以存在，也就是靠这个变化的过程，我的父母也是一样的，如是向后推转，以至于无穷。这个说法是全然正确的，纵使这个宇宙是按着循环的劫期而安排的。

14．理性连同理性的艺术，在本身上及其工作上，都是自足的天赋。从固有的原则出发，向着目标诚直前进。所以这样的行为便名为正当的行为，表示其为循着正路而行的。

15. 不合于人的身份的事物，不可称之为人的；那些事物不是人所需要的，人性不包括那些在内；那些事物对于人性的完成亦无帮助益处。所以，人生的目标不可放在那些事物上面，帮着达成人生目标的方法（即所谓善）亦不可寄托在那上面。并且，如果任何这些事物是属于人的，他便不该蔑视而加以峻拒；如果他表示他不需要这些，此人便是不值得赞美的；如果这些事物是好的而他尚未具备，那么他也不能算是一个好人。不过，就事实而论，一个人越能摒弃或被剥夺这些以及类似这些事物，而能无所怨尤，他便越是一个好人。

16. 你时常怎样想，你的心灵便是什么模样，因为灵魂是受思想的熏染的。不断地用这些思想去熏染它：例如，在能生活的地方，便能生活得好；但是所谓生活乃是宫廷中的生活。噫！在宫廷里也能生活得好。再例如：一件东西，无论它是为了什么目的而被制造出来，总是要被带到那个目的去，它的终点即它所要被带去的地方，并且它的终点之所在亦即它的利益与它的好处之所在。对于一个理性动物而言，“善”即与人和谐相处。我们是为了和谐相处而生，这一点早已交代明白了。低级的是为向高级的服务，高级的也是为了服务彼此，这不也是很明显的吗？生物是比无生命的事物为高，有理性的是比仅有生命的为高。人唯一能被剥夺的只有现在。

17. 追寻不可能的事情近似发疯，但是要恶人不做这种事情是不大可能的。

18. 没有什么事情是一个人的天性不可接受的。当相同的事情发生于另一人时，要么因为没看见此事的发生，要么是其表现出的伟大精神使其保持镇定不受伤害。但是无知和欺瞒胜过智慧，其本身就是一种耻辱。

19. 事物本身不接触灵魂，甚至在最低程度上也不；它们没有容纳灵魂之处，不能扭转或推动灵魂，灵魂仅仅转向和推动自身，做出一切它认为适合的判断，这些判断是它为自己做出的，并能呈现它对事物的判断。

20．我是必须对人们行善，还是忍受他们，这方面最接近我的存在。但就一些人对我的恰当行为形成障碍时，人对我就变成了那些中性的事物之一，不亚于太阳、风或一头牲畜。确实，这些人可能阻碍我的行动，但他们并不阻碍我的感情和气质，而这些感情和气质具有限定和改变行为的力量。由于心灵把每一障碍扭转为对它活动的一个援助，以致那本是一个障碍的东西，变成对一个行为的推进，那本是一道路上屏障的东西，却帮助我们在这条路上行进。

21．尊重宇宙中最好的东西，这就是利用和指引所有事物的东西。同样，也要尊重你自身中最好的东西，它具有跟上面所说的同样的性质。因为那利用别的一切事物的东西也在你自身中，你的生活受它指导。

22．不损害国家的事情，也不会损害公民。所有看来是有害的现象都应用这一规则：如果国家不受其损害，那我也没有受到损害。但如果国家被损害，你不要对损害国家的人愤怒，而是向他展示他的错误。

23．经常想想存在的事物和被产生的事物，变化和消失得多么迅速。因为实体就像一条湍急流动的河流，事物的活动处在不断的变化之中，各种原因也在无限的变化之中起作用，几乎没有什么是保持静止的。考虑接近于你的东西，所有事物都消失于其过去和未来的无尽深渊。那么，自得于这些事物，或为它们发愁、把自己弄得很悲惨的人，不是很傻吗？因为这些事物仅仅会烦扰他一段时间，一段短暂的时间。

24．想想普遍的实体，你只占有它很少的一部分；想想普遍的时间，你只分到它一个短暂和不可分的间隔；想想那被命运所确定的东西，你是它多么微不足道的一部分啊！

25．别人对你做了错事吗？让他去注意它吧。他有他自己的气质，他自己的活动。我现在有普遍的本性要求我有的，我做我的本性现在要求我做的。

26．让你的灵魂中指导和支配的部分，不受肉体活动的扰乱吧，无论是快乐还是痛苦；不要与它们统一起来，而是让它自己限定自己。让那些感受，局限于它们自身，而不影响灵魂。而当这些感情通过那自然存在于作为一个整体的身体之中的别的同情，出现于心灵之中时，你绝不要拼命抵制这感觉，因为它是自然的，不要让自身的支配部分对这一感觉加上认为它是好或是坏的意见。

27. 和神灵生活在一起时便要不断地向神灵表明灵魂满足于分派的东西，表明他的灵魂，做内心的神（那么是宙斯作为他的保护和指导而赋予每个人自身的一份）希望他做的一切事情的人，是和神灵生活在一起的。这就是每个人的理解力和理性。

28. 你对患有狐臭的人反感吗？你对患有口臭的人排斥吗？你怎样善待这些人呢？他有这样一张口，他有这样一个腋窝，这种气味来自这些东西是很自然的。——但据说他有理性，如果他用心想一下，他能发现他为什么冒犯了别人。我希望你满意你的发现。那么，你也有理性，用你的理性能力来刺激他的理性能力，指明他的错处，劝诫他吧。因为如果他肯听，你将医治他，但没有必要生气。你非悲剧演员亦非妓女……

29. 正像你将死去时，却对生恋恋不舍……所以，生活是在你的力量范围之内。如果人们不允许你这样，那么就放弃生命吧，并仍表现得仿佛你没有受到任何伤害。如果这屋子烟雾弥漫，我便离开。但你为什么认定这是苦恼之事呢？只要没有什么东西迫使我出去，我就留下，自由自在，无人阻止，做我心中想做之事，我愿意做符合理性与社会动物本性的事情。

30. 宇宙的理智是社会性的。所以它为高等的事物创造出低等的事物，并使它们与高等的事物相互适应。你看到它怎样使高下有序，相互合作，分配给每一事物适当的份额，把它们结合到一起，使之与最好的事物和谐统一。

31. 你将如何表现，对待神灵、你的父母、兄弟、孩子、教师、那些从小照顾你的人、你的朋友、同胞以及你的奴隶呢？要考虑你是否要以这样一种方式表现你自己，让人民如此评价你：一个在行为或语言中不犯错误的人。

你需要回忆你经历过多少事情，你忍受了多少困苦，当你的生命与服务在此刻终止时，你见过了多少美丽的事物吗？你又不屑过多少快乐与痛苦？你拒绝了多少所谓光荣的事件？你对多少坏心肠的平庸之辈表达过善意？

32．有能力和有知识的人怎么会被无能和无知的灵魂干扰呢？那么什么样的灵魂是有能力和有知识的呢？即：知道开端和结尾，知道隐含在整个实体和在全部时间中，以确定的时代（变革）管理着宇宙的理性的灵魂便是有知识有能力的灵魂。

33．很快，你将化为尘土，抑或一具骷髅、一个名称，甚至连名称也没有，而名称只是声音和回声。生活中被高度重视的东西是空洞的、易朽和琐屑的，像小狗一样互相撕咬，小孩子们争吵着、笑着，然后又马上哭泣。但忠诚、节制、正义和真理却能从宽广的大地飞向奥林匹斯山。

如果感觉的对象是容易变化的，从不保持静止；知觉器官是迟钝的，容易得到错误的印象；可怜的灵魂本身是从血液的一种嘘气，那么还有什么使你滞留在此呢？是为了在这样一个空洞的世界里有一个好名声？那么你为什么不安静地等着你的结局，不论它是死亡还是迁徙到另一国家呢？直到那一时刻来临，怎样才是足够的呢？难道不就是崇敬和赞美神灵，对人们行善，实行忍耐和节制；至于那些在可怜的肉体和呼吸之外的一切事物，要记住它们既不是属于你的，也不是你力所能及的。

34．如若你能正确地行走、思考和行动，你就能够在幸福中平静地度过你的一生。这对于神与人的灵魂，对于理性灵魂都是共通的。不要受别的事情干扰，好好地坚持正义，实行正义，如此，你便能消除你的欲望。

35．如若这不是我做的恶，也不是因我做的恶引发的后果，公共福利也不受影响，那么我为什么要苦恼呢？什么又是对公共福利有所损害呢？

36. 不要不加考虑地被事物的现象牵着鼻子走，而是要根据你自己的能力判断是否合适而给所有人帮助；如果他们遭受物质上不必要的损失，不要将其视为损害。这其实是一种坏习惯。但当一位老人离去时，回顾他抚育孩子的巅峰时期，记住这是巅峰时期，你在这种场合里也要这样做。

当你在讲坛上呼唤时，你忘记了你讲的是些什么吗？它们是人们强烈关心的吗？你自己也要这样愚蠢地对待这些事物吗？我曾是一个幸运十足的人，但我最终失去了我的幸运，不知道怎么办。但这幸运意味着一个人给自己增添了一种好运：一种好运其实就是灵魂、好的情感和好的行为的一种好的配置。

六

1. 宇宙的本质是驯良而柔和的；控制宇宙的理性是无意为恶的。因为它没有恶，不为恶，也没有任何事物受它的害。而且一切事物都被育化而生，并且按照它的指导而达成它们的任务。

2. 要同样地尽你的责任，无论你是冻得发抖或是温暖，昏昏欲睡或是精力充沛，被人毁谤或是赞美，正要死去或是做其他的事。因为要死也是人生中的一件事，所以做这一件事的时候也要做好当前工作。

3. 由表及内地看，不要忽略任何一件东西的特质或价值。

4. 一切客观的事物不久即将变化，或是升华而成为宇宙本质，如其真有那种本质；或者就是灰飞湮灭了。

5. 那控制一切的“理性”，知道它自己的意向、它的作为，以及它工作所需的媒介。

6. 最好的报复方法便是勿效法敌人。

7. 只可在一件事上取得快乐与安息——行善又行善，全心地想念着神。

8. 控制一切的“理性”，能自动亦能转变，能随意使自己成为任何形状，亦能使任何发生的事物，好像即它所希望的。

9. 每一件事物的完成，都是依照宇宙的规律。因为一定不是按照任何其他的道理而完成的，既不可能是包含着宇宙的外在的道理，亦不可能是被宇宙包含在里面的道理，更不可能是这两者之外的独立的道理。

10. 宇宙或是一团混沌、杂乱无章，或是一个单一体，有规律、有主宰？如果前一说为是，为什么我会愿意居住在这样偶然的混乱里面呢？除了终有一天要“归于尘埃”之外，还有什么别的事值得令我顾虑呢？为什么要烦恼呢？无论我要如何，终有一天会归于幻灭。如果后一说为是，我只好虔诚礼敬，脚踏实地地信任那控制一切的力量。

11. 当环境似乎强迫你烦恼不安的时候，赶快敛神反省，切勿不必要地一直停留在那不和谐的状态之中。不断地返回到内心和谐的安静，你便可得到更大的控制力量。

12. 如果你同时有一个继母和一个亲娘，你会相当地孝顺你的继母，但是你会时常地投入你的亲娘的怀抱。朝廷与哲学现在便是你的继母与亲娘。要时常地回到亲娘那里去获得你的安宁，这样你便可以较能容忍你的朝廷生活，你的朝廷生活也可以较能容忍你。

13. 每当进食时，我们不免要想，这是一条鱼的尸体，这是一只鸟或猪的尸体；这白葡萄酒不过是一束葡萄的汁浆，这紫袍不过是在蚬血里染过的羊毛；所谓性交，亦不过是体内的消耗和一阵阵地分泌黏液而已——看穿了一切事物的本来面目，一切不过如此，你一生便该永久保持这种警觉，一切事物都好像非常美妙动人，要把它们剥得赤裸裸的，看看它们真实的可怜相，剥去它们的传统的尊严。因为外貌最善骗人，其实当你自以为正在从事有价值的事情的时候，可能你受骗最烈。无论如何，想一想克拉蒂思（克拉蒂思是公元前4世纪底比斯的一位犬儒学派者）关于赞诺克拉蒂斯（赞诺克拉蒂斯是科尔瑟丹人，公元前396—前314年，哲学家。克拉蒂斯对他所说的是什么话，不详）所说的话。

14. （在这个世界上）有些东西忙着出生，有些东西忙着消逝，而有些正在出生的东西，其中的某些部分则同时已经凋谢。流动变迁使得这个世界长新，恰似那永无间断的时间的进行，使得万古长新。在这川流不息之中，一切的东西都从我们身边旋转飞过，没有片刻停留；其中有什么东西值得令一个人那样珍视呢？那和一只身边掠过转瞬消失的麻雀发生恋爱毫无异致。事实上，人的生命本身只是血气的蒸发和空气的吸入。我们每一刻都在吸一口气到肺里然后又吐出来……人生亦然，昨天或前天你在生时禀受了吸气的本领，有一天你又把它放回到它原来的地方。

15. 我们所该珍惜的，不是内部蒸发作用，像植物所有的那样；也不是呼吸作用。那是我们与牛羊野兽所同有的；不是经由感官而获得的印象，不是我们被冲动所牵引，犹如傀儡一般，不是我们的合群的本能，也不是我们营养的需要，因为那不过是排除我们的食品的废料。

那么该珍惜的是什么呢？鼓掌吗？不，也不是喝彩，因为大众的赞扬正无异于鼓舌，所以无聊的名誉是不值一顾的，还有什么可珍惜的呢？我的想法是这样的：我们的举止，应以我们自己的生活体质所需要的为限，一切的职业与技艺均应以此为目标。因为每一种技艺的目的便是，每一件东西之制作必须适合于其所预备担任的工作——种葡萄的人之照顾葡萄；训练马的人、养狗的人，都是如此，照管儿童与教育方法，也抱着这样的目标；可珍惜的东西即在于此！

一旦有此决定，你将不再有其他要求。你不能停止珍视其他许多东西吗？那么你便不能获得自由，不能知足，也不能不为欲念所动。因为你必定是要充满了艳羡嫉妒之情，猜疑那些能夺去你这许多东西的人们；对于拥有你所珍视的东西的人们，你也不免会动阴谋邪念。简而言之，如果一个人还需求那些东西，其心里必定不能和谐安宁，而且有时还要向上天抱怨。但是如果你珍视你自己的心灵，则必能怡然自得，与世无争，与天神和谐；换言之，感激上天的一切给予与安排，这才是你该珍惜的！

16. 在上面、在下面，元素在团团转，但是美德的活动却不在这里面。那是些较为神圣的智慧真理，在沿着一条神秘的途径安然前行。

17. 人的行径好奇怪！一般人都吝于称赞跟他们同时的人和他们的伙伴，而他们自己却非常注意后人的赞美；所谓后人，是他们从未见过的或永远见不到的人。这与你因前人未称赞你而感到悲哀并无二致。

18. 你自己觉得某一件事颇为棘手，但不要认为别人也必无法处理；不过任何事，凡是一个人可以做到的，而且是合于人性的，你要认为你自己也可以做。

19. 假设在竞技场上，一个比赛者用他的指甲划破我们的皮肤，并且用他的头猛撞我们一下，我们不会抗议，也不会生气，更不会疑心他将来要害我们。可是我们还要随时注意他，不是拿他当作敌人，也不是对他怀着疑忌，而是善意地躲避他。在生活中的人际互动里，你也应该采取同样的态度；人与人相处就像是参加竞技一样，我们需要多方容忍。躲避永远是可以办到的，应既不猜疑亦不嫉恨。

20. 如果任何一个人能切实地证明“我的某一想法或某一行为是错误的”，我将改过而且感激他。因为我寻求的是真理，没有人能为真理所伤害。但是一个人若执迷不悟、有过不改，则真是受伤害了。

21. 我尽我的责任，其他在所不愿。因为那些不过是没有生命的，没有理性的，或误入歧途的。

22. 对于没有理性的生物，以及一切情况和客观事物，你要保持慷慨仁慈的态度，因为你有理性而它们没有。但是人是有理性的，所以更要以友爱的态度待它们。在任何时候都要求助于神，不要以下述的疑问来烦恼自己：“我这样做下去还要做多久呢？”因为能这样做，只要几小时也就足够了。

23. 马其顿人亚历山大和他的马夫被死亡送到了同一境界，不是同归于宇宙之原始的理性，便是同被散播到原子群中间。

24. 试想在一瞬间有多少事情发生？或与我们的身体有关，或与我们的灵魂有关；所以不要诧异，如果有更多的事物同时存在，更别说存在于宇宙整体内的一切事物了。

25. 想一想，于看不见的同一时间里在我们每一个人身上发生了多少事——这些事关涉我们的肉体和灵魂——那么你就不会为更多的事甚至所有的事都同时存在于我们称之为宇宙的空间里而感到惊讶了。

26. 如果有人问你："安东尼这个名字怎样写？"你是不是要用力地把每个字母说出来？如果他发脾气，你是否也会发脾气？你会不会温和地再把每个字母说一遍呢？人生亦是如此，每一项责任乃是若干烦琐细节的总和。必须注意那些节目，摆在你前面的那些节目必须要系统地逐项去做好，别人对你发怒而你必须沉着应付，不可报以愤怒。

27. 不准许人们追求他们心目中认为适意而有益的事物，那实在是太难以接受了！可是你因为他做错事而愤懑的时候，就会不准他这样做。无疑，他们是情不自禁地去做他们认为适意而有益的事。"但是他们是错误的"。那么，就教导他们、启迪他们，而不要愤懑。

28. 死是从感觉印象中获得解放，也是从使我们成为傀儡的冲动中获得解放，也是从对肉体所服的劳役中获得解放。

29. 在生活中，灵魂先于肉体屈服，那是一件耻事。

30. 当心不要变成下一个恺撒，也不要沾染那种色彩，因为有那种可能性。所以你要自勉为一个单纯而善良的人，纯洁、严肃、平易、爱好公道、敬畏天神、宽厚、仁爱、勇于负责。永远要努力保持哲学所要把你熏陶成的典型，敬神而爱人；人生苦短，留在世上，只有这个是唯一的收获——虔诚的性格与仁爱的行为。

31. 凡有所为，就要像安东尼的信徒（此安东尼是指他的继父安东尼·派厄斯）那样。要记住他是如何坚定不移地做一切合于理性的事——他的无例外的公平，他的虔诚，他面目的严肃，他性格的和蔼，他的轻视浮名，他热心于真实了解一般的事物。在未彻底考察与清晰了解以前，他绝不轻易放松一件事，有人对他无理挑剔，他一律予以容忍，绝不反唇相讥，他永远从容不迫；他不听信谎言；他考验人的品格与行为是如何的审慎周详；他不怪罪别人，他不怯懦、不多疑、不是诡辩者，在房屋、床寝、衣服、食物、仆婢，各方面是多么简单朴素；他多么喜爱工作，多么吃苦耐劳。由于饮食简单，他能从早到晚地工作，除了正常的时间之外不需要任何休息；对朋友他是何等的忠实，而且长久不渝；对公然反对他见解的人他能忍耐，若有人能指出较佳的见解，他是多么欢喜；他是多么敬畏神明而又不迷信。注意这一切，你临终时便会和他一样心地光明而宁静。

32. 再醒来一次恢复你的知觉吧！你会发觉困扰你的原是一场梦幻，那么你现在就快醒醒吧！面对现实，就如同你曾面对梦境那样。

33. 人由躯体和灵魂两部分组成。对于躯体，一切事物是不相干的，因为它不能和那些事物有任何关涉。但是对于心灵，只有非由其本身活动而成的事物才是无关涉的，而一切由其本身活动而成的事物则又在其本身的支配下。虽然如此，也只是与现在的事物有涉；至于过去与未来的心灵活动，则又立刻是属于不相干的事物了。

34. 手或脚酸痛并不能算是破坏了自然之道，只要脚还能做它所该做的工作，手也能做它的工作。同样的，苦痛对于一个人，当作为一个人来看时，也不能算是一件不自然的事，只要他还能做一个人所该做的事。既不是不自然的，那么也就不能算是一种罪恶。

35. 你一定注意过，一个有技艺的人，在一定程度上是可以对“外行人”让步妥协的，但是他的技艺之基本原则是一定会坚持的，绝不能有丝毫偏差。建筑师、医师对于他们本行的基本原则都非常尊重，一个人对于“与天神所共有的”他自己的理性，反而不知尊重，那不是怪事吗？

36. 亚细亚、欧罗巴，不过是宇宙的一角；整个的海洋不过是宇宙的点滴，阿陀斯山（爱琴海北部的一个山岬）不过是其中的一块泥土；现在不过是永恒中的一点；一切事物都渺小得很，这样容易改变，那样更容易消灭。

任何都源自一个头——从那主宰一切的宇宙理性而来，或是直接地从那里发生出来的，又或是间接的结果。所以狮子的巨嘴、毒物，以及一切讨厌的东西如荆棘与泥泞，都是雄伟与美丽的东西的果。不要把这些东西看作与你所崇敬的东西截然不同，应该回心想念那万物同一之源。

37. 一个人看出现在是什么，便是看出了自亘古以来的一切，以及至于永恒的、将来的一切；因为一切事物皆是同一来源、同一面目。

38. 要常常地冥思宇宙间一切事物的亲密的结合与相互的依存，因为一切事物都是互相牵连的，因而一切事物也就彼此相爱。这些事物彼此之间是有因果关系的，由于它们的收缩与扩展的动作，融贯其间的共感共鸣以及一切物质的统一性。

39. 适应你命中注定的环境，爱你命中注定所要遭遇的人，而且是要真心地爱。

40. 如果能达成创造它时所要达成的任务，每一工具、器械或器皿，都是好的。虽然原创造者不在身边，但是与自然合二为一的东西，创造的力量就在其中，而且常驻于其间。所以你应该格外尊崇它，并且要了解如果你的生活与行为都能与它相符合，则一切称心如意。同样的，宇宙万物亦可使它称心如意。

41. 凡是你自己所无从选择的事物，恰好你又认为其中某一件对你是好的，某一件对你是坏的，那么一旦遭遇了一件坏事或错过了一件好事的时候，你不可避免地要怨天尤人，认为那必是或可能是致祸之由；而事实上常常是我们自己犯了错误，因为是我们自己硬把价值观念加在事物上面。如果我们分辨善恶，只在对于我们自己所能控制的事物而言，则我们就不会有机会去怨天尤人了。

42. 我们都是想要完成一个目标的共同工作者；有些人是有意识和有

知识的，另有些人是盲目的。我想希拉克利特斯说得好："人就是在睡着的时候也是工作者"，是这世界中一切正在进行中的事物的共同执行者。一个人协力做这件事，另一人协力做那件事，一个人即使是在口出怨言，企图妨碍，或者从事破坏，他也是在大量地协力帮忙；因为宇宙也需要这样的人。你自己是哪一类工作者，由你自己决定。主宰宇宙的神明，在任何情形之下都会好好地利用你的，并且在共同工作者之间给你一个位置。但是要注意，不要成为克利西波斯所提起的那种猥琐而滑稽的剧中角色［克利西波斯（公元前280—前207年）是斯多亚派系统哲学之创立者，他所说的与此有关的话曾被普鲁塔克记载在他的《德·康缪尼巴斯·诺提提斯》里："诗人们把荒谬的笑话写进他们的喜剧里，其本身固然琐屑不足道，但对于整篇作品却带来一种美妙。同样的，罪恶本身固属可厌，但对于非罪恶的部分仍然有其用处。"］。

43．太阳会担任起降雨的任务吗？医药之神会担任起五谷之神的任务吗？各个星辰又是如何呢？他们是各有千秋，还是莫衷一是、同赴一个目标呢？

44．如果天神为了我及我所遭遇的一切都做过一番打算，无疑，他们打算得很好；因为天神而无智慧，那是难以想象的事，并且他们怎么能蓄意害我呢？这样做对他们以及他们所特别眷顾的宇宙又有什么好处呢？如果他们对我个人并未做任何特殊打算，但至少为了宇宙的利益总是做过一番打算的，我也应该欢迎，并且充分利用与这宇宙利益有必然关系的一切事物；但如果他们根本并未做过任何打算，这是一个很不虔敬的想法——老实讲我不必再做任何献祭、祈祷与誓约，凡是承认神与我们同在的一切表示也可不必做了。果真如此，虽然神不为我们打算，我还是可以为我自己打算的，我要为自己的利益而考虑——凡合于各人的体格与性格的，都是合于自身利益的；不过我的本性是理性的、合群的：我是安东耐诺斯，我的城市与国家便是罗马；作为一个人，则全世界是我的家。对于这些组织有益的事，也只有这些事，都是对我有利的。

45. 个人所遭遇的一切，都是对于整个宇宙有益的，这话当然不错；但是更细心地观察一下便可发现，一般而论：对于一个人有利的，对另一个人也是有利的。不过所谓的“利益”一词应从广义解释，因为它也应用在一般非善非恶的事物上。

46. 剧场或类似的地方以同样的节目上演，日久便令人生厌，整个的人生亦必有同样的效果。因为从上至下，一切的一切都是些同样的东西或同样东西的结果，可是每一个人的人生又会有多久呢？要时常记取：各种各样的人、各种行业的人、各个民族的人，最终都会死去；要总是想到菲利斯西恩、菲伯斯与欧瑞噶尼恩（这三个人最近才过世）。

47. 现在再想想其他的人。我们最后必须要经过一个许多人都经过的边界，许多动人的雄辩家、许多严肃的哲学家、希拉克利特斯、皮塔哥拉斯、苏格拉底也都去了，许多古代英雄、许多战士、许多后来的暴君，此外还有欧多克斯，希佩克佩斯，阿基米德（欧多克斯，公元前4世纪著名天文家。希佩克佩斯，公元前2世纪“天文学之父”。 阿基米德，公元前287—前212年，古代最著名的数学家）及其他杰出的天才、慷慨的豪杰、辛劳的工作者、多才多艺者、意志坚强者，甚至对于这短暂易毁的人生加以嬉怒笑骂者，如曼尼波斯（犬儒学派哲学家）及其他，关于这些人，要想想他们早已长眠历史。还有什么能伤害他们？至于无声无息的无名之辈，更有什么能伤害他们？尘世间只有一桩有价值的事——在真理、公道下，及对说谎者和不义的人们之一片慈祥中安然度过一生。

48. 你如果想鼓起欢欣的心情，那你可以想想你的伙伴们的优点；例如，这一个精力过人，那一个谦逊有礼，另一个慷慨好施，还有一个另有特点。和我们生活在一起的人，将他们的性格上反映出来的美德尽量地呈现在我们眼前，那乃是最令人愉快的事；永远要把这些印象留驻在你的眼前。

49. 你并不会因为体重不及300磅而烦恼，是不是？那么，想到你只能活若干年而不能再多，为什么要苦恼呢？因此对于所能得到物质的数额感觉满意了，那么对于时间的限度也可以知足了。

50．（对于某些人）先要试着劝说；纵使大家都不赞成，你仍然要遵从公道的精神旨意那样去做。如果有人以武力阻止你，你也要保持宁静而不愤懑，并且利用这一次阻碍去展示另外一种美德，要记住你的企愿是要受环境限制的，你的目标本不是去做那不可能的事。什么是你要做的呢？就是要感觉到你一直深怀的那个企愿。（如果那样的话）在这一点上你已经成功了，在我们所能选择的范围以内的事已经实现了。

51．喜好虚名的人是认定“别人的行为便是他自己的幸福”。爱好享乐的人是认定“他自己的感觉便是幸福”，但是拥有智慧的人则认定“自己的行为才是他的幸福”。

52．我们不要因对一件事物无意见而自行苦恼，因为自然并未赋予那件事物以任何权力来强迫我们下判断。

53．训练你自己“细心听取别人讲话”，尽可能地深入他的内心。

54．对于蜂群无益的事，不可能对于一只蜜蜂有益。

55．如果水手们骂舵手，或是病人骂医师，他们心中还能有什么别的事？除了那个人应如何确保全船的安全或获致病人的健康。

56．和我一同进入这个世界的人，有多少已经离去！

57．对于黄疸病患者，蜜是苦的，患恐水病者见了水就怕；对于儿童，一只球便是宝贝。那么为什么要发怒呢？你是否以为错误判断之对于一个人，比胆汁之对于黄疸病患者或病毒之对于恐水症患者，为一力量较弱的因素呢？

58．没有任何人能妨碍你按照你的本性去生活；没有一件违反宇宙自然之道的事情会落在你的头上。

59．一般人想要巴结的人，他们想要获得的目标，他们所使用的手段——想想这一切的性质！时间多么快就要把一切吞没！它已经吞没了多少事物！

七

1. 何为“恶”？所谓的“恶”是你每时每刻都能见到的。请无论在什么情况下将其牢记在心。你将发现这样的事情在每个你所到之处，因为这样的事从有历史以来就不曾消灭过，它充斥着现在的城市和家庭。所谓的新东西只是指所有熟悉的、短暂的事物罢了。

2. 除非那象征我们原则的思想火苗熄灭，否则我们的原则绝不动摇。但是把这些星火思想扇成旺盛的思想火焰是你力所能及的。如果对任何事情我都能有自己的见解，我就不会烦恼了。我的心灵与外界之物没有任何关系。如果让这成为你的感情状态，那么你就能坚定地站立。因为你生命的恢复在于你能用过去惯常的眼光看待事物。

3. 骄傲就是你的职责！对于这些无意义的展览，舞台上的表演，羊群，兽群，刀枪的训练，一块投向小狗的骨头，一点儿丢在鱼塘里的面包，蚂蚁的劳作和搬运吓坏了老鼠的奔跑，只是你表现出的一种好的幽默。要知道每个人都是有价值的，就像他做的一切事情都是有价值的一样。

4. 在任何谈话中，你都应注意所有人说的话，做任何事都应三思而后行。因为在有些事里应当注意它所指向的目的，而在另一些事里又应当观察事物所表示的意义。

5. 对于一项工作，如果我能胜任，那么我将尽我所有的才华将其做好、做到极致。如果我不能胜任，那么，我会放弃这一工作，把它让给能够较好地完成它的人来做；或者我尽可能好地做它，并接受一个人的帮助——他能借助于我的支配原则做对公共利益有用的事。因为无论是我做还是另一个人做，都应当对社会有用和适合于社会。

6. 有多少人在得到赫赫威名之后被人遗忘，又有多少人在称颂别人的威名之后亦与世长辞。

7．被别人帮助并不是一件羞愧的事，像战场上的突击战士相互掩护互相帮助一样，因为那是他们的职责所在，也只有相互帮助才能幸免于难。因此，当因为瘸拐的你不能自己走上战场，而需要一个人的帮助时，你会怎么办？

8．不应让没有发生的事将自己困扰，因为一切事物都是发展变化的，而变化的结果却在于我们现在的所作所为。因此，我们应该积极面对当前的事，对未来的事要充满信心，带着理性走向它们！

9．一切的事物在其内部或外部都是相互连接的，几乎没有一个事物与任何其他的事物都没有联系。因为事物之间都是合作的，它们的相互结合正好形成了一个有序的宇宙整体。因此，有一个由所有的事物所构成的宇宙，就有一个遍及所有事物的神、一个对所有有理智的动物统治的王者。

10．一切质料的东西都会在作为整体的实体之中慢慢消失；一切形式（原因）的东西也将渐渐地回到宇宙的理性之中；而一切事物的记忆也将会在时间的洪涛中淹没。

11．理性的动物天生具有不同于其他动物的本性和理智。

12．除非你自愿直立，否则就会被扶直。

13．各分散的理性存在是统而为一的，正像某些物体中的各个成分是统一体的一部分一样，他们是因为一种合作而构成的。如果经常告诉自己说我是理性存在体系中的一员，那么你将更清楚地察觉和明白这一点。但如果说你只是一个部分，那么你就是还没有从内心去热爱人们；你就是还没有从仁爱中得到欢乐；因此，你还只是在将行善作为一件合宜的事情来做，尚未把它看成对自己行善。

14．如果可以，就让从外部降临的事情落在能感觉这降临效果的部分。因为如果那些感觉得到的部分愿意，它们将要抱怨，但是，除非我认为发生的事情是一种恶，我不会受到伤害。而不这样认为是在我的力量范围之内的。

15．不管别人做什么或说什么，我还是以前那个带着善的我。正像黄金、绿宝石一样，无论在什么时候、什么地点都散发着金黄的光芒和绿幽的色彩，不被周围的事物影响。

16．支配的能力并不打扰自身，我的意思是：不吓唬自己或造成自身痛苦。但如果有什么别的人能吓唬它或使它痛苦，那就让他这样做吧。因为这一能力本身并不会被它自己的意见带向这条道路。如果身体能够，让它自己照顾自己不受苦吧，如果它受苦，就让它表现出来吧。而这容易受到恐吓和痛苦的灵魂本身，完全有力量对这些事形成一种意见的灵魂，将不受任何苦，因为它将不会偏向这样一种判断。指导的原则本身除了需要自己之外，再不要任何东西，所以它是免除了打扰，不受阻碍的，只要它不扰乱和阻碍自己。

17．幸福是一个好神或是一个好事物。它常常让人幻想，所以有时当它来时，我会恳求它尽快离去，因为我不要幻想。但幸福是按它的老办法来的，我不生它的气，而只是要它离去。

18．变化会让人害怕吗？但是没有变化，哪来的发展呢？又怎么能使宇宙本性更愉悦或更适合呢？木柴不经历一种变化，能将水加热来洗澡吗？食物不经历一种变化，你能得到营养吗？没有变化，其他任何有用的东西能够形成吗？不能！就像对于宇宙本性来说，需要变化才能向更完美的方向发展。

19．所有通过宇宙实体的物质就像通过一道急流，它们按其本性与整体相统一，在不断地变化发展着。时间已经吞没了许许多多的克里西普、苏格拉底、埃庇克太德，让我们以同样的思想来看待每一个人和每一件事吧。

20．最让我苦恼的事是唯恐自己做出作为一个人不允许的事情，或者是在不恰当的时候做出不应该做的事。

21．只有真心地对别人好，别人才有可能也同样对你好。

22. 爱是人特有的本性，甚至于那些做错事的人也同样有爱。爱就是当他们做错事的时候，你会想到他们是你的同胞，他们是因为无知才做错事的。

23. 在宇宙实体之外的宇宙本性，就仿佛实体是蜡，现在塑一匹马，当它打破时，用这质料造一棵树，然后是一个人，然后又是别的什么东西，这些东西每个都只存在一个很短的时间。而对于容器来说，被打破对它并不是什么苦事，正像被聚合对它也不是什么苦事一样。

24. 如果我们的人生观不同了，我们的价值取向不同了，我们对待事物的看法也就不同了，从而一些新的事物自然也会产生。

25. 有时候，我们需要换位思考一下，特别是对待那些做错事的人，我们不要用别人的错误惩罚自己，退一步，不光是对别人的包容，更是对自己的宽恕。

26. 不要老想着你没有的和已有的东西，而要想着你认为最好的东西，然后思考如果你还未拥有它们，要多么热切地追求它们。同时无论如何要注意，你还没有如此喜爱它们，以致使自己习惯于十分尊重它们，这样就不会使你在没有得到它们时感到烦恼不安。

27. 我们要做真正的自己，让我们真正地支配自己，这样，我们才会静下心来做好每一件事。

28. 不要乱幻想，不然它将带领我们走向万丈深渊，我们在做每一件事情时，都要切合实际，不要盲目动手。

29. 我们的话在说之前，一定要经过大脑的思考，这样它才能体现我们心中之意。

30. 在法治社会的时代，我们要想做一个良好市民，就要守法；要想成为一个对社会有用的人，就要朴实、谦虚、有爱心。

31. 死亡是一种象征，是一个生命的结束，也是一个生命的再生。

32. 痛苦也有一个度，如果它超过我们身体所忍受的，那它就会打败我们，如果那是我们所能够忍受的，它终究覆灭。

33．大江后浪推前浪，一山总比一山高，旧事物终将被新事物取代，新事物必将覆盖旧事物。

34．死，对于那些把一切看得很透的人来说，并不能用善恶来形容，而是人类必经之过程。

35．任何事都有两方面的影响，只做我们做认为正确的事，且不违背我们的良心，就够了。

36．人有时就是那么的不如意，总是在需要平静、节制时，而不得自已。

37．我们不要让环境影响到我们、操控我们的心情。

38．一心想到那些千秋万代的事物，便会使我们心旷神怡，豁然开朗。

39．人活着，就要勇于创新，对每一件事都要竭尽全力，活出精精彩彩的自己。

40．上天自会庇佑那些他该庇佑的人，连上天都不庇佑的人，将是一个该自省的人。

41．人一生下来，就具备善与正义。

42．哭泣只能使我们变得更自卑，感性只会是我们理性思考的绊脚石。

43．我们想正确地看待一个人，就要看他平时所做的事是否做得妥当、是不是善意之举。

44．我们要活在当下，努力做好分内之举，这样我们才能活得自怡。

45．要想活得长久，我们就要拯救自己，摆脱生命的束缚，我们要相信女神的存在，相信命运的存在，但只有过好现在所拥有的时光，我们才会活得长久。

46．人活在世上就要不断地改变，只有随着时代的变化，以旧换新，我们才不会滞留不前。

47．我们要想谈论别人，就要从各方面说起，正确看待他人，辩证思考，才能审时度势，全面看待，以求用别人的错误告诫自己，用别人的成功启发自己。

48．想想过去，政治霸权变化巨大，你也可以预见将要发生的事情。因为它们的形式是相似的，它们不可能偏离失误发生的秩序轨道，因此思考四十年的人类生活就跟思考一万年的人类生活一样。你怎么能看到更多的东西呢?

49．那些从地里生长的东西要回到地里，而那些从神圣的种子诞生的，也将回到天国。这要么是种子的相互结合的分解；要么是无知觉的元素的一种类似的消散。

50．不要带着食物、酒和狡猾的魔术，蹑步通过狭道想逃脱一死，而天国送出来的微风，我们必须忍受，且无抱怨地忙碌。

51．一个人可能更善于摔倒他的对手，可是他不是更友善和谦虚；他没有得到更好的训练来应对所有可能发生的事情，也没有更慎重地对待他邻人的过错。

52．在任何工作都能按照神和人的理性完成的地方，没有任何东西值得我们害怕，因为我们能够通过那些按我们的结构成功并继续进行的活动使自己得益，而在这种地方，是不会有任何伤害的。

53．在任何场合，这些都在你的力量范围之内，虔诚地默认你现在的条件；公平地对待你周围的人；努力地完善你现在的思想技艺，未经好好考察，不让任何东西潜入思想之中。

54．你不是要去四处发现别人的指导原则，而是要去关注那引导你的本性，注意那些通过在你身边发生的事而表现出来的宇宙本性和通过必须由你做的行为而表现的你的本性。而每一件都应当作合乎它结构的事情，所以它物都是为了理性存在物而被构成的，在无理性的事物中，低等事物是为了高等事物的存在而存在的，但理性事物是彼此为了对方而存在的。

那么在人的结构中，首要原则就是友爱。其次是要不屈服于身体的引诱。因为身体只是有理性者和理智活动确定自己范围的特殊场所；不要被感官或欲望压倒，因为这两者都是动物的，而理智活动却要取得一种至高无上性，不希望也不允许自己被其他运动所凌驾。保持健全的理性，是因为它天生为了运用所有事物而形成的。在理性结构中的第三件事是：摆脱错误和欺骗。紧紧把握这些原则的支配能力且正直地行进，它就能得到属于它的所有。

56. 想到你是要死的，要在现在的某个时刻结束自己的生命，那么就按照本性度过留给自己的时光吧。

57. 热爱那仅仅发生于你和你身边的事情，热爱那仅仅为你而纺的命运之线，因为，有什么比这更适合于你呢？

58. 面对发生的一切事情，回忆一下这样那样的一些人，同样的事也曾对他们发生，他们曾经是多么烦恼啊，把这些事情看得奇怪，同时不满于它们，现在他们到哪里去了呢？已经无处可寻。那么你为什么还愿意以同样的方式行动呢？你为什么不把这些与本性相异的焦虑，留给那些引起它们并被它们推动的人呢？你为什么不专注于利用自己的正确方式呢？因为那样你将可以好好地利用它们，它们将给你的工作提供质料。仅仅倾听自身，记住，在自己所做的行为当中决心做一个好人。

59. 观照内心。善的源泉在内心，如果你挖掘，它将汩汩地涌出。

60. 身体应当是简洁的，无论在活动中还是姿态上都不表现出杂乱无章。因为心灵通过脸表现得理智，也应当体现在整个身体之中。但所有这些事情都应当毫不矫揉造作地去做。

61. 在这方面，生活的艺术更像角斗士的艺术，而不是舞蹈者的艺术：即它应当坚定地站立，时刻准备着对付突如其来的进攻。

62. 有的人总是观察那些自己希望得到他们的嘉许的人，看看这样的人拥有什么样的原则。因为那样你将不会谴责那些不由自主地冒犯你的人，你也不会想要得到他们的嘉许，只要你看清了他们本来面貌。

63. 哲学家说，每一个灵魂都不由自主地偏离真理，因而也同样不由自主地偏离正义、节制、仁爱和诸如此类的品质。把这牢牢地记在心里是很有必要的，因为这样你就将对所有人表现出更多的和蔼。

64. 在任何痛苦中都让这一思想出现，即在这痛苦中并没有耻辱，它并不使自己的理智变坏，因为就社会而言，它并不损害理智，只要你不在想象中增加什么东西给它。也记住这一点，我们并没有觉察，我们把许多使我们不惬意的事情也感觉为痛苦，像十分瞌睡、燥热和失去胃口。然后当不满于这些事情时，你就对自己说，我是在遭受痛苦。

65. 注意，对薄情寡义的人，不要像他们看待别人那样看待他们。

66. 我们怎么知道泰拉格斯在品格上不如苏格拉底呢？因为仅下面这些还是不够的：苏格拉底有更高贵的死；更巧妙地与智者辩论；更能忍耐寒冷的冬夜；当他被命令去逮捕萨拉米的莱昂时，他认为拒绝是更高尚的；他昂首阔步地走在街上，虽然这一事实人们很可能怀疑其真实性。此外我们还应当探究：苏格拉底拥有一颗什么样的灵魂，是否他能够满足于公正地对待人和虔诚地对待神，不无裨益地为人们的犯罪苦恼，同时也不使自己屈服于任何人的无知，不把从宇宙降临于他的任何事情看作奇怪的，不把它作为不可忍受的东西，不允许他的理智与可怜的肉体的爱好发生共鸣。

67. 自然并没有混合你的理智与身体结构，以致不容许你有确定自身的力量和使你自己的一切服从你支配的力量；因为成为一个神圣的人却不被人如此承认是很有可能的。要把这牢记在心：过一种幸福生活所需要的东西确实是很少的。不要因为你无望变成一个自然知识领域中的辩证家和能手，就放弃成为一个自由、谦虚、友善和遵从神的人的希望。

68. 在心灵的最大宁静中免除所有压力，生活是在你力量范围之内的，即使全世界的人都尽其所欲地叫喊着反对你；即使野兽把裹着你的这一捏制的皮囊撕成碎片。因为置身于所有阻碍物中的心灵，是在宁静中，在对所有周围的事物的一种正确的判断中，在对提交给它的物体的一种径直运用中坚持自己，以致这判断可以对落入它视线的事物说：你确实存在（是一实体），然而在人们的意见中你可以呈现为另一种不同的模样；这运用也将对落入它手的事物说：你是我正在追求的事物，因为对于我来说，那出现的事物始终是可以用于理智的和政治德行的质料，一句话，是可以用于那属于人或神的艺术训练的。因为一切发生的事情都或者与神或者与人有一种联系，绝不是新的和难于把握的，而是有用的、方便的工作材料。

69. 道德品格的完善在于，把每一天都作为最后一天度过，既不对刺激做出猛烈的反应，也不会麻木不仁或者表现虚伪。

70. 不朽的神是不烦恼的，因为他们在如此长的时间里必须不断地忍受烦恼的人们，忍受他们中的许多恶人，此外，神也从各个方面关心他们。但是，作为注定很快要死去的人，你就厌倦了忍受恶人吗，而且当你是他们中的一个的时候也是这样？

71. 对一个人来说这是一件可笑的事情：他不从他自己的恶逃开——这的确是可能的；他竟要从别人的恶逃开——而这是不可能的。

72. 无论哪种理性和政治（社会）的能力发现（自己）不是理智的也不是社会的，它就恰当地判断（自己）是低于自身的。

73. 当你做了一件好的事情，另一个人由此得益，你为什么要像傻瓜一样寻求除此之外的第三件事——得到做了一件善行的名声或获得一种回报呢？

74. 没有人厌倦收到有用的东西。而按照本性行动是有用的。那么就不要厌倦通过别人做这些事而收到有用的东西吧。

75. 万物的本性运动产生宇宙。而现在发生的一切事物或者是作为结果，或者是作为后续出现的，甚或那宇宙支配力量本身的运动所指向的主要事物也不受理性原则的支配。如果记住这一点，将使你在面临很多事情时更为宁静。

八

1. 这一反思也有助于消除对于虚名的渴望，它可以让你像个哲学家一样度过一生，或者至少度过你青年以后的、已不再在你的力量范围之内的生活；你和许多其他人一样都很明白自己是远离哲学的。然后你落入了纷乱无序之中，以致你得到一个哲学家的名声不再是容易的事了，你的生活计划也不再符合它。那么如果你真正看清了问题的所在，就抛开这一想法吧。你管别人是怎样看你呢，只要以你本性所想要的方式度过你的余生，你就应该是满足的。那么注意你的本性想要的东西，不要让任何别的东西使你分心，因为你流浪过很多地方，却在哪儿都没有找到幸福：在三段法中没有，在财富中没有，在名声中没有，在享乐中没有，在任何地方都没有找到幸福。那么幸福在哪里？就在于做人的本性所要求的事情。那么一个人将怎样做它呢？如果他拥有作为他的爱好和行为之来源的原则。什么原则呢？那些有关善恶的原则：即深信没有什么东西对于人是好的——如果它不使人公正、节制、勇敢和自由；也没有什么东西对人是坏的——如果它不使人沾染与前述品质相反的品质。

2. 在采取每一个行动时都问自己，它是怎样影响的我呢？我以后将会后悔做这些事吗？如果我的人生只剩下一点点，然后我的所有都要逝去。如果我现在所做的事是一个有理智的人该做的，一个合乎社会的人该做的，一个处在与神同样的重要的法则之下的人该做的，那么我还有什么所求呢？

3. 亚历山大、盖耶斯和庞培与第欧根尼、赫拉克利特、苏格拉底比较起来是什么样的人呢？由于他们熟悉事物，熟知事物的形式、材质，这些人的相信的原则都是同样的。但在后者看来，他们必须照管这些事物，他们是这些事物的奴隶啊！

4．想象一下，你无论如何都要做同样的事情，即使你不厌其烦。

5．主要的事情在于：不要被打扰，因为所有的事物都是合乎宇宙本性的，很快你就将化为乌有，无处可寻，就像赫德里安、奥古斯都那样。其次要聚精会神地注意你的事情，同时记住做一个好人是你的义务，无论你的本性要求什么，做本性所要求的事而不要放在一边不管；说你看来是最恰当的话，但是要以谦虚和毫不掩饰的态度说出来。

6．宇宙的本性有这么一个工作要做，即把一个地方的事物移到另一个地方，改变它们，把它们从此处带到彼处。虽然所有事物都是变化的，但我们没有必要害怕任何新的改变。因为所有的事物都是我们熟悉的，因而对这些事物的分配也保持着同样性。

7．每一本性，当它循着自己的路径能行进得很好都是因为符合自身的要求，当一个理性的本性在其思想中不受任何的错误或不确定的东西左右时；当它使自己的活动仅仅指向有益于社会的方向时；当它把它的欲望和厌恶限制在自己力量所能控制的事物上时；当它满足于那普遍本性分派给它的一切事物时，我们就说这个理性的本性循着自己的路行进得很好。因为每一特殊本性都是共同本性的一部分，正像叶子的本性是植物本性的一部分一样。但在植物那里，叶子的本性是这样一种本性的一部分，这种本性不易受到阻碍，它是理智和公正的，因为它根据每一事物的价值平等地给予一切事物以时间、实体、原因（形式）、活动和事件。但我们的考察并不是要发现，任何一个事物和任一其他事物相比，在所有方面都是平等的，所以要把组成一个事物的所有部分，与组成另一个事物的所有部分相比较。

8．你没有时间或能力阅读，但是你有时间或能力防止傲慢，你有时间超越快乐和痛苦，你有时间超越对虚名的热爱，不要被愚蠢和忘恩负义的人们所烦恼，甚至不要理会他们。

9. 不要让任何人再听到你对宫廷生活或对你自己生活所表达的不满。

10. 后悔是一种因为忽视了某件有用的事情而做的自我斥责的情绪，而善的东西必定是有用的东西，完善的人应当去追求它。但完善的人没有一个人会后悔拒绝了感官的快乐，因为这样的快乐既非善的也非有用的东西。

11. 一个事物，它自身是什么，结构是什么？实体和原料是什么？原因的本性（或形式）又是什么？它在这世界上正做什么？它要继续存在多久？

12. 当你不情愿地从床上起来时，请记住这是按照你的结构和本性去从事社会活动，而睡眠却是动物也同样会做的。但以每个个体的本性为依据的东西，也是更特殊地属于他自己的东西，是更适合于他的本性的，也确实更能给他带来愉悦。

13. 如果可能的话，不断地对灵魂接受的每一印象应用物理学、伦理学和辩证的理论进行解释。

14. 无论你遇见什么人，反问自己说：这个人对善恶持什么意见？如果他对苦乐及其原因，对荣辱、生死持这样或那样的意见，那么他做出这样或那样的行为，对我来说就没有任何值得奇怪或不可解的地方了，我将在心里牢记他是不得不这样做的。

15. 记住：正像对无花果树结出了无花果而感到大惊小怪是一种羞愧一样，对这世界产生了本来就是它产物的事物而大惊小怪也是一种羞愧。对于医生来说，如果他对一个人患了热病而大惊小怪；或者一个舵手对风向不遂人意而大惊小怪，对他们来说都是一种羞愧。

16. 记住：改变你的意见，追随纠正了你缺点的人，这跟要坚持你的错误一样，是和自由一致的。因为这是你自己的活动，这活动是根据你自己的运动和判断，也的确是根据你自己的理解力做出的。

17. 如果一件事在你的能力范围之内，为什么不做它呢？但如果它是在另一个人的能力范围之内，你该责怪谁呢？责怪偶然或神灵？不论怪谁都是愚蠢的。你绝不要责怪任何人。因为如果你能够，就去改变结果；但如果你不能够，那至少可以改正事物本身；而如果连这你也做不到，那你的不满又有什么用呢？因为没有什么事物是不带有某种目的做出来的。

18．那死去的东西并不是落到宇宙之外。如果它逗留在这里，它也在这儿改变，被分解为恰当的部分——即宇宙的元素和你自身的元素。它们也在变化，且不发牢骚。

19．一切事物存在都有某种目的，如一匹马、一棵树。那你奇怪什么呢？甚至太阳也要说，我存在是有某种目的的，其余的神灵也是同样的。那么你是为了什么目的而存在呢？为了享受快乐吗？看看常识是否允许这样说。

20．自然，在每一事物结尾时，对它的关心不亚于在其开始或中途对它的关心，就像往上投球的人一样。那么对于球来说，被投上去对它有什么好处呢？而开始落下时或落到地上对它又有什么害处呢？对于一个气泡来说，形成对它有什么好处，爆裂对它又有什么坏处呢？这个也同样的适用于一道闪电。

21．深入地审视躯体，看看它是一种什么性质的事物，当它变老时，会变成什么样的事物，当它生病时，又会变成什么样的事物。赞颂者和被赞颂者，记忆者和被记忆者的生命都是短暂的；所有这些活动都发生在这世界某一部分的一个小角落里，甚至在此也不是所有人都意见一致，不，不是任何人都和自己在一起的。整个地球也只是一个点。

22．注意你面前的事物，看它是一个意见，还是一个行为，或者是一句话语。你正直地忍受这一事，因为它明天就会变成好事，而不是今天就是好事。

23．我在做什么事情呢？我在做有关人类善的事情。有什么事对我发生吗？我接受它，把它归于神灵——所有事物的根源，所有发生的事物都是从它们那儿获得的。

24．当洗澡时你看到这样的东西——油腻、汗垢、肮脏、污秽的水，所有的东西都发出令人作呕的气味——生命的每一部分和世间的一切事物都是如此。

25. 柳西那看见维勒斯死了，然后柳西那死了；西孔德看见马克西默斯死了，然后西孔德死了；埃皮梯恩查努斯看见戴奥梯莫斯死了，然后埃皮梯恩查努斯死了；安东尼看见福斯蒂娜死了，然后安东尼死了；塞勒尔看见赫德里安死了，然后塞勒尔死了。这就是一切。那些机智颖悟的人，或者是预言家或者是趾高气扬的人，他们现在到哪里去了呢？比方说这些机敏的人：查拉克斯、柏拉图主义者、迪米特里厄斯，还有尤德蒙及别的类似于他们的人。所有的人都是朝生暮死，早已辞世。有一些人的确，甚至马上被人忘记，还有一些人变成了传说中的英雄，还有一些人甚至在传说中也消失了。那么记住这一点：你，这一小小的混合物，也必定要分解，或者是停止呼吸，或者被移到其他地方。

26. 一个人做适合于自己做的工作，对他来说就是满足。那么适合于自己做的工作就是：仁爱地对待其他同类，轻视感官的活动，对看似可信的现象形成一种正当的判断，对宇宙的本性和发生于它之中的事物做一概观。

27. 在你和别的事物之间有三种联系：一种是与环绕你的物体的联系；一种是与所有事物所产生的神圣原因的联系；一种是与那些和你生活在一起的人的联系。

28. 痛苦或者对身体是一个恶（那就让身体表示它的想法吧）；但是，灵魂坚持它自己的安宁和平静，不把痛苦想作一种恶，这是在它自己的力量范围之内的。因为每一次判断、活动、欲望和厌恶都是发生在内心，而任何恶都不能上升到如此高的地步。

29. 通过常常这样对自己说而清除你的幻觉：不让任何的恶、任何的欲望或纷扰进入我的灵魂，现在这是在我的力量范围之内的，而且通过观察所有事情，我看到了它们的本性是什么，我运用每一事物都是根据其价值——牢记这一来自你本性的力量。

30. 不仅在元老院中，而且是对每一个人都要恰当地说话，不矫揉造作，要简明扼要。

31. 奥古斯都的宫廷、妻子、女儿、后代、祖先、姐妹、厄格里珀、亲属、心腹、朋友、阿雷夫斯、米西纳斯、医生和祭司，整个宫廷里的人都死去了。然后再看其他的，不是考虑一个单独的人的死，而是整个家族的死，像庞培的家族，那是铭刻在坟墓上的——他是家族的最后一个。然后考虑那些在他们之前的人对他们可能撇下的后代的苦恼，然后必然有某个人成为最后一个。在此再考虑整个家族的死。

32. 在每一项活动中都好好地使你的生活井然有序是你的义务，如果你的每一项活动都尽其可能地履行了这一义务，那么就满足吧，无人能够阻止你让你不履行这个义务——但任何一个外部的事物都有可能挡路——没有什么能阻挡那正当、清醒和慎重的活动——但也许某一别的积极力量将受阻碍——好，那就通过默认阻碍和通过满足于把你的努力转到那被允许的事情上去，另一个行动机会又会代替那受阻的活动而直接摆到你面前，它也是一个适用于我们刚才说的那一秩序的行动机会。

33. 毫不炫耀地接受财富和繁荣，同时又随时准备放弃它们。

34. 如果你曾见过一只断掉的手，或一只脚、一个头，如果你看见离开了身体的其他部分躺在其他地方，那么，那不满于发生的事的人就是这样就其所能地使自己变成这样，使自己脱离他人，或做出反社会的事情来。假设你已使自己从这一自然的统一体离开——因为你天生就被造成它的一部分，而现在却切断了与它的联系——在此却还是有一个好办法，即还在你的力量范围之内再统一起来。神没有把这一能力，即在自身被分离和切开以后，又重新统一到一起的能力，许给其他任何物种。但考虑一下神弘扬人的善意，那么他会把这种能力放到人的力量范围之内：即不会完全同宇宙分开；而当他被分离时，神允许他回来，重新统一，占据他作为一个部分的地位。

35. 由于宇宙的本性给了每一理性存在于它拥有的所有别的力量，所以我们也从此得到了这一力量。因为正像宇宙本性在其预定的地方转变和安排一切阻碍和反对它的事物，使这类事物成为它自身的一部分一样，理性的动物也能使每一障碍成为他自己的一部分，利用它达到他可能已设计好的目的。

36. 不要通过幻想你的整个一生来打扰你。不要让你的思想涉及那些你预期将会落于你的所有苦恼，而是在每个场合都问自己，在这种场合里究竟有什么不可忍受的东西和不能过去的东西？尽管你将会羞于承认。其次要记住，将来或过去都不会使你痛苦，而只有现在才会使你痛苦。而如果你限制它，这种痛苦将缩小到一点点；如果连这也不能抵住，那就斥责你的心灵吧。

37. 潘瑟或帕加穆斯现在还坐在维勒斯的陵墓之侧吗？乔内阿斯或戴奥梯莫斯现在还坐在赫德里它的陵墓之侧吗？如果在，那将是荒唐的。好，假如他们还坐在那儿，死者又能意识到吗？如果死者能意识到，他们会感到高兴吗？如果他们感到高兴，那又能使他们永远不死吗？这些人也要先变成老翁、老妪，然后死去，这不是命运的秩序吗？那么这些死者之后的人要做什么呢？所有的人都要走上这一条道路。

38. 哲学家说，如果你能敏锐地观察，就能明智地调查和判断。

39. 在理性动物的结构中我看不到任何与正义相反的德行，而是看到一种与热爱快乐相反的德行，那就是节制。

40. 如果你摒除别人有关事物的意见，因为它看起来会给你带来痛苦，你的自我将得到完全的保障——那这一自我是什么呢？——是理性——但我并不是理性——那就这样吧，让理性本身不要烦扰自己。但如果你的其他部分受苦，就让它表达它对自己的意见吧。

41. 感觉障碍对动物本性是一种恶。运动（欲望）的障碍对动物本性同样是一种恶。某些别的东西对植物的结构同样也是一种阻碍或一种恶。所以，理解力的障碍对理智的本性来说也是一种恶。那么把所有这些道理用于你自身。痛苦或感官快乐影响你吗？感官将要注意它——在你致力于一个目标时有什么东西阻碍你吗？如果你的确在做出这种绝对的努力（无条件或无保留的努力），那么肯定这一障碍对被考虑为是一个理性动物的你，是一种恶。但如果考虑一下事物的通常过程，那么你就不会被伤害甚或被阻碍。无论如何，对于理解力是适合的事物，是任何他人都不能阻挠的，因为无论火、铁、暴君、辱骂都接触不到它。当它被造成一个球体，就继续是一个球体。

42. 说我给了自己痛苦是不合适的，因为我甚至对别人也没有有意造成痛苦。

43. 不同的事物使不同的人欢乐，我的欢乐则是使支配能力健全，同时又不脱离任何人或对人们造成不便的事情，而只是以欢迎的眼光看待和接受一切，根据其价值运用每一事物。

44. 注意，你要对自己保证这一现在的时刻，因为那些宁愿追求死后名声的人没有想到：后来的人们将跟那些现在他们不记得了的人一样，两者都是有死期的。那么以后这些人对你是否说这种或那种话，对你有这种或那种意见，于你又有什么关系呢？

45. 带我去你将要去的地方吧，因为在那儿我将使我心中神圣的部分保持宁静，换言之，如果它能按照它恰当的结构感觉和行动，它将会得到满足。我的灵魂为什么要变得比过去不幸、恶劣、沮丧、自大、畏缩和恐惧呢？这种变化难道有什么充足的理由吗？你能为它找到这种充足的理由吗？

46. 没有什么不属于人的事情能够在人身上发生；没有什么不符合一头公牛本性的事情会在一头公牛身上发生；没有什么不符合一棵树本性的事情会在一棵树上发生；没有什么不适合于一块石头的事情会在一块石头上发生。那么如果从每一事物发生的事情都是平常和自然的，你为什么要抱怨呢？因为共同的本性带来的事情，不是你可以决定的。

47．如果你因什么外在的事物而感到痛苦，打扰你的不是这一事物，而是你自己对它的判断。而现在，清除这一判断是在你力量范围之内的。但如果在你自己的思想里，有什么东西给你痛苦，那么谁能阻止你改正你的意见呢？即使你是因为没有做某件你觉得是正当的事情而感到痛苦，你为什么不去做这件事，而只是抱怨呢？是因为有障碍存在吗？那么不要为此悲哀，因为不做这件事的原因是不以你为转移的——但如果不能做到这件事的话，活着就是无价值的吗？——那么就满意地放弃你的生命吧，正像那充分活动过的人死去一样，也对作为障碍的事物感到欢喜。

48．记住：你的支配部分是不可征服的，如果它不做任何非它所愿的事情，即使它是出于纯粹的顽抗抵制，那么当它自我镇定时，也是满足于自身的。但是，如果它通过理性和审慎的援助形成对事物的一种判断时，又将怎样呢？所以，那摆脱了激情的心灵就是一座堡垒，再没有什么比这更安全的了。而不知道这一点的人就是一个无知的人，知道这一点却不飞向这一庇护所的人，则是不幸的人。

49．除了最初的现象所告知的，不要再想其他的，假设有人告诉你说某个人说你的坏话，这个消息被告知了，但你并没有受到损害，并没有使你受到损害的报告存在。我看到我的孩子生病了，我看到了，但我并没有看到他是在危险之中。如此始终听从最初的现象，不强加入自己的想象，那么就没有什么对你有影响了。或宁可像一个知道世界上发生的一切事情的人一样，加入自己对事物的理解和想象。

50．这只黄瓜是苦的——那就扔掉它；道路上有荆棘——那就避开它。这就够了。不需要多想，和问“为什么这世界上有这种东西啊？”因为你将被一个熟悉自然的人嘲笑，正像如果你在木匠和鞋匠的铺子里，因发现刨花和碎料而挑剔他们时遭到他们嘲笑一样。但他们还是有投放这些刨花和碎料的地方，而宇宙的本性却没有这外部的空地，但它的艺术中最奇妙的部分就在于虽然它限定了自身，从这些东西中重新创造出新的同样东西，以致它不需要任何从外面来的实体，也不需要一个它可以投放腐烂东西的地方。它是满足于它自己的空间、它自己的质料和它自己的艺术的。不要对所有的事物都问为什么，因为有的事物不存在“为什么”，只有“是什么”，这就是其存在的价值和意义。

51．你的行动不要迟缓呆滞，你的谈话不要缺乏条理，你的思想不要漫无秩序，不要让你的灵魂产生内部的纷争和外部的迸发，也不要在生活中如此忙碌以致没有闲暇。假设人们杀死你，把你切碎，诅咒你。那么这些事情怎么能阻止你的心灵保持纯净、明智、清醒和公正呢？例如，如果一个人站在一泓清澈纯净的泉边诅咒它，这清泉绝不会停止冒出可饮用的泉水，如果这个人竟然把泥土或垃圾投入其中，清泉也将迅速地冲散它们，洗涤它们，而不会遭到污染。那么作为拥有永恒的泉水而不仅仅是一口井的你将怎样呢？要每时每刻地塑造你自己，达到与满足、朴素和谦虚结为一体的自由。

52．那不知道世界是什么的人，也不知道他自己在哪里。那不知道世界为什么目的存在的人，也不知道他自己是谁，不知道世界是什么。而对这些事一无所知的人甚至不能说他自己是为什么目的而存在的。那么你又怎样去了解那避免或寻求喝彩和称赞的人呢，怎样了解那些不知道他们在哪里或他们是谁的人们呢？

53．你希望得到一个每小时谴责他自己三次的人的赞扬吗？你会去取悦于一个对自己也感到不悦的人吗？对所有做过的事都后悔的人会对自己感到欣悦吗？

54．不要再仅仅让你的呼吸和围绕着你的空气和谐一致，现在还要让你的理智也和那包括所有事物的理智和谐一致。因为理智对于愿意利用它的人来说，就跟大气对于能够呼吸它的人一样，也是分布于所有部分和浸淫于所有事物的。学会理智地对待你周围的一切事物，这样才能更好地处理问题。

55．一般来说，恶全然不会伤害到宇宙；一个人的恶尤其不会伤害到另一个人。它仅仅伤害这样的人——即只要他愿意，就可以摆脱邪恶的人。

56．我的邻人的自由意志对于我自己的自由意志来说，正像他的呼吸和肉体一样，于我是漠不相关的。因为虽然我们是被专门造出来互相合作的，我们每个人的支配力还是有着自己的活动空间，否则的话，我的邻人的恶就会损害到我了，而神并没有如此意欲，以致我们的不幸也可以互相影响。人应该像莲花一样出淤泥而不染，不被世俗所同化，拥有自己的思想和人格。

57．阳光在照射下来时，的确是分布到所有方向的，但它并不是流溢。因为这种分布是扩展：因为它的光线就叫作扩展，因为它们是被扩展的。如果一个人注意阳光通过一个狭口进入一个黑暗的房间，他就可以判断出一条光线是一种什么事物，因为它笔直地伸展，遇到任何挡住它去路和切断空气的固体时，它可以说是被隔开了，但是光仍然在那里保持着稳定，并不滑动或缩小。那么理解力也应当如此照射和分布，它不应当是一种流溢，而应是一种扩展；它不应对挡住它去路的障碍做任何激烈的冲撞，同时也不畏缩，而是稳定地照亮那接受它的东西。因为一个物体不接受它的话，它就得不到光亮。想要理解一件事物就必须拥有开阔的视野，豁达的胸襟，虚心接受教导，但不随波逐流，这样才能体会更深层的意义。

58．人们总是害怕死亡，或者是害怕感觉的丧失，抑或是害怕另一种不同的感觉。但如果没有感觉，你也将感觉不到损害；如果获得另一种感觉，你将是一种不同的生物，生命将不会停止。生命存在的意义就是拥有感觉，失去感觉就如同行尸走肉。

59．人们都是喜欢群居的，所以应该学会彼此宽容才能相处融洽。

60．当我们发自内心地想要得到或做好某件事情时，就会像箭一样向着目标不断努力奋斗。

61．学会洞察别人的支配能力，与此同时，要善于表现自己的支配能力。

九

1．行为的不正当也反映了内心的不虔诚，既然社会的需求造就了事物个体互助的理性存在，要求他们相互协作，远离互相伤害，那么没有这样做的事物个体便是对于社会道德伦理的背叛。因此，说谎的人也是对于社会伦理的背叛一样。社会的本性就是存在于这个社会的事物的本性集合体。已经存在的事物与即将存在的事物是有本质的联系的。此外，还有一种便是真理的存在，这也是真实事物存在的根本原因。因此，有意做不正当的事的人便是对于社会伦理和真理的背叛。而那些无意触犯却已经触犯的人，他们的行为对于社会的正常秩序，也是属于同样的背叛。由于它是站在了与真理的对立的位置，他对于自己获取的是否来自真理并不清楚，因而不能分辨真理是否存在。的确，那些渴望快乐，厌恶痛苦的人群也是误入迷途、背离真理的。因为他们有这样的想法必然是因背离了社会事物的本性，会埋怨这个世界没有公平地进行奖赏与惩罚。恶人做了错事，但总是能够享受快乐。而善良的人做了好事，却不能总是得到痛苦。那些害怕痛苦的人也是如此，那些追求快乐的人也是。存在的事物本来就是需要感受苦难与快乐为目的而存在的。如果其一消失，他们亦不复有存在的理由。那些愿意遵循本性的人，将会同样感受到快乐和痛苦的存在。那么，苦乐、生死和荣辱都是社会存在的一部分，不管是什么样的个体，存在不愿接受或面对其中一种，都是对存在价值的背叛。在这种无形存在有形约束的社会规则之下，他们并不是产生于这些经历之后。这是从某个开端按照一条隐形的线牵引不断经历和承受。这一系列的运作将产生新的法则，以及决定着产生、存在和这一系列变化的力量。

2．离开人世间而从来没有说过谎、虚伪过，没有奢侈和骄傲的习惯，是一个人最幸福的命运，然而就像俗话说的一样，当一个人拥有足够的这些事情的时候，立即结束自己的生命就像是较好的一次旅行。而你决定屈服恶吗？还没有帮助自己改变这一切的思索后的方式吗？因为智力的毁灭就是像一场灾难，比围绕着我们的大气的任何腐败都更是一种灾难。相比而言，那只是动物的厄运，而这种是人的厄运。

3．不要蔑视死亡，而是要正常地面对，因为这也是对于生物必然到来的一件事情。因为像年轻，变老，接近和达到成熟，长牙齿，长胡子和白发，怀孕、生子和抚养，以及所有别的你生命的不同时期的不同事物，都是这样，也包括死后的分解消亡。这就是和一个反思的人一致的：不要对于死亡抱有等待或蔑视的态度，它是一个必然会到来的节日。正像你等待着你的孩子的出世，你也更加接近年老死亡。如果想要在死亡之前寻求心灵的安慰，那么多注意一下你的身边的亲近的人和难以割舍的事物，你将会对死亡无所畏惧。因为别人的过失而迁怒他们是不对的，关心和容忍才是正确的应对方式。你并不是要离开你志同道合的群体，或许只有坚持与跟我有同样原则的人一起生活这样的祈求，能够让我转而依恋生活。然而，当你看到那些不能和睦生活在一起的人们是多么的苦恼，以至于你会欣然地迎接死亡。

4．那些做坏事的人也是在对自己做坏事。因为他的举动使自己内心走向邪恶。

5．不管什么样的人，都可能有坏的行为。

6．做事要三思而行，并能接受结果。

7．我们要能控制自己，并量力而行。

8．有些生命的存在是理性的，有些却是没有理性的。就好像我们有着共同的来源，共同的外物世界作为生存的载体，有相同的生命体本质。

9．歌颂任何的事物都会不自觉地倾向于自己的同类事物。就像高山都倾向着泥土的沉积，江海湖泊都倾向于水的流动，空气也是这样。以至于他们会要求将自己从同类中区别显现出来。火焰的高温来源于火这种元素的温度特性，它们时刻会和相近的火苗融合燃烧，渴望烧掉所有能够烧着的物体。因为这些物体不具阻燃性。所以一切事物当以自己的本性存在的时候，会不自觉地向着自己共同的存在靠近。它们体现着自己的优势，并且想要将这种优势壮大。所以在低等生物中，我们发现诸如蜂群、畜禽鸟类等也都具有这样的行为。它们单一的存在是作为弱势的存在，但是，它们懂得团结的力量，能将弱小的力量融合来体现存在的优势力量。但是对于石头、树木这些事物，却没有这样的趋向。在理性动物的世界中，存在团体协作、情感的联系与归宿。即使它们因为外界因素相互分离，也会在另一个时空相互统一。就连天上的星宿都是这样的。因此，这种微妙的情感升华后，就连事物间的分离也会难舍难分。但是，现在的事物，唯独原本有理性的事物却将这些互助的情结忘得一干二净，变得孤立。然而，即使它们不愿意协作互助，也会在无形中被连在一起，因为它们处在身不由己的社会。因此，你会发现这样一个道理：把两个完全不统一的东西聚到一起，远比把两个有联系的东西分开容易得多。

10. 人、神和宇宙都产生果实，他们各自在不同的季节生产，但是如果按照惯常的用法用于树之类的事物，则毫无意义。理性地处理，能为自己产生果实，也能产生出和理性本身同一性质的事物。

11. 如果你能够通过自己的劝告去纠正那些犯错误的人，那样最好；如果不能，你要记住，如果你对其采用任其自然的态度，神灵对这种人也是一样的态度，出于某些原因，神灵还会帮助他们得到财富、健康、名声等，这是你的权力范围，换种说法，没人能阻碍你这样做。

12. 不要像一个被迫者一样去劳动，也不要像一个因为受到怜悯或者赞扬的人一样去劳动，而是要用你的意志自己去做一件事，要像社会要求你一样去用活动控制你自己。

13．今天，我摆脱了所有的苦恼，又或者说我逐出了我脑海中的苦恼，因为这不是发生在外部，而是在内部，在我的思想意见中。

14．所有的事物都是一样的，都是通过经验所熟悉的，都是短时间内无法了解的，而现在，一切事物都像以前的新事物一样。

15．事物并列在我们的外面，它们并不知道自己，不能表示任何的判断。那么，判断又是什么？——是我们支配的能力。

16．一个有理性的人的善与恶不是体现在他做的消极的活动中，而是在积极的活动中，就好像他们的德行与恶行不在消极的活动中，而在积极的活动中一样。

17．对于那些被往上面扔的石头来说，落下来不是一种罪恶，但是它被人携带也的确不是一种善行。

18．当深入到人们的指导原则中时，你会了解到什么判断会让你感到害怕，了解到他们自身是一种什么判断。

19．一切事物都在变化，每个人都在不断变化，在某一种程度上也可以说是在不断地毁灭。整个宇宙都是一样。

20．我们的义务不要因为别人的恶劣行为而受影响。

21．运动和意见之类的停止，在某种意义上来说，它们的死亡绝对不会是恶的。对于你来说，你是作为一个小孩、一个青少年、一个成人和一个老者的生命，由于每一种变化都是一种消亡，这难道不是值得害怕的吗？对于你的祖父体内的生命，然后是你在你父母体内的生命，当你发现许多变化、毁坏和灭亡时，再问问你自己，这是值得害怕的吗？同样的，对于你整个生命的改变或结束也绝不会是一件值得害怕的事。

22．抓紧时间去认识了解你自己、宇宙和你身边人的支配能力，对于你自己，你能让它正直；对于宇宙，你可以认为你是它的一部分；对于你身边的人，你可以了解它是哪一种，你还可以考虑一些支配你的。

23．我们要让我们的个体和行为成为社会一部分的统一体，我们要维护它的统一，一旦打破就是一种叛逆，就像一个人不考虑实际，在群体会议上我行我素。

24．小孩们的运动和争吵，死去的身体的精神被可怜的携带着，一切都是这样。所以死者所描绘的东西就更清楚地印在我们的脑海里。

25．了解一个形式的性质时，把它同它的表面分开，然后沉思它，再判断，那么这种特别形式的事物就能维持最长的时间。

26．当我们的支配力做出它应做的判断时，你会因为它不是最理想的而苦恼，但这样已经够了。

27．当一个人或一群人谴责、仇恨或伤害你时，去沉思他们的灵魂，看清他们是哪一种人，你就会发现你没有理由因为他们的意见而伤心苦恼。不管怎样，你都要好好对待你自己，因为他们天生就是你的朋友。他们所重视的事会得到神的帮助。

28．宇宙的周期运动是从一个时代到另一个时代的转变，或者是宇宙有规律的运动的效果。那么，你要认识它的结果，或者是它一旦活动，其他的一切事物以一种方式连续地到来；再者是所有事物的根源是不可分割的。总的来说，一个神可以保证一切都好；如果只是偶然的统治，你也不要受它的支配。大地的变化掩埋了我们所有人，这其中的事物也在变化，在变化中产生的变化将永远变化，如此循环不断。当一个人不断地思考变化中的变化，思考这种循环，他将被一切衰朽的东西蒙蔽。

29．万物的本源就像是一道洪流，将一切都卷进自己的步调。很多参与历史洪流中，却自以为能够置身事外的人，毫无价值的体现。所以，人们啊，在你做你内心渴望的所想的事情的时候，如果你有这个能力，就不要在意别人的想法和意见，更不要在意是否会得到关注。不要期望柏拉图式的理想国度，只需满足于最小的事顺利进行，考虑的这件事就不再是所谓的小事。没人能改变人们的意见，不改变意见就不能改变假装奴役却又渴望自由的状态。亚历山大、菲力浦和菲勒内姆的迪米特里厄斯，他们自己判断是否发现了本性所求，因而相应地训练自己。冒昧地模仿他们只会得到谴责，除非他们的结局是悲剧的。哲学便是谦卑和朴素，并不是骄傲和懒惰。

30．俯视那些人们，他们的生命中有无数的神圣仪式，他们的征途或平坦，或崎岖。探查那些在你身边出生，一起生活，已经死去的人们的不同之处。不管是过去的时代还是现代，或者是将来，很多人记不住你的功勋，很多人即使记住了又会很快忘记。试想那些称赞你的人马上又要指责你，荣誉不能永久。那么，死后的名声和声望，一切都是没有价值的。其他的必然也是一样毫无价值。

31．使你自己在有外部干扰的状况下保持不被打扰到的自由吧，使你能根据你本身的实际情况来对外部事情保持正确的做法，换句话说，要使你的做法和行动保持在有利于社会的范畴之内，因为只有这样才能保持你的本性。

32．你可以把很多无用且阻碍你的东西从你思想的路途中清理出去，该如何清理或者是否清理都完全在于你的想法，你可以通过这种方法来使你的思想空间变得广阔：通过你自己在心里思考整个宇宙，思考时间这个永远存在的东西，观察每一件事物在一瞬间的变化，观察从出生到死亡这个短暂的过程，以及在出生之前与死亡之后这段时间的无穷变化。

33．在宇宙中，你看到的任何事物都会在岁月中迅速地衰败腐朽，而那些亲眼看到这些事物分解即衰朽的人们也会随之而死去。无论是活得长久的人还是活得比较短的人，他们的最终归属都是一样的。

34．这些人，他们指导事物的原则是什么？他们都忙碌地做着哪一种性质的事情？他们因为什么而喜欢爱好和尊重这些事情？假如你看到了他们最本质、最赤裸裸之中的那可悲而让人怜悯的灵魂，他们会以为他们通过谴责而做出的损毁伤害，或者是通过他们对事物的赞美，带来了利益，这是一种多么奇特怪诞的观点啊！

35．损坏消失都只不过是一种变化而已。然而宇宙的本质就是变化，通过服从变化的规律，所有的事物现在的相互变化都进行得很好，从古至今都是按照这样的规律变化进行着，在以后无穷无尽的日子里也会这样进行。那么，你说的到底是什么呢？难道你说的所有的一切事物从始至终都是坏的、不好的，在如此多的神灵力量中还没有发现有哪一种力量可以来改变或者修改这些事物这些规律，而这个世界注定了要始终以不停地阻止罪恶发生的方式来确立吗？

36．那些作为一切物质基础的东西的腐烂！水、灰尘、骨灰、垃圾，或者是：大理石——是源于土的沉积然后硬化形成的；衣服——只是用一些皮毛组成的；染织的紫袍——像血一样的颜色；其他所有事物都是相同的性质。那种具有能够呼吸本性的事物也是和另外具有呼吸本性的事物是一样的，都可以从一种事物变化到另一种事物。

37．这一切足够了——这样悲惨的命运、悲惨的呻吟和愚蠢的诡计。你又为什么要烦恼呢？在这个地方是否有新的事物呢？有什么使你感到不安吗？是这个事物所表现的形式吗？那么多注意下它，或者是它的质料（当我们被一个对象所刺激时，它在表象能力上所产生的结果就是感觉。那种经过感觉与对象相关的直观就叫作经验性的直观。一个经验性的直观的未被规定的对象叫作现象。而在现象中，那与感觉相应的东西称之为现象的“质料”）。仔细地观察这件事物，然而在这些东西之外就再也没有其他的了。那么，向神祈祷吧，现在一切就会变得更加简洁质朴、更加好了。我们无论花多久的时间来探究这些事物，所得到的结论都是一样的。

38．如果说有人对你做了错误的汇报，那么受到损害的是他自己。但是或许他并没有做错事情。

39．或者说所有的一切东西都是从理性的角度出发，所有的这些在一个身体里组合成一个整体，那么所组成这个身体的一部分就应该服从于整体的利益；或者说当只有原子存在的时候，这个环境中除了各个原子的混合和分解就没有其他的了。那么你又为什么要烦恼呢？要对支配这些发生的原动力说：你是否已经完成使命了？你衰败腐朽了吗？你正在扮演一个很虚伪的角色吗？你要变成一头毫无理智的野兽吗？你与其他的人群在一起的时候对他们有不满吗？

40．所谓的神灵，没人知道他们是否真的具有力量，人们对事物心怀畏惧、欲望和痛苦。有些人向神灵祈求希望，有些人却还抱有希望，并不向神灵伸出求助的手低下求助的头，只是他们疑问是否所想的会发生。或许你会说，神灵已经在你祈求的时候，将你所求放在了你伸手可触却又不易发现的地方。那么，用你已有的能力做一些你力所能及的事情，比通过祈求来完成那些你力不从心的事要好得多。或者说，神灵对于我们能力范围内的事都帮不了。因此，别人在祈求内心所想却又做不到的事情的时候，你会试着去祈求与内心所想相反的事情，以此来证明神灵的力量。

41．伊壁鸠鲁说：我在生病的时候，不会对于探望我的人谈论起自己身体的疼痛和折磨，而是像以前一样的谈吐。保持着这一主题：即内心在分担肉体的苦难时，怎样坚持自我，不受扰乱。他说，他不会做出异常的举动让医生惊惶，他做的只是让医生照旧看起来祥和，自己看起来依旧平安无事。因此，即使遇到了苦难，也要坚持做你没有遇到苦难前做的事情。因为不管遇到什么，我们都不会脱离哲学，而这种哲学都有一个共同原则：不会在意你现在是否安好，在意的只是你做事的方式和过程。

42．当一个无耻的人以无耻的行为侵犯你的时候，告诉自己，这个世界是不可能没有无耻之人的。因此，不要为无耻之人的存在这类毋庸置疑的事实纠结不已，因为他们在社会中的存在是必然的。当你遇见一个小偷或是流氓做些败类的事情的时候，也要想到他们的存在是不可改变的必然。然后你会明白，纠结于对他们的厌恶并不能改变他们的存在，你将会对他们态度变得友好。能够立刻明白这个道理是很有用的：试想，他们也反衬出了对立于他们的人的好的品行。自然和社会给了他们好的品行和力量，以至于他们有了能力去劝导那些误入迷途的原本善良的人以回归正道，重获新生。你所谓的被侵犯只不过是被赋予了拯救他们的机会，你并没什么损失。你会发现他们的所作所为并没有改变你内心的操守和道德，他们的罪恶滋生于心灵的净土。一个没有接受过教育的人做出没教养的事，这是不值得奇怪的，也是不值得憎恶的。因为憎恶他们还不如自我反省，因为你本应该想到，对于这样的他们是可能犯下这些过错的，而你没有事先去尽自己的能力预防这些坏事的发生，却把责任推给了他们。因此，在每次谴责别人的时候都要想想是否该谴责自己，因为错误本来就是你的，可能是你错误地相信了他们性善的表质，或者是你没有尽力去遏制，当然，这不会是付出期望回报的给予。你不可能做任何事情都期望会有更多的回报，即使是你应该做的本职工作。就像身体的器官体现了自己存在的价值，却要求回报一样。它们只是做了自己该做的，因而体现了自己的价值罢了。所以，人类是为爱而生的，他们在奉献自己仁爱的时候，只不过是体现了自己存在的价值罢了。

十

1. 噢，我的灵魂，难道你不愿意善良、朴实、纯净、坦白，使这些比将你包裹的身体更加明显吗？你不愿意享受一种宽仁和满足的气质吗？你不愿意因充实、毫无匮乏、不渴望更多东西、不欲望任何事物（不论是有生命的还是无生命的）而快乐和享受吗？你不愿意不渴望较长的愉快的时光、欲望合适的地点和气候，又或者可以与人和谐相处吗？但你会满意于你现在的条件，对所有你周围的东西感到欣喜吗？你愿意使自己相信现在拥有的一切，都是从神灵那儿来的，相信一切对你都是适合的，相信所有让神灵愉悦的东西都是美好的，所有他们为保存完善的生命而存在，为保存善、正义和美而将给予的东西都是好的吗？那完善的生命存在概括和结合了所有事物，包含和囊括了所有那为了别的类似事物的产生而分解的事物。你难道不愿这样吗：使你和神灵及人们共同生活在一起而全然不抱怨他们，也不会被他们谴责。

2. 就你仅仅被本性支配而言，注意你的本性所要求的，然后接受它、履行它。你的本性就你以一个活状态的存在而言不致损坏。接着你必须观察你的本性就你是作为一个活的存在而言对你所要求的。所有这些你都可以应允自己，只要你的本性就你是一个理性动物而言不致损坏。但理性动物也因此是一种政治（社会）动物。那么运用这些规则吧，不要使自己为任何别的东西苦恼和悲伤。

3. 一切发生的事情或者是以你天生就是被创造出来忍受它的方式发生，或者是以你并不是天生就被创造来忍受它的方式发生。那么，如果它是以前一种方式发生，不要抱怨，而要以你天生是被创造出来忍受它的态度来忍受它。但如果它是以后一种方发生，也不要抱怨，因为在它消耗完你之前自己就要消失。然而你要记住："你是天生被创造出来忍受这一切的，你要依赖你自己的意见使它们变得可以忍受，通过思考这样做或者是你的利益，或者是你的义务。"

4. 如果别人错了，那么你就要和善地指引他，说出他错误的地方。但如果你不能够做到，那么就要责备你自己，甚或连自己也不责备。

5. 无论什么事情对你发生，都是在整个万古永恒中就已经为你预备好的，因果的编织机在万古永恒中织着你和与你相关联的事物的线。

6. 不管宇宙是原子的集合，还是自然是一体系，首先，要确信我是本性所支配的整体的一部分；其次，自己在某种程度上和自己同类的其他部分密切关联着。因为要记住这一点：由于我是一个部分，对于一切出于整体而分配给我的事物，我都不会不满意。因为凡是为了整体的利益而存在的，对于部分就不会有害。因为整体不会包含对它无益的东西；一切本性固然都有这个共同的原则，但宇宙的本性以外还有这个原则：它甚至于不能由任何外面的东西，迫使它产生任何对它自己有害的东西。因此，由于记住我是这整体的一部分，我就会对所有发生的事情满意了。而由于我和与我自己同类的那些部分在某种程度上密切关联着，就不会做反社会的事情，而宁愿使自己趋向我的同类，把我的全部精力用于公共利益，而拒斥与公共利益相反的事情。如果真的这样做了，你的生活就一定会过得幸福，正像你可以看到的：一个不断做对其他公民有利的事情的人，满足国家指派给他的一切的人，他的生活是幸福的。

7. 整体的各个部分，我的意思是，自然地包含在宇宙里的一切事物，都必然要毁灭；但是要在这样的意义下来理解毁灭，即它们必定要经历变化。但假如对于各个部分来说，这件事自然地既是一种恶又是一种必然性，那么整体就不会在一个好的条件下继续存在了，因为它的各个部分都在变化中，并且它们的结构使得它们以不同的方式毁灭。因为究竟是自然本身计划好了对那些作为它的部分的事情行恶，从而使它们从属于恶，并且必然地陷入其中呢，还是这些结果发生了而自然并不知道呢？事实上，这些假设都是不可信的。但如果一个人不用“自然”这个词（作为一种发生作用的力量），而把上述的事情都说成自然的，即使是这样，一方面肯定整体的各部分以其本性从属于变化，同时另一方面又觉得惊奇或烦恼，好像有什么违反本性的事情在发生，特别是当事物分解为每一事物由以组成的那些事物时，感到烦恼和惊奇，那将是可笑的。因为或者是组合成事物的各元素的分解，或者是由固体到泥土，从气体到气的转变，使这些部分回到宇宙的理性，而这或者是在一定周期内为火所消灭，或者是为永恒的变化所更新，不要想象固体和气体的部分从产生时起就属于你。因为它们所得到的这一切生长，可以说只是昨天和前天由食物和吸进的空气而来的。那么，得到生长、变化的这一切，并不仅仅是你母亲所产生的。但可以设想你母亲所产生的东西，是使你在很大程度上与那另外的具有变化特性的部分连在一起的，事实上这并不有悖于上面所说的。

8. 如果你取得了这些名称：善良、谦虚、真诚、理智、镇定、豁达，注意不要改变它们；如果你失去了它们，要迅速地找回到它们。记住，"理智"这个词是表示对一切个别事物的一种明辨和摆脱了无知；"镇定"是指自愿地接受共同本性分派给你的事物；"豁达"指有理智的部分超越肉体使人愉悦或痛苦的感觉，超越所有那些被称为名声、死亡之类的可怜事物。那么，如果你要自己保存上述这些名称，而不想由别人来称呼这些名称，你将成为另一个人，进入另一种生活。因为，继续保持你原来的样子，被这样一种生活撕碎和玷污，是一个大傻瓜和过分溺爱自己的生命的人才有的品格，就像那些同野兽搏斗的、被咬得遍体鳞伤的角斗士，他们虽然满身伤口和血块，还是恳求被养到下一天，虽然他们将在同样的状态中被同样的野兽撕咬。所以你要固守这几个名称，如果你能居于它们之中，那你就仿佛回到了某个幸福之岛居住。但如果察知自己脱离了它们，没有把握住它们，那么你要勇敢地去保佑它们的一隅，甚或马上放弃生命——不是在激情中，而是朴实、自愿和谦虚地放弃生命。在做了这件至少在你生命中可赞美的事之后，再如此离开它。然而，如果你记住神，记住他们虽然不愿意被奉承，但希望所有有理性的存在塑造的和他们类似；记住一株无花果树的工作就是做一株无花果树，一只狗的工作就是做一只狗，一只蜜蜂的工作就是做一只蜜蜂，一个人的工作就是做一个人，那么这将会对你大有益处，帮助你记住这些名称。

9. 滑稽戏、战争、惊奇、呆钝、奴役将每日驱逐你那些神圣的原则。你没有研究自然而想象了多少事物？你忽视了多少事物而观察和实践一切事情？同时完善你应对环境的力量，训练思考能力，不炫耀但也不隐藏地保有一种来自对每一个事物的知识的确信，就会成为你的义务。因为你要在什么时候享受简朴，享受庄严，享受一切单个事物的知识呢？那些知识包括：每一事物在实体中是什么，在宇宙中居何地位，它要以这种形式存在多久，它是由什么东西所构成，隶属于谁，谁能给予它和拿走它。

10．一只蜘蛛抓住一只苍蝇时是骄傲的；而当另一种动物抓住一只可怜的野兔时，在网里抓住一条鱼时，捕获一头野猪或者熊时，俘虏萨尔马提亚人时也是骄傲的。如果你考察他们的意见，这些人难道不是强盗吗？

11．使你自己掌握这种凝思的方式：观察所有的事物是如何互相变化的，始终注意着这种变化，在哲学的这一方面训练你自己。因为没有什么东西如此适合于产生豁达。这样的人不关心身体，因为他明白他必须在某个时刻（无人知道多久）离开人世，把一切都留在这儿，他仅注意在他的所有行动中保持行为正直，而在其他一切发生的事情中则顺从宇宙的本性。而至于别人将怎样说他或想他，或反对他，他甚至没考虑过这个问题，而只是使自己满足于这两件事情：一是在他现在做的事情中行为正直；二是现在分派给他的事物。他搁置了所有分心和忙碌的追求，除此以外别无所欲——通过这个方法走一条笔直的路，通过这条直路追随神。

12．既然探讨应当做什么是在你的力量范围之内的，多疑的畏惧有何必要呢？如果你看得清楚，满意地走过去而不要折回；如果你看不清楚，停下来询问最好的顾问。但如果有什么别的东西反对你，那么根据你的力量谨慎明智地继续前行，保持那看来是正当的东西。因为达到这一目标是最好的，如果你做不到，也要让你的失败是尝试的失败。在所有事情上遵循理智的人既是宁静的，又是积极的；既是欢乐的，又是镇定的。

13．一从睡眠中苏醒就问自己，如果另一个人做了正义和恰当的事，对你是否将有什么不同。这不会有什么不同。

我设想，你没有忘记吧，那些在褒贬别人时态度傲慢的人是怎样的人？他们是在床上或船上的人；你没有忘记吧，没忘记他们所做的、所避开的、所追求的，以及他们如何偷、如何抢。不是用他们的手脚，而是用他们最宝贵的部分。当一个人愿意时，本可以用这一部分产生出忠实、谦虚、真诚、守法和一个好的守护神（幸福）。

14．对那给出一切并收回一切的自然，有教养和谦虚的人说，按你的意愿给吧，按你的意愿收回吧。他不是骄傲地这样说，而是怀着忠顺和对自然的欣喜说出这番话。

15. 你正是风烛残年，像在一座山上一样生活吧。因为如果一个人生活在世界上任何地方都像生活在一个国家（政治团体）中一样，那么住这儿或住那儿对他并没有什么区别。让人们看看，让他们认识一个真正按照本性生活的人。如果他们忍受不了他，让他们杀了他。因为这比像人们如此生活还要好些。

16. 不要再谈论一个高尚的人应该具有的品质，而是要努力成为高尚的人。

17. 不断地沉思全部时间和整个实体，考虑所有个别的事物对实体来说就像是沧海一粟，对于时间来说就像是螺丝锥的一下转动。

18. 注意一切存在的事物，观察那已经分解和变化的事物，就像它是在腐朽和消散，或者一切事物都是先天地如此构成以致必然毁灭。

19. 考虑人们在吃饭、睡觉、生产、娱乐等时候是什么样的人，然后考虑他们在不敬或傲慢，又或者居其高位发怒和叱责时是什么样的人。而就在不久之前他们是多少人的奴隶，是为了什么事情受别人奴役，考虑过一会儿他们又将进入什么状态。

20. 宇宙的本性带给每一事物的东西都是有利于它们的。当本性被带给它们时，那是为了它们的。

21. “大地喜爱阵雨”；“喜爱神圣的以太”。宇宙喜爱创造无论什么要发生的事物。那么我对宇宙说，我像你喜爱一样喜爱。这不也说了吗，“这种或那种事物喜爱（习惯于）被产生”？

22. 或是你住在这儿，已经使自己习惯了这里；或是你要离开，这是你自己的意志；又或是你要死去，卸下你的义务。而在这些事之外一无所有。那么，好好地、欢乐地生活吧。

23. 让你总是明白的这块陆地跟别的陆地一样，这里所有的事物跟一座山上，或者海边，或任何你愿去的地方的事物一模一样。因为你将发现，正像柏拉图所说的，居于一个城的城墙之内就跟居于山上一个牧人的草棚中一样。

24. 我的支配能力现在对我是什么呢？我现在正把它塑造成什么性质呢？我现在正为什么目的运用它呢？它缺少理解力吗？它是放荡不羁、跟社会生活没关系的吗？它融进和混合着可怜的肉体，以致倾向于跟它结为一体吗？

25. 从其主人那里逃走的人被叫作逃亡者，但现在主人是法，那违反法的人是逃亡者。那悲叹、愤怒或者畏惧的人也是逃亡者，他因为某些过去、现在或将要产生的事是由所有事物的统治者指派而不满，这统治者就是法，他分派给每人以适合的东西。那么，那悲叹、愤怒或者畏惧的人就是一个逃亡者。

26. 一个男人放下种子在一个子宫里，然后离去了，另一种本源接着照管它，作用于它，使之成为一个孩子。从这样一种质料中产生了一种什么东西啊！然后，这孩子通过喉咙吃下食物，另一种本源又接着照管它，造出知觉和运动，以及健康的生命、力量和别的东西；有多少人是这样成长的，这又是多么奇怪啊！然后观察以这种隐蔽方式造就的事物，观察这种力量，正像我们观察那使事物上下运动的力量一样，当然不是用眼睛，但并不因此就不清晰。

27. 不断地思考所有现存的事物过去也是这样存在的，思考它们在将来也会是同样。使你的眼前呈现同样形式的所有戏剧和舞台，无论它们是从你的经验还是历史中得知的。例如，赫德里安的整个宫廷，安东尼的整个宫廷，还有菲力蒲、亚历山大、克里瑟斯的整个宫廷；因为所有过去的这些都是我们现在所看到的戏剧，只是换了演员罢了。

28. 想象一下所有悲叹或不满于一切事物的人，他们就像是一头将要被宰杀的猪那样挣扎和叫喊。那在他床上为人们的被束缚而默默哀伤的人，也像这头猪，考虑一下自愿地顺从所发生的事，是仅仅给予理性动物的品质，而顺从则是加于所有存在物的一种必然性。

29．在你做所有事情的场合，都分别停下来问问自己：是否由于死亡剥夺了你做这事的机会。它就是一件可怕的事情。

30．当你因什么人的错误生气时，立刻转向自己，想想你自己是否犯过类似的错误，例如，以为金钱是一件好东西，或者快乐、一点名声等是好东西。因为通过注意这些，你将迅速地忘记你的愤怒，如果再加上这一考虑：这个人是被迫的，他怎么能不这样做呢？或者，如果你能够，那么为你解脱压迫吧。

31．当你见到苏格拉底派学者萨特隆时，想想尤提切斯或希门；当你见到幼发拉底斯时，想想特洛珀奥佛勒斯；当你见到色诺芬时，想想克里托或西维勒斯；当你反观自己时，想想任何别的恺撒。在他们每个人的情况下都是以类似的方式行动的。然后让这一思想出现在你心里：这些人现在都在哪里呢？无处可寻，无人知道。因为通过这样不断的思考，你将把人看作尘土和完全的虚无，特别是如果你同时思考，一旦变化的东西绝不会在时间的无限持续中再存在。而你，你的存在占据一个多短的时间呢？你为什么不满足于以一种有秩序的方式通过这一瞬间呢？你在为你的活动避免什么事件和时机呢？所有这些事物，除了在理性细察和深究那发生于生活中的事物的本性时被用来训练理性之外，难道还有什么别的用处吗？那么坚持到你将把这些事物转变成属于你自己的时候为止吧，就像那结实的胃把所有食物变成它自己的一样，像那大火使投入其中的一切东西的火焰和亮光都成为自己的一样。

32．让任何人都知道你是简朴和善良的，让那些认为你没有这种品质的人都成为一个说谎者，这些完全是在你的力量范围之内。因为又有谁能阻止你成为善良朴实的人呢？除非你不愿意成为这种人，否则你就只能决定不再生存。因为如果你不是这种人，理性决不允许你生存。

33．对于这一质料（我们的生命），能以最合乎理性的方式做或说的事情是什么呢？无论这事情是什么，做它或说它都在你的力量范围之内，不要为你受阻而辩解。你的心灵要进入这样一种状态，你才会停止哀伤，那些享受快乐的人是多么得意，而你的状态却是这种：对于那隶属和呈现于你的事情，按照人的结构去做这些事，因为一个人应当把根据他自己的本性行事是他力所能及这一点看作一种享受。无论他身居何处，这都是在他的力量范围之内。而这种能力却没有给予到处滚动的一个圆筒，也没有给予水、火以及一切受自然或无理性灵魂支配的事物，因为阻止它们和挡住它们的东西是很多的。而理智和理性却能顺利地通过一切反对它们的事物，是先天就赋有这种能力的，这也是它们所愿意的。总是把这种便利置于眼前，理性据此将顺利通过所有事物，就像苗上蹿、石头下落、圆筒顺着斜坡往下滚一样，不要再寻求别的。因为所有其他的障碍或者只是影响那无生命的物体，或者只有通过意见和理性自身的放弃，它们才能产生压迫或做出损害；因为如果它们做出了损害，那感受到这损害的人将马上变得悲惨。在一切有某种结构的事物那里，对它们无论发生什么损害，那被如此影响的事物就会因此而处境变坏，而在类似的情况中，可以说，一个人通过正确地运用这些事物却会变得更好和更值得赞扬。最后记住：那不损害到国家的事情，也绝不会损害到真正的公民；那不损害到法（秩序）的事情，也绝不会损害到国家；而被称为不幸事件的这些事物中并无一个损害到法，这样，不损害到法的东西也就绝不损害到国家或公民。

34．对于把握了真正的原则的人来说，甚至最简单的箴言也是足够的。任何普通的箴言都能够提醒他要摆脱哀伤和畏惧。例如“树叶，一些被风在地上驱散的树叶——而这就是人类”。

你的孩子们也是树叶，那些仿佛他们配得上称颂和赞扬的人，或者因相反的诅咒、暗中的谴责和轻蔑而呼号的人，也是树叶。同样，那些将获得名声并把它传到今后的人也是树叶。

因为所有这些东西就像诗人所说：是“从春天产生的”，然后风把它们吹下；然后树木又在它们原先的地方长出新的叶子。所有事物都只是一个短暂的存在，而你却避免和追求所有事物，仿佛它们是永恒的一样。再过一会儿，你就将合上你的眼，那为你上坟的人不久也要被后来的人悼念。

35．健全的眼睛应当看所有可见的事物，而不是只希望看绿色的东西；因为这愿望是一双病眼所要求的。健全的听觉、嗅觉也应当乐意去察觉所有能听到和闻到的东西。健全的胃应当像磨子对待所有它天生要磨的东西一样对待所有食物。所以，健全的理智应当是为所有发生的事情准备的，而这种说法：让我亲爱的孩子活着，让所有人赞扬我做的一切，就如同一双寻求绿色事物的病眼，或一副寻求柔软食物的朽牙一样。

36．没有一个人会如此幸运，即在他临死时身边没有对他的死会感到痛快的人。假设他是一个好人、一个智者，最后不也是会有人心里这样说吗：让我们最终摆脱这位老师而自由地呼吸吧。确实，他对我们任何人都不严厉，但我想他只是默默地谴责我们。这就是对一个好人所说的。而在我们的情况中，有多少别的原因使许多人希望摆脱我们。那么，当你临死时，你要想到这一点，你要这样思考以使自己较满意地离开：我就要从这样一种生活中离去了，在这种生活中甚至我如此努力地为之谋利、祈祷和关心的同伴也希望我离去，希望也许从中得到一点好处。那么一个人为什么要执着于一种较长的尘世间的逗留呢？然而也不要为此就在离去时对他们态度不和善，而是要坚持你自己的品格——友好、仁爱和温柔；另一方面，不要做得仿佛你是被拖走的，而是要像一个安详地死去的人一样。可怜的灵魂是容易同身体分开的，你同人们的分离也应当是这样，因为自然曾把你与他们联系和结合起来。但现在它分解了这一结合吗？好，我就像从同类中分离一样，无论如何不要推推搡搡地抵抗，而是心甘情愿，因为这也是合乎自然的一件事。

37. 碰到任何人做什么事，都要尽可能地使自己习惯于这样问自己：这个人做这件事是为了什么目的？但要从你自己开始，先考察你自己吧！

38. 记住，那操纵你的是隐蔽在你自身内部的：这是信念的力量，这是生命，如果可以的话，也可以说这是人。在思考你自己时绝不要包括那将你围绕的皮囊和那些依附于需要它的东西。因为它们就像是一把斧子，差别仅在于它们是长在身体上面的。由于没有推动和制约它们的本源，这些部分的确不比织工的梭子、作家的笔和牧人的鞭子有更多的用处。

十一

1. 理性灵魂有以下表现形式：它审查自我，分析自我，把自我打造成它所认可和熟知的模式，自己享用自己而得的果实——然而植物的果实和动物中对应于果实的东西不是由自己享用的——它终其一生只为达到自己的目的，不管自己的生命何时凋谢。它不会表现得像是在舞台剧、戏剧或者是其他的形式中的一样，只要中途有任何中断，它都无法完整。它是全面的，无论它停止在哪里，总能使之前的事物保持完整，所以它可以如此自豪地说：我所应该有的东西我都拥有。宇宙和它周围都围绕着虚无缥缈的物质，概览它的形式，它可以伸展到时间的空间里去，注视着所有事物的更替，它悟到我们的后人再也没法看见新鲜的事物，而我们的先辈也不会见得比我们多。然而在某种程度上来说，一个已经四十岁的人，如果他还拥有完整的理解力，就能看清世界上的万物，不管是已经存在过的还是将要出现的。理性灵魂也有这样一种表现形式：热爱周围的人，热爱正确的理性，那么就可以说和拥有正确的理性一样了。

2. 假设有一首曲子被你分解成一个个短暂的音符，仔细分析每一个音符之后，你自问：它有没有将你征服？这样一来无论什么让人赏心悦目的歌曲、舞蹈还是拳击，在你心里的地位都将急剧降低。因为你不得不自卑地承认：舞蹈以及拳击中的任何一个动作和姿态都那么雷同。故抛开德行以及有德行的行为，将自己的注意力都转移到事物每一个细小的部分吧，而这种划分的后果是你降低对它们的评价，这个规则可应用于生活中的点点滴滴。

3. 假设在生命中的每一分钟，灵魂随时都准备告别我们的肉体，要么毁灭，要么消失，要么仍旧存在。如此一来，这将是怎样的一种灵魂呢？但本质上这又区别于基督教对于灵魂顽固性的理解，这仅仅是一个人自己普通的判断罢了。这样的准备是经过自己内心的反复推敲，是有自身尊严的，别人也会对此给以信服的眼光，同时也没有什么悲惨的情绪掺杂其中。

4. 我自问为了大众的利益做过什么事情。如果做过，我将给予自己奖赏。时刻警醒自己的内心，丝毫也不要停止这种善的行为。

5. 你所拥有的技艺是什么？能称之为善的东西。逃出宇宙本身的普遍原则以及其他一些恰当结构的原则，如何能圆满地完成此事呢？

6. 起初，悲剧的演绎只是作为提醒人们注意将发生在他们身上的事的一种手段，是要告诫人们：事情如此演绎是符合自然发展的客观规律的，只要你喜欢舞台上展现出来的东西，当然你也不会介意将其放在一个更大的舞台上。因为你的心里默认事情以这样一种形式发生，即便那些实在忍不住地喊出"喔，天哪"的人也得接受它们。有些叙事类的戏剧家在这方面做得特别好，如："如果上天忽视了我以及我的子孙，这也是符合自然的规律的。""已经发生的事，我们没必要为之愤怒和焦虑"，还有"生命收获的时候就像那金黄的麦穗。"等诸如此类。

悲剧之后被引进的是古老的喜剧，虽说喜剧最初显得那么口无遮拦，但这种形式是在提醒人们明白傲慢究竟为何物。这样一来，就连戴奥真尼斯也经常引用这些作家的言论。

至于中间时代出现的喜剧，先观察它是什么，再研究它是因何被引进的，逐渐地，它演变成一种插科打诨的技巧，仅此而已。其实每个知道的人心里都清楚，即便这些喜剧类的作家说了一些好的话，但其目的究竟是什么样的呢？这些也逃不过人们明亮的眼睛。

7. 毋庸置疑，你现在的生活条件更适合于哲学。

8. 从旁枝上切下的枝条也必是来自整棵树木的。正如一个人与另一个人分开，也意味着他与整个社会分开。于树枝而言，是别的东西切下了它，而于一个人而言，当他憎恨别人或者不理睬别人时，其本身的行为处事就使他同身边人分开，而与此同时，他便从整个社会中脱离出来，或许他自身还浑然不知。但是他仍然拥有来自宙斯赋予他的特权，即肯定感，他会逐渐地恢复到原来的本我，再蜕变成融于整体的部分小我，这些我们都是可以控制的。但是，如若这种他离现象经常发生，对于他离者而言，要再次统一，回到原来的状态，可就不那么容易了。因为，最初与树木一起生长，一起共享生命的枝条，与先切下来再嫁接上去的枝条是不一样的。因为，正如园艺者所言，当它与树的其余部分一起生长时，它与树的心灵已不一样了。

9. 当你按照正确的理性行事时，有人却企图阻碍你，但是这并不能使你偏离自己的正道。类似原理，也不要让他们的做法，使你放弃对他们的仁爱情感。只是要提防两件事，一是保持自己判断和行为的稳定性，二是友善地对待那些试图阻碍你，或是给你苦头吃的人。因为，如若你因他们的言行而烦恼或偏离你自己的路线而退步，这也是软弱的表现。因为，由于畏惧而退步，或是使自己远离注定是同胞和朋友的人，都是在放弃自己的立场。

10. 技艺乃本性之最，因为技艺便是模仿事物的本性。如若此观点正确，那么最完善和最普遍的本性中也不会缺乏技艺的影子。既然所有技艺都是为了更高技艺而做的次等的事情，那么这便是宇宙之本意。事实上，正义的根本也在于，正义乃一切德行之基础。假如，我们关心的是中性的事物，或者是受骗、轻率和善变之事时，正义也就不能被遵循。

11．如果事物不向你行驶，你对事物的追求和躲避都使你内心不平静，那么你还是需要以某种方式靠向它们。你需要判断，使你自己内心保持安静，这样，人们将不会看到你在追求抑或是在躲避。

12．球状的物体，其灵魂里保持着其独特的形象。若如它既不伸展，也不收拢，不发散也不凝结，而是被光芒照耀。那么借助这光芒的力量，我们看到的是世间万物及其本身的真理。

13．假如有人蔑视我，那就让他蔑视吧。我自身只需注意，人们不会看到我因受这蔑视影响而产生的任何言谈和事件。假如有人憎恨我，那就让他憎恨吧。但是，我仍然需要对每一个人都友好、仁慈，甚至向憎恨我的人展示他的错误，但绝不是通过斥责他的方式，也不是做出一副忍耐的样子，而是像伟大的福西昂那样，表现得尊贵和诚实，除非他本人确实冥顽不灵。一个人应当向神灵展示自己的满足现状，而不是抱怨不休，也不是整天不满足。如果现在你所做之事正是你心之所愿的，如果此刻你对世间之事感到满足，那么你便是你这位置上的第一人，那么你便可以以某种方式促进共同利益，这对你又何尝不是一件好事呢?

14．人是复杂的、虚伪的，因为他们既相互奉承又相互蔑视；而且当匍匐于别人面前时，却想高于别人。

15．一个人的举止需要通过行动才能显示出来的，正如一个人的真诚是通过他待事公正、待人虔诚的具体行动表现出来的。一个人的品格能直接从眼神里看出，就像我们能从一对恋人的眼神里读出那真切的爱意一般。诚实和善良就像一朵香味浓郁的鲜花，远远就能让人闻到扑鼻而来的香。只有善良、朴实和仁慈的人才能在动乱中不被遗忘。

16．最善的生活方式是在于灵魂对无关紧要的事物能采取漠然的态度。它之所以能采取漠然的态度，是因为我们的思维对些始终不动的事情，会产生一系列的联想，因此那些不必要的事物也是我们自己捏造的。如果这些事物是合乎自然的，我们可以喜欢并保留它们，如果是违反自然的可以努力去改变或寻找适合自己本性的东西，因为每个人对善的追求和看法都不一样！

17. 考虑每一事物都应该全面系统，比如某一事物是从何而来，由什么组成，会有什么变化等。

18. 如果有人冒犯你，第一，考虑你们之间有什么联系，因为所有事物早已被自然给安排好了：低等的事物是为高等事物服务而存在的，高等的事物需要相互合作。

第二，考虑冒犯者是什么人，处于何种境地，有什么目的。

第三，考虑他们所做的事是否正当，如果他们做得不正当，很显然，他们这样做是出于无知和不自觉。

第四，考虑你也曾做过不正当的事情，你是一个和他们相仿的人。

第五，考虑自己所做的判断是否正确，因为一个人必须学习许多东西，才能够对另一个人的行为做出正确判断。

第六，人的生命是短暂的，因此你不应该将宝贵的时间花费在烦恼和悲伤之中。

第七，没有谁的恶行能给你带来耻辱，只有自作的恶行才会使自己感到耻辱，思考一下，如果是这样，那么你也必然做出过许多不正当的事。

第八，考虑由这种行为引起的愤怒和烦恼最痛苦。

第九，考虑真诚、不做作是一种好气质，是战无不胜的。因此对最蛮横的人，只要对他始终保持一种和善的态度，以一个母亲对自己孩子的口吻，不带任何怨恨地、柔和地向他说理劝导。

这九条规则是缪斯送给你们的一个礼物，因为和善宽厚是人性更欣悦的品质，它使男子更有气概，拥有这些品质的人也拥有力量、精力和勇敢。

19. 当我们的圣洁灵魂被衰朽的事物浸染时，我们应当抛弃所有的腐朽思想使自己回到原点，并随时提醒自己。

20. 理智是永远都不会放弃自己的位置的，虽然人们温和的属气和属火的部分有一种天然向上的趋势，但还是被宇宙的配置挤压在这混合体（身体）之中。虽然他们可能放错了位置，但这些元素还是服从了宇宙，只有理智不满意于它的地位。因为它不服从，有自己的立场和追求。这些不屈的品质全都来自正义的行为。

21．那些在生活中没有唯一明确的目标的人，他的人生不可能是统一或一致的。但我的这种说法若不加上这一点都还不够，即明确这个目标应当是什么。因为我们应该为自己设置一个具有共同性质（社会性）和政治性质的目标，这就好像人们在多数人认为是善的事物上却得不到一致意见，而对有共同利益的事物才有一致意见一样。因为有明确目标的人将自己的所有努力均指向这一目标，且他所有的行为都相似，如此就将始终保持一致。

22．想想乡村的老鼠和城市的老鼠，再想想城里老鼠的恐慌和战栗。

23．苏格拉底常常把多数人的意见比作以拉弥亚或者是“吓唬孩子的妖怪”。

24．古代的斯巴达人在举行公共庆典时常常在遮阳棚里为陌生人安排座位，而他们自己则无论什么在地方都可以坐。

25．苏格拉底向珀迪克斯解释没有去他那里的原因时说，那是因为我不想带着最糟糕的结局离去，也就是说，我不想收到一个赞美却无法回报对方。

26．在以弗所人的作品中有这样一句箴言：不断想着从前的某一位有德贤士。

27．毕达哥拉斯嘱咐我们清晨抬头仰望天空，这样做会让我们想起那些以同样的方式始终做同一件事去完成它们的工作的物体，让我们想起它们的纯洁和坦荡。因为在这星球之上，没有罪恶存在。

28．想一想苏格拉底在赞蒂帕拿走了他的外套后，就给自己裹上一件毛皮时，他是什么样的人；当他的友人看见他如此穿着感到害羞并离开他时，他对他们是怎么说的。

29. 在你亲自学习之前，你绝不可能在写作或阅读中为别人定下什么规则。生活中更是如此。

30. 你是一个奴隶：自由的言谈于你而言是不适合的。

31. 我的内心在欢笑。

32. 他们将谴责德行，说出严苛的字眼儿。

33. 在冬天寻找无花果是疯子的行为，那个在不被允许的时候寻找他儿子的人也是如此。

34. 爱比克泰德说，当一个人吻他的孩子时，他应该对自己说："他也许明天就要离我而去。"但这是一些凶兆之词——"那表示人本能的活动的语言没有一个凶兆之词，"爱比克泰德说，"或者如果说是的话，那也只不过是如同说麦穗的收割一样的凶兆之词。"

35. 未熟的葡萄、成熟的葡萄和干枯了的葡萄，这所有一切都是变化，不是变为虚无，而是变为某种尚未存在的事物。

36. 任何人也不能夺走我们渴望自由的意志。

37. 爱比克泰德也说过：一个人必须找到能表示他的同意态度的行为（或规则），在进行与他有关的活动时，他必须注意参照环境活动并做出满足社会利益、尊重目标的价值；而感官欲望，则应当完全摆脱，至于回避（厌恶），他不用对任何我们所不能左右的事情表现出这种态度。

38. 他说，既然如此，那么所争论的就不是普通的问题了，而是疯了还是没疯的问题。

39. 苏格拉底常说，你想要的是什么？是有理性的人的灵魂还是无理性的人的灵魂？——有理性的人的灵魂——有理性的人中哪一种灵魂呢？健全的还是畸形的？——健全的——那么你为什么不去寻求这种健全的灵魂呢？——因为我已有健全的灵魂了——那你们为什么还争斗和吵闹呢？

十二

1. 所有那些可以通过实践努力得到的东西，你都可以拥有，但有一个前提，你必须战胜自己，并肯定自己的能力，不优柔寡断，不被别人的意见所左右，也不要被声色犬马所迷惑，坚持自己心中的道，哪怕是面临生死的考验也绝不动摇；当你做到了这一切的时候，纵然你最终没有成功，也必将成为一个伟大的人、一个可以脱离时空局限的人。

2. 当你能完全摆脱身体的束缚，理智地看待这个世界，不为外物所迷惑，你将少掉许多的烦恼，因为此时你的灵魂已经得到了升华，净化了你的根本。

3. 身体是生命的载体，灵魂是生命的主宰，人与动物的区别不在于身体和生命，而在于更深层次的灵魂思想；做最真实的自己，不管将来可能发生什么事情使你苦恼，不管包裹你灵魂的身体如何扭曲变化，不管那红尘外物如何纠缠环绕。为了摆脱命运的束缚，让思想灵魂的本我能纯粹和自由地活动，那么去做正义的事，符合你理智的事，磨砺你的灵魂，使之成为你身体的主宰，而不是被身体所主宰。

4. 有时我觉得很奇怪：世人爱自己都超过爱他人，但却又重视他人如何看待自己，胜过自己如何看待他人。如果你命令他只是思考和计划那些他是一旦想到就要说出来的念头，那他恐怕连一天也不能忍受。所以我们对身边的人将怎样看待我们，比我们将怎样看待自己要重视得多。

5. 仁慈的神灵在把所有事物安排好之后，单单忽视了这一件事：某些好人，与神意最相通的人，当他们一旦辞世，却绝不会再存在，而是完全地消失？这不是神的失误，而是符合自然的事情，生死自然之理，这正是自然的伟大之处——无情而更胜有情。

6. 有时在你无望完成的事情中也要训练自己。因为，即使在所有别的事情上不太擅长的左手握起缰绳来，也要比右手更有力，因为它一直受这种训练。

7. 想想看，当一个人在他被死亡追上的时候，应当处在一个什么样的身体和心灵状态中；想想生命的短暂，过去和未来无尽的时间深渊，以及所有物质的脆弱，珍惜你现在所拥有的一切，坦然面对必然到来的死亡。

8. 剥去事物的外壳而思考它们的形成的原则（形式），考虑痛苦、快乐、死亡、名声；对自己来说，谁是你灵魂不安的原因。

9. 要将命运掌控在自己的手中，你必须像一个拳击手而不是像一个角斗士，后者常常因为落下他用的剑而被杀，而前者总是用他的手，除了用手不需要用任何别的东西。

10. 明察事物本身，把它分为物质、表现形式和可以达到的目的。

11. 有多大的力量就要担起多大的责任。

12. 对于合乎自然发生的事情，我们绝不应当责难神灵，因为他们没有自觉或不自觉地做任何错事；也不应当责备人们，因为他们只是不自觉地做了错事。所以我们不应有任何责备。

13. 对生活中发生的事情感到奇怪的人是多么可笑和奇怪啊！所有的偶然都有其存在的必然性。

14. 假如有一种命中注定的必然性和不可更改的规则；又或者有一种无目的、无指导的混乱，毫无秩序。那么，如果有一种不可改变的必然性，你为什么还要抵抗呢？但如果存在一种没有统治者的混乱，那么满足于你在这种动乱中自身有一种支配的理性吧。即使这动乱把你带走，让它带走可怜的肉体、可怜的呼吸和别的一切，至少理智是它带不走的。

15. 灯光照耀着，不到它熄灭不会失去它的光芒，而在你心中的真理、正义和节制却要在你死之前就熄灭吗？

16. 当一个人表现得像是在做什么恶事的时候，我怎么知道这就一定是一件恶事呢？即使他的确做了恶事，我又怎么知道他没有责备过他自己呢？因为这就像破坏他自己的面容。想想那不让恶人做恶事的人，他就像不许无花果树结果，不准婴儿哭啼马嘶叫，不准别的必然出现的事物出现的人一样。一个有这种品质的人为什么必须这样做呢？但如果你是易怒的，还是纠正你的气质吧。

17．如果这是不对的，不要做它；如果这是不真的，不要谈它。因为你总是喜欢这样做。

18．在一切事物中要总是观察那对你作为一种现象产生的事物是什么，通过把它划分为物质、表现形式和可以达到的目的，以及它必须持续的时间来解决这问题。

19．最终要领悟到你在你心中有一种比那些引起各种效果，似乎在用线拉着你的事物更好、更神圣的东西。而现在你心里有什么呢？是恐惧、怀疑、欲望，还是别的此类东西？

20．首先，不要不加考虑地做任何事情，不要没有目的。其次，使你的行为仅仅指向一个目标。

21．想想不久以前你还没有身体、无踪无影，你现在看到的一些事物，现在生活的一些人也不存在。因为所有事物按其本性是天生要变化、扭转和衰朽的，以便在连续的系列中的别的事物可以出现。

22．当你做出决定的时候，驱除那些干扰你的意见，就像一支绕过岬角的舰队，你将发现一个平静、稳定、没有风浪的海湾。

23．任何一种活动，当它在恰当的时间停止时，它不会遭受到不幸，因为它已停止了；做出这一活动的人也不会遭受到不幸，因为这一活动已经停止。那么同样，由所有这种行为组成的整体，亦即我们的生命，如果它在恰当的时候停止，因为它已经停止，所以也不会遇受到不幸。如果一个受到虐待的人在恰当的时候结束这一过程，他也就没有受到痛苦。而恰当的时间和界限是由本性来确定的，有时，像年迈而终的事情是由人的特别本性来确定，但通过其部分的变化，使整个宇宙总是保持青春和完美，则总是由宇宙的本性来决定的。一切对于宇宙有用的始终是好的和合乎时宜的。因此生命的终结对每个人都不是恶，因为它绝不是耻辱，这是由于它不依赖于意志，也不对立于普遍利益，而且这还是件好事，因为它对宇宙来说是合理的，是跟宇宙秩序一致的。

24. 你必须预备好这三条原则。第一，在我做的事情里，不要做任何不加考虑，或者是违背道义的事情。第二，考虑每一存在从种子到它接受一个灵魂这段时间里是什么，从接受灵魂到给回灵魂这段时间里又是什么；考虑每一存在是由什么东西构成的，它又分解成什么东西。第三，如果你突然站在了世界之上，你应当俯视人类，观察他们的差别有多大，同时也应瞥一眼居于四周空气和以太中的存在有多少；经常像你被提升那样思考，你就将看到同样的事物、形式的相同和持续的短暂。难道这些事物值得骄傲吗?

25. 抛弃那些不对的意见，你将得救。那么是谁阻止你这样做的呢?

26. 当你因为一些事苦恼时，你忘记了这一点：所有事物都是按照宇宙的规则发生的；你忘记了一个人的邪恶行为接触不到你；你还忘记了现在发生的一切如此发生，将来也如此发生，现在也在各个地方如此发生；你也忘记了一个人和整个人类之间的亲缘关系是多么紧密，因为这是一种共有，不是一点点血或种子的共有，而是理智的共有。你还忘记了每个人的理智都是一个神，都是神性的一种流溢；你忘记了：没有什么东西是人自己的，他的孩子、他的身体乃至他的灵魂都是来自神的；最后你还忘记了每个人都仅仅生活在现在，失去的也只是现在。

27. 不断地回忆那些经常诉苦的人，那些由于响亮的名声、巨大的不幸、仇恨，或任何一种巨大的幸运而非常引人注目的人，然后想想他们现在到哪里去了呢？他们已化为尘土的传说，甚至连传说也够不上。若好好想想对所有人们引以为骄傲的事物的热烈追求，人们竭力追逐的一切是多么无价值啊。而对一个人来说，在提供给他的机会中展示出自己的正直、节制，忠实于神，并且非常朴实地这样做是多么贤明啊！而为最不值得骄傲的事情骄傲，则是所有事情中最难堪的。

28．有些人问：你在哪儿见过神？或：你怎么知道他们存在并如此崇拜他们呢？对于他们，我回答说，首先，他们甚至可以用肉眼看见；其次，我甚至没见过我自己的灵魂，但还是尊重它。那么对于神，我是从我对他们力量的不断体验中领悟到他们存在并崇拜他们的。

29．生命的保障在于：彻底地认识一切事物；它本身是什么，它的组成物质是什么，它的存在形式是什么；以你的全部灵魂去行正义、诵真理。我们除了通过把一件好事跟另一件好事联系起来，以使中间不留下哪怕最小的空隙来享受生命之外，还有什么别的办法呢？

30．有一阳光，虽然它被墙壁、山峰和无数别的东西隔断。有一共同的元素，虽然它分布在无数的个体和个别的限制物之中。有一理智的灵魂，虽然它看来也被划分了。那么，在刚刚提到的这些事物中，所有别的部分——像那些大气的和物质的部分——是没有感觉、没有情谊的，但理性本原甚至把这些部分也结合到一起，吸引为了同一。至于理智，则是以一种特殊方式趋向于它的同类的，它与之结合，这种相通的感觉是割不断的。

31．你希望得到什么？无限的生命？好，你希望有感觉吗？希望有运动和生长？然后再停止生长？希望谈话？思考？所有这些事情在你看来有什么值得欲望的呢？但如果要低估所有这些事物的价值，是很容易的，所以，还是遵从理性和灵魂吧。因上述事情苦恼是与尊重理性和神不一致的，因为死亡将从一个人那里夺走所有的东西。

32．分给每个人的是无尽的、不可测的时间中多么少的一小部分啊！它立刻就被永恒吞噬了。还有，分给每个人的是整个实体的多么小的一部分啊！是普遍灵魂的多么小的一部分啊！你匍匐在上面的是整个大地多么小的一块土壤啊！想到这一切，就要认定：除了按照你本性引导的去做的事，以及忍受共同本性带给你的东西之外，就没有伟大的事情了。

33．理智支配的能力是怎样运用于自身的呢？一切都基于此；而其他的一切，不管在不在你意志力的范围之内，都只是过眼云烟。

34．这种思考最适于使我们蔑视死亡，甚至那些认为快乐是善，痛苦是恶的人，也曾蔑视过它。

35．一个人，如果对于他，只有那在适当时机来临的才是善，那么，对于他，做出较多或较少的合乎正当理性的行为乃是同样的；对于他，总有一些时间来沉思这个世界并没有什么不同——对于这个人，死亡也就不是一件可怕的事情了。

36．人啊，你一直是这个伟大世界里的一位公民，五年或三年会对你而言有什么不同呢？因为与自然相合的事情对一切都是公正的。如果没有暴君也没有不公正的法官把你从国家中打发走，把你打发走的只是送你进来的自然，那么这又有什么困苦可言呢？这正像一个执法官曾雇用一名演员，现在把他辞退，让他主动离开舞台一样——“可是我还没有演完五幕，而只演了三幕。”——你说得对，但是在人生中三幕就是全剧，因为怎样才是一部完整的戏剧，这决定于那个先前构成这部戏的原因，现在则决定于解散这出戏的人，可是你却两方面的原因都不是。那么满意地退场吧，因为那解除你职责的人也是满意的。

马可·奥勒留·安东尼传

M. Aurelius Antoninus

〔英〕乔治·朗 著

马可·安东尼，公元121年4月26日出生于罗马。他的父亲安尼乌斯·维鲁斯死于其执政官（地方民选管）任期内。他的母亲是多米特·卡尔维娜，也叫露西娜。皇帝 T·安东尼·皮乌斯，马可·安东尼的叔父，娶了尼乌斯·维鲁斯的姐姐安妮亚·盖利娜·福斯蒂娜。皇帝哈德良收养马可·安东尼的姑父安东尼·皮乌斯，并宣布其姑父为他的继任者。安东尼·皮乌斯同时收养了柳希厄斯·恺撒的儿子 L·C·康茂德和马可·安东尼（他的原名是马可·阿尼乌斯·维鲁斯）。马克·安东尼然后取名马可·伊利乌斯·奥勒留·维鲁斯，公元139年，增加了“恺撒”称号。“伊利乌斯”是哈德良家族的名字，“奥勒留”是安东尼·皮乌斯的名字。当马可·安东尼成为“奥古斯都”，他放弃了“维鲁斯”，取了“安东尼”这个名字。因此，通常叫他马可·奥勒留·安东尼或者简单地叫马可·安东尼。

这个年轻人被精心抚养成人。他感谢神，因为他有好祖父，好父母，好姊妹，好老师，好伙伴，好的男亲戚和好朋友，对他几乎什么都好。他有幸见证他的叔叔，也是他的养父安东尼所庇佑的一个例子。他在他的著作中，记录了这位既是优秀男人又是精明统治者的叔叔的美德。像许多年轻的罗马人一样，他在诗歌和修辞上都有所尝试。希罗德·阿提库斯和马可·科尼利厄斯·弗朗特是他的修辞老师。现存的弗朗特和马可之间的书信，显示了这个学生对老师的深厚感情，以及老师对这个勤奋学生的殷切希望。安东尼在提及老师们时，尤其感激弗朗特对他的教育。

11岁的时候，他尝试着穿哲学家的那种普通又粗糙的服装，自己也成了一名努力的学生，过着最艰苦和有节制的生活，这甚至伤害了他自己的健康。最终，为了哲学，他放弃了诗歌和修辞，也把自己归附于斯多葛学派。但是他没有忽略法律的学习，因为这对他打算任职更高位置是有用的准备。他的老师是 L·沃拉西那斯·米西那斯，一位杰出的法学家。我们必须假设他学会了武器（战争或者战斗）的使用，这对于一个随后要带领他的军队与好战种族战斗的人，是教育中的一个必要部分。

安东尼在他的第一本书里面记录了他的老师们的名字，以及老师们对他的恩惠。如果我们不经意中看下他表达自己的方式，他说他从他们身上学习到的似乎是品味、虚荣心和自我表扬的方式。但是如果那个人真的得出这样的结论，他将是错误的。安东尼的意思是去纪念他的几个老师的优点，关于他们教了什么以及一个学生应该从他们那里学什么。此外，这本书及另外十一本书籍，是供他本人自用。如果我们可以信任第一本书结尾的注释，这本书是在马可·安东尼与夸迪的一次战役期间所写，在一个纪念他杰出的老师们的美德的时候，这些也提醒他忆起来自老师们的教导和实用经验。

在他的老师中，他的哲学老师是来自克罗尼亚的塞克斯图斯，塞克斯图斯是普鲁塔克的孙子。他从这个优秀的男人身上学到的是告诉自己要仁爱。他最喜欢的老师是在公共事务中实际、理智的哲学家 Q·尤利乌斯·汝古斯提。在安东尼成为帝王后，汝古斯提成为他的参谋。不过身居高位的年轻人不一定都像他那样幸运，比如他们的同伴和老师们。我也没有发现其他任何一个年轻的王子，能够如马克·安东尼那样接受教育。这样一个拥有不同学识和性格的老师队伍将再难被聚集；对于像他这样的学生，我们也从未有过。

哈德良在公元138年7月去世，王位被安东尼·皮乌斯继承。公元146年，马可·安东尼娶了她的堂妹，皮乌斯的女儿福斯蒂娜为妻。公元147年，他的女儿出生。他的继父给他授予“恺撒”的称号，并与其共同管理国家。父亲和养子互相生活在完美的友谊和自信中。安东尼是一个孝子，帝王皮乌斯爱他、尊重他。

安东尼·皮乌斯死于公元161年3月。据说，元老院敦促马可·安东尼登上皇位，但他自己要求和另外一个养子皮乌斯·L·康茂德（一般称维鲁斯）共管国事。这样，罗马第一次同时有了两个帝王。维鲁斯是一个容易满足的懒惰的人，并不配他的位置。虽然安东尼不耐烦他，但由于他的性格，据说维鲁斯有足够的意识去尊敬他的同事。一个贤德的皇帝和一个松散的搭档和平地生活在一起。他们的联盟，在安东尼让自己的女儿露西拉嫁给维鲁斯时得到加强。

安东尼的统治首先被帕提亚战争烦扰，维鲁斯被派去指挥，但他无所作为。而在安东尼领导下的罗马人在亚美尼亚、幼发拉底河的和底格里斯河上获得胜利。帕提亚战争在公元165年结束。奥勒留和维鲁斯的胜利（公元166年）是在东部的胜利。在罗马和意大利，一场瘟疫夺走了许多性命并蔓延到欧洲西部。

意大利的北部，被加利亚边境到东部哈德里安的阿尔卑斯山外的野蛮人威胁。这些野蛮人如300年前的日耳曼民族一样试图闯入意大利，安东尼余生的一些阶段都投入到驱赶这些入侵者的战斗中。公元169年，维鲁斯突然死亡，安东尼独自一人统治这个国家。

在对日耳曼人战争期间，安东尼在多瑙河的卡农顿居住了3年。马可曼尼人被赶出了潘诺尼亚，而且在撤过多瑙河时几乎灭亡。公元174年，皇帝取得了对夸迪人的巨大胜利。

公元175年，罗马在亚洲军队的一名勇敢、精明的指挥官卡修斯造反，并宣称他自己是奥古斯都。但是后来卡修斯被他自己的一些官员所暗杀，所以这次谋反也就这样结束。安东尼对卡修斯的家庭和党羽的处理表现了他的人性化，并且在他给元老院的信中提到仁慈仍然是存在的。

安东尼在听到卡修斯的谋反后出发到东方，虽然他表示在公元174年已经回到罗马，去执行对日耳曼的战争。也有可能是他直接从战场去了东方。他的妻子福斯蒂娜陪他一起去了亚洲，但她突然死在了陶拉斯的脚下，这给她的丈夫带来了巨大悲痛。写安东尼生平的卡庇托林努斯和迪昂·卡修斯，指控皇后对她丈夫可耻的不忠以及可恶的淫荡。卡庇托林努斯说安东尼有可能不知道，也有可能装着不知道。在各个年龄，没有什么比这些恶意的报告更常见了，在整个罗马帝国的历史上都充满了这样的恶意报告。安东尼爱他的妻子，他形容她为“听话、深情和简单”。福斯蒂娜的母亲，安东尼·皮乌斯的妻子，同样被传播了这样的丑闻。同样的，安东尼·皮乌斯也对他的妻子完全感到满意。在他的妻子死后，安东尼·皮乌斯在给弗朗特的信中，提到他宁愿和他的妻子一起过着流亡的生活，也不愿意没有她的陪伴，一个人生活在王宫里。没有太多的男人会像这两个帝王那样给自己的妻子一个很好的描述，卡庇托林努斯在戴克里先时代写到。他可能打算告知真像，但他是一个软弱，可怜的传记作家。

安东尼继续着他的旅行，到了叙利亚和埃及。在他返回意大利的途中，他路过雅典，被介绍加入了依留西斯市的神秘主义（厄琉息斯的秘仪）。这是皇帝实践执行的那个年代既定的严肃宗教仪式。我们不能这样就得出结论说他是个迷信的人，如果他的书没有表明他不迷信，那么我们也有可能会这样认为。但这是许多实例中唯一一项表明统治者的公共行为，并不总是证明自己的真实意愿的。一位谨慎的统治者将不会轻易反对他人民的迷信，虽然他可能希望他们明智，但他仍要知道，他不能通过冒犯他们的偏见而改变他们。

安东尼和他的儿子科莫多斯在胜利中回到罗马，也许是因为公元176年11月23日一些对日尔曼民族战争的胜利。在接下来的这些年，科莫多斯协助他的父亲管理帝国，并取名奥古斯都。公元177年，是教会史上一个值得纪念的年份，亚特拉斯和一些人，因为信奉基督教而被在里昂执行死刑。被迫害的证据是一封被尤西皮斯保存的书信，这封信来自高卢的维埃纳和里昂的基督教徒，给他们在亚洲和佛里几亚基督兄弟的信件中，这封信几乎被全部保存。信中包含了一个非常详细的关于折磨一个加利亚的基督徒的描述。亚特拉斯，一个罗马公民，也是一个基督徒，被民众大声要求带入到圆形露天剧场。但是总督下令把他与其余的犯人一起关押进监狱，直到他得到皇帝的指示。可很多人在总督想到向皇帝请示前被施以酷刑。皇帝的诏书，谈到这封信，说基督徒应该被惩罚，但是如果他们可以背弃信仰，那必须释放。在这个诏书出来前，罗马公民的基督徒应被斩首，其余的将被放到有野兽的露天大剧场。现代的一些教会史作家在用到这些信时，没有对这些殉道者遭遇的悲惨故事做任何评论。信中提到一个叫圣乐卡农（Sanctus）的人，被用铬铁（红铁板）烧出一个疮，而且不成人形。但在被放到架子上前时，他恢复了被折磨前的模样，这时是治疗而非惩罚。随后他被野兽撕成碎片，并放到铁椅子上烤，最终死掉。

这封信是证据的一部分。这个打着高卢基督徒名义的作家，无论是普通情况下还是特殊情况下，都是我们关于这个故事的证据。我们经常接受我们相信的概率范围内或者有可能证明一件事的小证据。当这个事和相关的证据似乎极不可能或者不可能时，我们会拒绝完全一样的证据。但这是一个错误的探究方法，虽然一些现代作家，也采用这种选用故事中他们喜欢的，而丢弃剩余部分的证据；或者他们不拒绝，但他们会不诚实地抑制某些东西。一个人只有采纳所有信或者拒绝所有才能保持一致，对于任何一种选择我们都不能责怪。但是拒绝的人可能仍然承认这样的信件有可能建立真正的事实上，他也许会以最有可能的方式接受这些信。但是如果他怀疑这个作者说了一些虚假的事情，那他也就不知道作者的故事哪部分可信。

出现在北部边境的战争好像并没有干扰安东尼对东方的访问。在他返回时，这位皇帝再次带领罗马去反对野蛮人。公元179年，日耳曼人在一伟大的战役中失败。在这次战争中，皇帝被检查出患有某种传染性疾病。公元180年3月17日，在他59岁时，他死在了在了潘诺尼亚的文都滂那（维也纳）的军营里。他的儿子康茂德和他在一起。皇帝的遗体——也可能是骨灰，被带回罗马，在那里安东尼被奉为神灵，那些有钱的人供奉起了他的雕像或者半身像。卡庇托林努斯写到，很多人都把安东尼的雕像作为家中神像。他是在做一个圣人。康茂德竖立了罗马的石柱广场上纪念他父亲的安东尼柱，围绕圆柱的螺旋式浅浮雕纪念着安东尼对马可曼尼和夸迪战争的胜利：神奇的大雨让罗马的战士振作，却让敌人更狼狈。安东尼的雕塑被放在柱顶，但后来不知道什么时候被移走，一个圣·保罗的铜像被锡克塔斯教皇放到那里。

安东尼时代的历史证据非常稀缺，一些现存的也缺乏可信性。最离奇的故事是在公元174年，对夸迪战争期间的奇迹。罗马的军队处在被渴死的边缘时，一场突然的风暴让他们湿透了，而此时他们的敌人却遭受了火和冰雹，这样罗马人获得了巨大胜利。所有的学术权威们谈及这场战争史，也都称是奇迹。非犹太教徒（异教徒）的作家将这一切归于他们的神，基督徒们认为那是由于皇帝军队中的基督教军团们的祷告，为巩固基督徒的声明，后面添加说皇帝给了雷鸣军团旨意。但是达希尔和其他维护这个奇迹的基督教报告，承认雷或者闪电的旨意不是给这个军团的，因为夸迪人遭到了雷击，也因为在他们的遁处有闪电的身影，而且在奥古斯图斯时代，这种军团都存在。

斯加利格尔同时注意到，这个军团在安东尼统治前叫雷鸣军团。我们从列举了所有奥古斯图斯时代的军团的迪昂·卡修斯那里获得这些。雷和闪电的名字也出现了图拉真地区的一处题词，这个在里雅斯特被发现。尤西比乌斯，当他涉及这个奇迹的时候，引用希拉波利斯主教阿波里纳利乌斯的话说，由于他们的祷告获得胜利，皇帝安东尼授予米利提尼军团这个称呼。从中我们可以评估阿波里纳利乌斯的证词的价值。尤西比乌斯并没有说在阿波里纳利乌斯的那本书中出现了该陈述。狄昂说雷鸣军团在奥古斯图斯时期驻扎在卡帕多西亚。瓦勒修也通过研究表明在罗马帝国的诺提提亚，亚美尼亚指挥官领导的第十二军团叫“雷米利提尼”；在亚美尼亚，这一立场将同意狄昂在卡帕多西亚的立场。于是瓦勒修得出米利提尼不是这个军团称呼的结论，而是驻扎的镇。米利提尼也是这个镇所属区域的名字。他说军团不会取来自执勤地方的名称，而是取他们崛起的故乡的名称。因此，尤瑟比斯说，对他来说关于米利提尼的名字不怎么可能。然而瓦勒修在根据阿波里纳利乌斯和特图良的书，相信这个奇迹是因为皇帝部队中基督徒士兵的祷告而发生的，没有给这个军团米利提尼的称呼。也有可能他故意省略，因为他知道米利提尼是亚美尼亚米诺尔一个镇的名称。在他的时代，那里曾经驻扎该军团。

据说皇帝给元老院写了一份有关他胜利的报告。这件事我们可以相信，因为那是惯例。但是由于信已不存在，我们也不知道他在信中到底说了什么。达希尔猜想皇帝的信可能被元老院或者基督教敌人故意损坏了——这个对于基督徒来说无比光彩的证据会把他们的信仰变成永恒。然而对于评论家来说，他们没有注意到当他告诉我们信的目的时，他们是自相矛盾的。因为他说信被破坏了，甚至尤西皮斯也不能找到它，但是这里却存在一封由安东尼在这个难忘的胜利后，用希腊语口述给到罗马人和神圣元老院的信。这封信是在贾斯丁《第一护教论》后的某个时间印刷的，但是这确与道歉完全无联系。这封信是现存所有伪造信件中最愚蠢的一件。这封信甚至在安东尼给到元老院真实的报告也不可能找到。如果它是真的，那么皇帝将不会是迫害基督徒的负责人。这封假的信中说，如果一个人仅仅指责另外一个人是基督徒，而被指责者承认，那么就再也没有什么对他不利，他就应当被释放。这被一个不可思议的白痴杜撰出荒谬的补充，说告密的人应该被活活烧死。

在安东尼·皮乌斯和马可·安东尼时代，在马可·安东尼对希腊人的塔蒂安致辞时，这里出现了贾斯丁的《第一护教论》。这是一场关于建立宗教信仰的猛烈攻击。安圣那格拉斯代表基督徒致辞马可·安东尼，萨德斯主教米利托和阿波里那瑞斯也对皇帝发表了护教论。贾斯丁的《第一护教论》主要是写给T·安东尼·皮乌斯、马可·安东尼和L·维鲁斯的；但我们不知道他们到底读过没有。贾斯丁的《第二护教论》题名是《致元老院》，但是这个题名是来自一些抄写员。在第一章是贾斯丁致罗马人。在第二章，他谈到一件不久前发生在马可·安东尼和L·维鲁斯时代的一个女人的事。“她向皇帝你请愿，你的确同意了请愿。”在其他段落，作者提到了两个皇帝，从中我们必须得出“护教论”是直接针对他们的结论。优西比乌（Eusebius）认为《第二护教论》是写给安东尼·皮乌斯的继任者——安东尼·维鲁斯的。在《第二护教论》的一个段落中，作者贾斯丁说，无论他是谁，即使是信斯多葛教义的人们，当他们根据伦理道德安排好自己的生命，被仇恨和谋杀，比如在穆松尼斯时代的赫拉克利塔斯和其他人；因为他们以任何方式谨慎地根据理智生活，并且一直避免憎恨的邪恶；这就是恶魔作品的影响。

据说贾斯丁在罗马被执行死刑，因为他拒绝为上帝献身。如果《第二护教论》是在马可·安东尼时代写的，那么就不可能出现在哈德良统治时期的这个集权国家，也不可能出现在安东尼·皮乌斯时期。这儿也有证据表明发生在马可·安东尼和L·维鲁斯时代，拉斯提卡斯任这个城市的提督时，波里卡普在斯姆拿遭受到迫害也是属于马可·安东尼时代。证据是尤西皮斯保存的西母娜教堂给斐罗梅留地区和其他基督教堂的信。但评论家们不认同波里卡普死亡的时间，而且两派所认为的时间相差了12年。波里卡普殉难的详细情况充满了令人惊奇的事，这个被尤西皮斯省略了。但这却出现在了一封阿希尔出版的，距现今最久远的用拉丁语写的信中。信的末尾注释说，是凯尤斯从波里卡普的门徒埃伦那尤斯的副本抄写下来，然后科林斯的苏格拉底再次抄写。“后来，皮昂留斯指明我去寻找出揭露波里卡普的细节，然后再从上面提到的副本中抄出来。”波里卡普殉难的故事点缀着不可思议的情节，而现代基督教历史作家却行使了省略的自由。

要切实了解马克·安东尼统治下基督徒的生活状况，先要了解图拉真时代——当时比提尼亚的州长是小普林尼，该州各地都有大量基督徒，而旧宗教信徒在日益减少。寺庙荒废破败，节日不复存在，也没人再购买祭祀品。企图维护旧宗教的人也发现无利可图。所有基督徒，不分男女老少，都被带到州长面前，州长不知该如何处置他们。他唯一确定的是，承认自己是基督徒并坚持其宗教信仰者，应受到处罚——如果他们不可战胜的固执己见不是为了其他事情。他发现成为基督徒并不符合任何一项罪名，除非他将此宗教定义为腐化放纵的迷信——如果民众愿意放弃这种信仰，很可能被杜绝。普林尼将此事上书给图拉真，他向这位罗马皇帝寻求指示，因为实在不知所措：他从未受理过关于基督徒的司法调查，因此，他完全不知道如何查究、如何惩治。结果表明，调查一个人对基督教的虔诚度并因此惩罚他并非什么新鲜事，图拉真的法令里就有现存的条款。图拉真认可这个州长对此事的见解；但是，他说无须搜寻基督徒，如果有人因新教被指控并获罪，一旦他声称自己并非基督徒并通过向异教神祇表示敬仰来坚定此言，就会免于受罚。他还说，对于匿名信息，无需留意，因为那些都是不好的示例。图拉真是个温和明智的人，可能由于同时具有仁慈和政治倾向，他尽可能不去留意基督徒；如果可能的话，放任他们安静生活。据了解，图拉真法令是罗马帝国最早的与基督教有关的立法条例。在他的统治下，基督徒没再受到其他干扰。伊格内修斯奉图拉真之命殉难一事，并未被民众认为是历史事实。

到了哈德良时期，政府不可能再忽视基督徒日益庞大的数量以及大众对他们的敌意。如果统治者对他们置之不管，就无法抵抗异教徒团队的狂热，这些异教徒视基督徒为无神论者。分布在罗马帝国的犹太人也对基督徒有敌意，如同对非犹太人的敌意一样深。哈德良时期出现了基督徒的护教论，这充分显示出当时对于基督徒的普遍态度。哈德良时期出现了《基督徒护教论》，这充分显示出当时人们对于基督徒的普遍态度。亚洲的地方总督米努休・丰迪斯在贾斯丁的《第一护教论》结束时站出来，哈德良颁给他一部法令：禁止打扰无辜百姓，且不允许虚假举报人对百姓进行敲诈；对基督徒的指控必须使用正式形式，且不得在民众中引起骚动；基督徒常因违法行为被起诉并获罪，这种情况，必须根据其行为程度相应惩罚；虚假举报人也应受到惩罚。据说，安东尼・庇护（罗马皇帝）也颁布了类似法令。基督徒似乎很支持哈德良的法令条例；但是，换个角度想：如果他们只是和其他普通人一样，违反了法律就得受到制裁，那就毫无意义了，因为这种情况无需询问皇帝的意见就能处置。法令的真实目的在于，一旦基督徒坚持其宗教信仰就得受到惩罚，并且通过承认基督教为异教也不能与其脱离关系。这是图拉真时期的条例，我们没有理由不认为哈德良对基督徒的压制是雪上加霜。发行到亚洲公社的贾斯丁的《第一护教论》末尾还印刷了安东尼・庇护法令，在《尤西皮斯》中也出现了此法令。法令有效期为安东尼・庇护的第三个任期。法令规定，不得打扰基督徒——这个词虽未出现在法令里，但其暗指的人群路人皆知——除非他们违反了罗马法律，仅仅作为基督教信徒不会受到惩罚。但这则法令是骗人的。但凡对罗马历史稍有了解的人都能看出这其中（无论是形式还是内容）造作的拙劣痕迹。

在马可・安东尼时代，新旧两种信仰的斗争非常激烈。异教徒宗教的支持拥护者，力劝有权者经常性地抵抗基督教信仰的入侵。梅里托在给马可・安东尼的护教论中表示，亚洲的基督徒被新的皇命所迫害。他写道，无耻的告密者，贪图他人的财产后，用这些命令作为手段，去抢劫那些没有做任何坏事的人。他怀疑一个正直的君主怎么会下这么不公正的命令。如果最后的命令不是真的来自皇帝，基督徒们乞求他，不要把他们交给他们的敌人。我们可以从这些总结出，至少是皇帝的诏书或者马可·安东尼的宪法制造了这些迫害的基础。事实是，现在作为一个基督徒是犯罪，而且要被惩罚，除非被指控者拒绝他们的信仰。接下来是在西母娜的迫害，现代评论家认为是在公元167年——里昂迫害的十年前。马可·安东尼下面的州的州长，甚至可能从授权他们惩罚基督徒的图拉真的诏书中找到许多证据，表明这些人们的狂热将致使他们被迫害，即使他们不情愿。而且，除了基督徒们拒绝（否决）了所有的异教徒仪式的事实，我们必须不能忘记他们明显地坚持所有的异教徒宗教是不正确的（非法的）。基督徒这样与异教徒典礼宣战，而且几乎没有必要认为这是反对罗马政府的敌意宣言。罗马政府容忍所有存在于这个王国的各种各样的邪教，而且很难一贯容忍另外的宗教。罗马政府宣布所有其余的都是非法的，所有这个王国的壮观的仪式仅是对魔鬼的朝拜。

如果我们有真实的教会史，就可以知道罗马皇帝们是如何试着制止新宗教的，知道他们是如何用加强其上的道义，惩罚基督徒的。仅仅是作为基督徒，贾斯汀在他的护教论中申明，他们真的这样做了，因此我毫不怀疑，他道出了实情。民众呼声和骚乱是好久的事了，很多狂热和无知的基督徒是好远的事了，这里有很多因素有助于激发人狂热，另外一方面，也加剧了罗马政府和新的宗教的争辩。我们现存的教会史明显是伪造的，并且其中包含的真相十足地被夸大了。但是在马可·安东尼时代，异教徒民众公然与基督徒敌对的事实是确定的。而且在安东尼统治下的人是基督徒将被处死。尤西皮斯在对他的第五本书作序时评论道，在安东尼统治的17年间，在这个世界的一些地方，针对基督徒的迫害非常暴力，而且是从城市中的平民开始。我们可以从一个适宜居住的地球上的一个国家出现了无数的烈士，推断他采用了他惯常的夸张风格。他暗示的国家是高卢。然后他写给维也纳和里昂卢格都拉姆教堂的信，有可能道出了迫害的和民众狂热的真正原因。总督和皇帝因为这些骚乱而增加了不少麻烦，因为他统治时的历史记录有多非常多的瑕疵，我们不知道马可多久后才认识到这些残酷的诉讼。他没有制定反对基督徒的规章，但对图拉真有。如果我们承认他一直愿意只有基督教徒，也不能断言这是他的权力，因为设想安东尼像近代的一些君主一样拥有无限的权力是一个巨大的失误。他的权力被某些宪法形式和元老院限制，而且这是他的前任们的惯例。我们不能承认这个男人是一个活跃的迫害者，因为这里没有证据表明他是那样。虽然从他自己的话中能确定他对基督徒没有好看法，但是他对他们几乎一点也不了解，除了知道他们对罗马教有敌意，而且可能对这个国家有危险——虽然同行的辩护者有错有对。我说这么多，是因为不说出所有可能对一个人不利的，这可能不公平，因为他的同辈或者后来者被尊崇为美德和仁慈的模范。如果我承认一些文件的真实性，他将完全从容许任何迫害的指责中脱离出来；但是当我寻找真相，我确信他们是假的。我让他去承受任何责备是他应得的。“我补充说，很明显，安东尼没有从一个他什么都不知道的宗教，体现出任何他的道德原则。”

毫无疑问，这个皇帝的“思考”，或者如他们通常称的 “沉思录”是一部真的作品。在第一本书中，他说他自己、他的家庭和他的老师；在另外的书中也提到他自己。苏达斯提到了安东尼十二本书的作品，他称这些作品为“他自己生命的行为”，而且在他的词典中的一些词也援引自这本书。他给出了皇帝的名字，而不是这个作品的名称；也有来自安东尼的段落被苏达斯引用，但是没有提到皇帝的姓名。这本书的真正标题是不得而知的。维兰德尔用拉丁语出版了这本书的第一版，他用了一套包含十二本书的手稿，但是现在没人知道手稿在哪里。另外的唯一手抄本，保存在梵蒂冈图书馆，但是有几本书既没有标题，也没有题字。其他的梵蒂冈和3套佛罗伦萨手抄本仅仅是从皇帝的书中摘录了部分。所有的摘抄本几乎都与维兰德尔版本放在前面的一致，这个标题一直被后来的所有编辑沿用。我们不清楚安东尼是否把这部作品分成了很多书，或者某人是这样做的。如果第一本书最末尾的标题和第二本以后的书是真的，那就有可能是他自己这样拆分的。

很明显，当合适的场合出现，皇帝写下了他自己的想法或者思考，因为他们的目的是供他自己使用。他留下一个完整的副本在他那里，用它自己的手写，这不是没有可能的推测。因为如此勤勉的一个男人，不可能因为这样的目的付出誊写员的劳力，并且去暴露自己非常秘密的想法给任何其他人。他的书也可能是为了他的儿子康茂德打算，而康茂德却不爱好他父亲的哲学。一些细心的人保存了这个珍贵的卷宗；一个除了苏达斯，还有后来其他作者提到的安东尼的作品。

很多评论家在安东尼的文本上花费了精力。最完整的版本是托马斯·卡塔科尔1652年的版本。卡塔科尔的第二个版本，是由乔治·斯丹侯普在1697年监制的。1704年也有一个版本。卡塔科尔建议做出很多不错的修正。他也制作了一个新的拉丁语版本，这不是一个好的拉丁语样本，但是它基本上表达了愿意，而且常常好过最近的一些翻译。他加入了相对于每个段落相关的其他平行段落的旁注，并且写了评论。相对于任何古代作者，他是写得最完整的人中的一个。这些评注包含了编辑对十分难懂的段落的阐述，以及引用了来自希腊和罗马作家们对原文的说明。这是一个极好的学习和工作的典范，而且我确定没有英国人这样做过。在他序言的结尾，编辑说他是在一个严寒的冬天，靠近伦敦的罗瑟尔赫斯所写。1651年，当在他78岁时，一个叫弥尔顿·赛尔登和其他的伟人仍然在世的联邦时代；卡塔科尔和法国学者邵麦斯互相通信，这样他在编辑安东尼的书时得到了邵麦斯的帮助。J·M·舒尔茨编辑了希腊文版本。1821年，陶奇里兹再次出版了舒尔茨版本。马可·安东尼的书被翻译成英语、德语、法语、意大利语以及西班牙语，而且还有可能有其他语言。

我没有看到所有的英文翻译，只有一本1702年的非常粗糙的杰里米·科里尔原版的抄本。法语的最新版本是阿里西斯·皮尔昂收集的比达希尔好的恰彭迪尔版，而且这本书以一个意大利版本为荣。1675年的意大利版本我没有见过，这是一个红衣主教所编。“教会中一个著名的人，主教弗朗西斯·巴柏雷尼，乌尔班八世教皇的侄子，为了在信徒中传播生机盎然的种子，用他生命的最后一些年，把这个罗马皇帝的思想翻译成了他本族的语言。他对翻译倾注了全部心力，使其充满活力，让人们尽力了解异教徒的品质”(皮尔昂，前言)。

使用这书多年后，我间断性地做了翻译。它是从希腊语翻译来的，但我不是一直遵循一个文本，也偶尔把自己的和其他的版本做比较。我做这个翻译是为我自己用，因为我发现它值得我做这些劳动；并且它可能对其他人也有用，因此，我决定印刷它。由于原文有时非常难懂，而且翻译起来非常困难，这样我就不能自始至终避免错误。但是我相信，我应该没有频繁丢失原文含义。如果他们不赞同我，那么假如他们不怕麻烦，去将我的翻译比较原文，就不会匆忙地断定我错了。一些段落确实给出了意义，虽然第一眼可能看不出来。当我不赞同这些翻译者时，我想他们是在有些地方弄错了，而且在其他地方，我相信他们……我应该已经让语言更加容易和通顺了，但是我还是趋向粗鲁点的风格，因为那样最符合表达原文的风格；有时版本中出现晦涩难懂的部分，那些部分是从希腊文本上抄下来的。如果我没有给这个希腊语最恰当的单词，但我已经尽最大努力去做，而且我一直给文中同样的词以相对应的（一样的）翻译。

我研究的最后一个关于斯多葛派哲学的册子是西姆利休斯的《埃皮克提图手册的评论》。西姆利休斯不是一个基督徒，而且那样的一个男人不可能在基督教非常崩溃的时候被转变，但是真的是一个虔诚的宗教徒。他总结他的评论以祷告基督徒不能改善的神。从泽诺到西姆利休斯时代，约900年的周期，斯多葛派哲学成就了一些最优秀和最伟大人物的性格，最终变成永恒。我们也直到意大利文艺复兴时才听到他们更多。安吉罗·波利扎诺见到两份非常不正确和不完整的埃皮克特塔斯的“手册”，他把它翻译成拉丁语，以感谢他伟大的赞助人罗仁佐·麦迪西。也是在其赞助下，他找到了这本书。波利扎诺的版本在公元1531年，贝尔第一版“手册”中印刷。波利扎诺推荐的《致罗仁佐手册》，是一部很适合他脾气的作品，而且在他困难重重时很有用处。

埃皮克特塔斯和安东尼的作品，自从第一次印刷时就有读者。安东尼的小书一直是一些伟人的伴侣。马奇亚维里的《战争的艺术》和《马可·安东尼》是约翰·史密斯上尉从年轻时开始用的两本书。他也许没有发现这两个作者更加适合帮人形成战士和男人的性格。史密斯在英格兰并不出名，几乎被遗忘。他的祖国，不是在美国，在那里他拯救了年轻的弗吉尼亚殖民地。他伟大是因为其英雄的头脑和武装的行动，但是其高尚的性格仍然伟大。对于一个男人的伟大，不是因为财富和地位，也不是他的智力容量，而是粗俗的信念，这通常与最坏的道德品质联系——对最可怜的奴性和地位低下的人的傲慢；但是一个人真正的伟大，是靠生活中对诚实意图的感悟，基于对他自己和任何事的公正的判断，频繁地自我检查，不变地遵循他认为是正确的规则，不给自己找麻烦，如皇帝说他不会为其他人可能想的和说的麻烦自己，或者是否他们做或不做那些他们想的、说的和做的。

马可·奥勒留·安东尼的哲学

The Philosophy Of Antoninus

〔英〕乔治·朗　著

据说，当斯多葛哲学从希腊流传到罗马的时候，是最先显示其真正价值的时期。芝诺的学说和他的继任者们，非常适合于《罗马书》的庄严和实用的良好判断力，甚至在《共和党人》时期，我们也有这样一个例子。加图·犹梯森斯，他过着禁欲主义的生活，并且死的时候还是坚持着他所持的观点。西塞罗说，他是一个在坚定的信仰中信奉斯多葛哲学之人，不是像大多数人那样，为了空泛的讨论目的，而是真的为了使他的生活与禁欲主义的戒律一致。从奥古斯塔斯之死到多米田被杀害这一沮丧的时期，除了斯多葛哲学之外，没有任何东西可以安慰并支持在帝国的暴政下和处于全面腐败中的老宗教的追随者们。甚至之后有了一些敢于挑战并坚持的高贵的精神，因为良心和人类存在之目的的高尚想法而长期坚持。比如帕图·斯拉西亚，海维留，马斯留斯·拉福斯[①]，诗人佩修斯和尤文纳尔，他们充满活力的语言和刚强的思想，也许能像对与他们同时代之人那样，对我们现代的人也有益处。佩修斯死在尼禄的血腥统治之下，但是尤文纳尔

① 我省略了尼禄的导师塞涅卡。他在一定程度上是一个禁欲主义者，并且以各种合适的方式说过很好的东西。吉留斯对塞涅卡有一个评论，或者说是一个关于人们怎么想他的哲学的陈述，并且它不是赞许的。他的作品和他的人生必须要放在一起，并且在这里我对他没有更多要说的。读者会在 F·W·法勒的《神之后的探求者》中找到对塞涅卡的评价和他的哲学。

有从暴君多米田手中幸免于难的好运，并且看到了涅尔瓦的更好时期，就是图拉真和哈德连的统治时期。[①]他最好的箴言就采自于斯多葛学派，并且他们都被他诗歌中拉丁语言的无双气势所折服。

晚期斯多葛哲学的最佳阐述者，是一个希腊奴隶和一个罗马皇帝。埃皮克提图，一个弗吉尼亚的希腊人，被带到了罗马。我们不知道这是如何发生的，但是他就在那儿如奴隶般地工作，并且后来被一个叫以巴弗提的拙劣的主人所解放。以巴弗提是一个自由人，并且非常喜爱尼禄。当埃皮克提图还是一个奴隶的时候，也许曾经是马斯留斯·拉福斯的听众，但是在他成为自由人之前，是不能成为一名教师的。他是多米田发令驱逐出罗马的哲学家之一，后来去到伊庇鲁斯的尼科波利斯，并且可能死在那里。像其他教师一样，他并没有著作。我们因我们所拥有的埃皮克提图的论说，感激于他伟大的门徒阿利安。阿利安写了八本关于埃皮克提图论说的书，这之中只有四本和一些残篇还留存于世。我们还有一些经阿利安之手写出的关于埃皮克提图主要箴言的《手册》或《礼仪书》；还有生活于贾斯蒂尼安皇帝时期的西姆普里克斯，在《手册》上所写的珍贵的评注。[②]

安东尼在他的第一本书中极大地表达了他对他老师的感谢，他说他在尤利乌斯·拉斯提克的埃皮克提图论说教导下而知事明理，安东尼在其他的章节也曾提到过这个人。确实，埃皮克提图与安东尼的学说雷同。埃皮克提图是在解释安东尼的哲学语言和他自己观念方面最好的专家。但是这两位哲学家的方法是截然不同的。埃皮克提图在向他的听众论述的时候，用的是一种连续不断、随意简单的方式。安东尼写下他的看法只为自己使用，通常是一些简短的、没有连贯在一起的段落，这常常让人费解。

---

① 瑞贝克致力于证明那些包含了哲学箴言的讽刺作品不是真实的作品，而是伪造的尤文纳尔（一个演说家）的。诗文仍是存在的，并且为一些熟悉禁欲主义学说之人所著写。

② 有一个阿利安的带有 J·西威哈瑟所写的，关于西姆普理修斯的评论的《埃皮克提图》的完整版本。

禁欲主义者们把哲学分为三个部分：物理、伦理、逻辑学。这样的划分，我们被戴奥真尼斯告知是斯多葛流派的创立者——基蒂翁的芝诺，和克吕西普制定的。这些哲学家们把这三个部分按照这样的顺序置放：逻辑学、物理、伦理。但是，如西塞罗记录的，这样的划分似乎是在芝诺的时期之前制定，并且被柏拉图所认可的。这里所说的逻辑并不与我们狭义的术语“逻辑”这一词相同。

禁欲主义者克莱安西斯，把这三个部分细分为六个部分：辩证学和修辞学（组成为逻辑学），伦理和政治学，物理学和神学。这样的划分只是为了实际应用，因为所有的哲学都本是一家。甚至在最早的禁欲主义中，逻辑学和辩证学都不像柏拉图所说的那样占有同样的地位，它只是被当作应用于哲学其他部分的器具而已。早期的斯多葛教义阐述和他们的修改需要大众的支持。我的目的只是为了解释任何能从安东尼书中收集到的观点。

根据克莱安西斯的划分，只要人们能够理解神和他们对天地万物之统治，物理学和神学（或者说是物之性质的研究与神之性质的研究）应是一体的。这种分配或者划分没有被安东尼正式采用，因为据我们所知道的，他的书中并没有这种方式。但是实际上是包含在内的。

克莱安西斯还把伦理和政治学联系起来（或者说道德原则的研究与文明社会的组成的研究）。无疑地，他把伦理分为两个部分是极好的——狭义的道德和政治学。因为尽管这两个部分联系得非常紧密，它们仍是截然不同的，并且许多问题只能通过小心地观察其区别来适当讨论。安东尼没有论及政治学。他的主题是伦理，并且伦理在实际的应用中，是应用到他作为一个男人和作为一个统治者的生活的行为中的。他的伦理是建立在他的关于人之天性的学说《天性》和每个人与其他事物的关系上的。因此它是密切地与物理学（或物之性质）和神学（或神之性质）联系在一起的。他建议我们仔细检查我们精神上的所有想法，并且对它们做出正确的判断来得到正确的结论。还要调查语句的意义，这样才可以应用于辩证学。但是他并没有尝试任何的辩证学阐述，他的哲学主旨是完全道德且实用的。他说，“时常地，如果可能的话，灵魂中的每一个想法都适用于物理学的原则、伦理、辩证学”。这只是用另一个方式告诉我们，要用任何可能的方法来检查我们的想法。在另一章节中，他说，“为了已经提到过的那些帮助，让这段话加上：为你自己做一个定义或者对一样你所拥有的东西进行描述，为了清楚地看到在它的本质中、它的裸体中、它的整体中是一样什么东西，并且告诉你自己它适当的名字，这些事物的名字是混合的，但必须把它变为决断的”。这样的检查暗示了辩证法的一个用处，安东尼因此把它作为建立他的自然原则、神学原则、伦理原则的一种方式。

有几个关于自然原则、神学原则、伦理原则的阐述，没有包含在安东尼的著作中，并且是比我所读过的还要多的阐述。里特，在解释埃皮克提图的学说后，把所有的简短的、不完整的学说都当作安东尼的。但是他提及一篇短篇散文，完成得更好。[①]还有一篇舒尔茨写的关于马可·奥勒留·安东尼的哲学原则的一篇散文，放在他对安东尼著作的德语译本末尾。在这两本有益的散文的帮助和他自己的勤奋学习下，可以形成关于安东尼原则的足够的概念。但是他会发现将其论述给其他人会更加困难。除此之外，在原文和许多段落的连接处缺乏安排，文本的腐烂，语言和风格的隐晦，有时候也许是作者自身想法的混乱；除了这些以外，偶尔还有君王想法中的明显的矛盾，好像他的原则有时候是未定的，好像疑虑有时候使他的思维布满阴霾。一个过着心神安定生活之人，是不会在家里被打扰，也不会干涉世间之事的。这样会使他的精神保持安逸，使他的思想处于稳定的航线中，但是这样的人没有被磨砺过。如果他曾有一次被揭露于人类生存的残酷现实，他所有伦理的哲学和消极的德行都会变成无聊的空

① 马可·奥勒留·安东尼的评论，载《书面语语言研究》。尼古拉斯·巴克斯研究所，莱比锡，1826。

话。出自于未经劳作和苦难之人的美好想法和道德的论文可以一读，但是他们终将被遗忘。如果施教者没有过着一种“倡导者的生活”、准备着以“殉道者之死”的方式来死，没有任何宗教、任何伦理哲学可以拥有任何价值。“把邪恶的和好的、理智的社会动物像他的美德和缺陷那样，放置在积极的情感中，而不是消极的情感中”。君王安东尼是一个注重实际的道德家。从他的青年时期开始，他便接受辛劳的训导，尽管他高贵的身份将他放置在所有需要或对其的忧虑之上，他仍像最贫穷的哲学家那样过着节俭克己的生活。由于他曾经的奴隶身份的原因，埃皮克提图所需要的很少，好像他总是有他需要的那一点点，并且也满足于那一点点。但是安东尼在他即位为帝之后，坐上了一个不平稳的位子。他拥有一个从大西洋的幼发拉底河、从苏格兰的冰冷雪山到非洲的炙热沙漠扩展出的帝国的内阁。尽管我们没有亲身经历，但是可以想象，当一个人手中握有世界事务，并且尽他的可能去做到最好、他所希望做的某些好的学问，却只能做很少的时候，会有些什么考验？麻烦，不安和悲痛。

在战争的中期，瘟疫、阴谋、全面的腐败、还有一个如此庞大的帝国的负担加在他身上，我们可以轻易地知道，安东尼常常需要他所有的坚韧来支持他。最优秀和最勇敢的人也有迷惘和脆弱的时候，但是如果他们是最优秀和最勇敢之人，他们会通过回到最初原则的方式，从消沉中再度崛起，就像安东尼那样。这位帝王说生命就是烟，是蒸汽。圣·詹姆士在他的《书信》中也表达了这样的想法，世界是属于充满嫉妒的、猜疑的、恶毒的人的，人们必须要超脱这个世界之外。他有时候也许会对他握得最紧之物怀有疑虑。只有几段这样的章节，但它们是斗争的证据，甚至是人类最高贵的孩子，也不得不坚持他日常生活的艰苦现实。我在某处看到过的一个穷人，用一种轻蔑的方式谈论说：帝王的反应表明他的生活需要安慰和舒适，并且已经准备好面对他的死亡了。说真的，他确实需要安慰和支持，并且我们看到了他是如何找到了安慰和支持的。他时常重提他的基本原则：天地万物都是被明智地安排好了的；每个人都是这之中的一部分并且必须要遵从于秩序，不可更改；无论神做了什么都是好的；所有的人类都是同胞兄弟；人必须要爱他人、珍惜他人，并且让他人变得更好，即使他们中有人会伤害他。这是他的结尾：能够引导一个人的东西是什么？只有一样，那就是哲学。但是这存在于保持神使人摆脱暴力不被伤害的境界中，胜过苦痛和欢乐，没有目的地什么都不做，也不真实并且伪善，不去感觉他人所做之需要或什么都不做。除此之外，接受所有发生的和从那时起的所有接踵而来之事，不论是在哪里，他从哪里来。最后，带着欢乐的心情等待死亡，就像无论成为什么都比不上细胞的消融，每一个生命体都是复合的。如果对原理，它们自身是没有伤害的，但是这以让人内部的神摆脱暴力并且不受伤害为主要部分，比痛苦和关于更高级，没有目的地不做任何事，也不虚假伪善，不去感受其他人所做之事或不做任何事的需要。此外，接受所有发生的和所有被指配的，因为是从那里来的（无论是哪里），从他自己那里来。并且，最后带着没有什么比元素（每一个生物都是复合的）的消亡更欢乐的想法等待死亡。但是，如果在不断地变为其他的过程中，对元素自己是没有损害的，为什么人又有关于所有元素的改变和消亡的忧虑呢？因为这是根据自然而来的，“没有什么是邪恶的”也是根据自然而来的。

安东尼的物理是万物、统治、人之性质的关系的自然知识，他把万物命名为“世界的主旨”，并且加上“原因”来统治万物。同样地，他还用“世界性的性质”或“世界之性质”这样的措辞。他称万物为“所有（我们命名为科斯姆斯或沃德）”。如果他总是用这些笼统的表达方式表示所有重大的事，所有的人都能以任何方式来求得生存。他有时候仍清楚地区别了物质，物质的东西，起因，来源，原因。这和芝诺的“有两个最初的所有事物的原则”学说是一致的，就是行动的和奉行的。奉行的是无形的东西，行动的则是缘由。上帝，永恒且操作所有的事物，并创作出了所有的东西。所以安东尼谈到涉及所有物质的原因，并且通过校准的所有时期（变革）管理这个宇宙。上帝是永恒的，物质也是永恒的。是上帝给了物质形式，但是他并没有被说是创造了物质。根据这个如阿那克萨哥拉一样老的看法，上帝和物质都是独立存在的，但是上帝支配着物质。这个学说是物质和上帝都存在这一事实的简单表达。禁欲主义者并没有因为物质的来源和性质这一不能解决的问题而使自己迷惑。我们都知道，安东尼也猜想过事物的起源。但是他的语言有时候很让人费解。我已经尽力去解释一篇困难的文章的意思了。

物质是由基本的部分（所有物质的物体都是由它们构成的）组成的。但是没有任何东西的形式是永久的。宇宙的性质，根据安东尼的表述，“不要过于喜爱任何事物，不要试图改变它们，并且变成类似它们的新的事物。因为所有存在的东西都是有自己的方式的，种子的方式就是会成为它的先辈留下来的形式。但是你只是想到扔在土里或子宫里的种子：这是一个非常低级的观念”。所有的事都会处于不断的连续改变中：有的东西会溶解成元素，其他的则进入它们该在的地方。“整个宇宙继续年轻且完美”也是一样。

安东尼有一些不出名的表达，他称之为“种子原则”，与享乐主义的原子相对。因此他的“种子原则”并非是徘徊在危险中的物质的原子，并且没有人知道如何结合。在一篇文章中，他谈到生存原则，灵魂在身体腐化后就会被接纳入“万物的种子原则”中。舒尔茨认为“对于种子原则，安东尼的意思是不同的基本原则的联系，这种联系是通过神而坚定地联系在一起的，由此有组织地存在的独自生产也是可能的”。这可能是其含义所在，但如果是的话，就没有任何价值的东西源自于它了。安东尼经常使用“自然”一词，我们必须尝试修复它的意思。简单的词源上的意义为“产生”，这是我们所说的事物的起源。罗马人用自“自然”，同样也是意味着最初的“起源”。但无论是希腊人还是罗马人，都没有忠于这个简单的含义，我们也没有。安东尼说：“不管万物是原子或自然，都让它首先被建立吧，我是一个整体的一部分，是被自然统治的。”在这里看来，自然好像是被人格化了，并被视为一个活跃的、高效的力量，正如一些东西，如果不独立于神之外的话，通过力量做出的行为就会偏向于通过神做出的行为。因此，如果我正确地理解了这个表达的话，就是“自然”这一词现在经常被使用的方式，尽管这是非常简单的，所以许多作家在用这个词的时候，都没有给它固定准确的意义。“自然的法则”也有着同样的表达，一些作家也许会用一种明白易懂的道理，但是其他人显然并没有用明确的道理来表达。“自然”这一词中是没有任何意义的，除非毕晓普·巴特勒给它指定了一个。他说，“‘自然’这一词唯一的明显的意思是‘规定的’‘固定的’或者‘不变的’，因为自然同样需要并预先假定一个聪慧的代理人去翻译它，即不断地或在一定时期内引起它，就像超自然现象或奇迹般的事会立即引起它一样”。这是柏拉图的意思：上帝掌握着所有存在事物的开始、结局和过程，直接从他的轨道中获得利益，使他的制成物都根据自然而来（也就是，通过固定的顺序），他被不断的审判伴随着，这样的审判是惩罚那些偏离神之法规之人的。也就是，偏离上帝遵循的顺序或路线的。

当我们看行星运动的时候，我们称那样的活动为吸引力。无组织天体的初步连接和它们的解体，植物和生物的形成，它们的产生、生长、消亡（我们称之为死），我们观察到一个现象的有规律的顺序，在现在和过去的经历之限制中，在我们知道的过去的范围内，是被固定且恒定不变的。但是如果事实不是这样，如果现象的秩序和顺序如我们所知的那样，是容易遭受一系列无尽的路线改变的（并且这样的改变是可以想到的），我们也没有发现（不是我们曾经发现）现象的所有秩序和顺序，在这样的顺序中也许会被它极端的性质牵连进来，也就是说，根据它固定的顺序，会有一些我们现在所称的“物质性质的顺序”的变化。同样，我们可以想到这样的变化已经发生了，事物的秩序之变化，尽管我们被语言的不完美所迫使，不能准确地称呼它们，但这是没有变化的。并且进一步地说，我们所有关于实际现象的正确顺序的知识（比如说现象的产生、成长、消亡），无疑是有瑕疵的。

我们谈论“起因”和“结果”，不会比我们谈及“自然”时有更多的进展。为了探索生命的实际目的，我们也许可以便利地使用起因和结果这样的措辞，并且我们要给它们固定一个清晰明白的意思，至少要清晰明白到能防止所有的误解。但是当我们谈论起因和结果的时候，情况和我们谈及关于“物”之时是不一样的。我们只知道现象（希腊人这样称它），或者按有规律的顺序互相连接的表面（像我们所设想的那样），所以如果一些现象在这一系列之中衰退，我们认为其中必定有一连串的障碍物，或者其他的一些会在现象之后出现的东西并没有出现，便会存在空缺的地方。所以在这一系列中的事物，也许会被改进或者全面改变。起因和结果在我所说的自然现象的顺序之下就会没有任何意义。而真正的起因，或者至高无上的起因（因为有的人会这样叫它）是，每一个连续的现象都是所有事物的起因，已经是并且永远都会是。因此如果我们把它当作第一个，如果我们可以在现在的自然现象的顺序中构想出一个第一，“创造”这个词也许就有一个真实的意思。但是在某些时期，所有事物的创造都只有一个低级意思，伴随着第一个起因的静止和所有自然法则的现象的顺序，或人们可能使用的其他文字的放任，这绝对是非常荒谬的。①

① 时间和空间是我们思想的条件。但是时间和空间都是无穷无尽的，不能成为思想的客体，除非用一种未完成的方式。当我们想起神的时候，时间和空间是不能以任何方式来思考的。斯韦登伯格说，“如果时间、空间、物质的想法被带走了，自然之人也许就会相信他没有想过的东西。因为在那些所建立的东西之上，所有的思想都是那个人所拥有的。要让他知道思想是有限的，并且一部分是受阻的，因为他们分享了时间、空间、和物质的东西。另外，那些东西都是无限并延伸的，而有一部分是不会分享那些东西的。因为思想被提高到物质和尘世的事物之上太多了”。（《关于天堂和地狱》）

现在，尽管在理解安东尼的所有文章上还有困难——在其中他谈论了“自然”，谈论了事物的变化，还有万物的节约——我仍坚信他所说的“自然”与“自然的”与我所述的是相同的。并且因为他是一个知道如何用简洁的方法和严格的连贯性来使用文字的人，我们应该猜想，即使他在某些章节的文字的意思是难以预测的，但他对“自然”的观点在普及、存在，甚至上帝积极的能量上，都是和他固定的信仰一致的。

安东尼的许多文章都难以理解，也许可以说他并没有完全理解他所写的。可是，这也没有什么不寻常的，因为这样的事现在发生了：一个人写了他自己和其他人都无法理解的东西。安东尼告诉我们去观察物并看到它们的本质，把他们分解成原料，因果，联系，或者目的。通过这样的方式，他似乎想表达一些关于我们所说的“结果”或“终结”这一类词的性质。“起因”这一词是非常有难度的，这跟梵语hétu一词是一样的。敏锐的印度、希腊哲学家和不那么敏锐的现代哲学家都在模糊的表达中用过这个或与之相当的词，但是这种混淆有时候是在惯常的歧义句中，而不是作者的头脑中，因为我无法认为那些最聪明的人不知道他们想要表达什么。当安东尼说“所有存在的事物在一定程度上都是其种子会成为的”，他也许是想说一些印度哲学家们所说过的话，以此方式，一个深奥的真理就会被转化为一个庸俗的谬论。但是他说“在一定程度上”，在一定程度上，他说的就是真理。在另一种程度上，如果你误解了他的意思，他说的就是假话。当柏拉图说“没有任何东西总是存在的，只有总是形成的”时，他发表了一篇文章，通过它我们可以得到一些东西。因为他通过这篇文章摧毁的不是起因和结果的所有实际观念，而是所有带有疑问的观念。这一系列的所有事情（出现在我们面前的）都必须被及时地思考，也就是连续不断地思考。我们设想或者假定事物的一个状态和另一个状态之间有间隔，所以就有了优先考虑之事、先后次序、间隔时间、存在、即将终止、开始和终结了。但是在“物之性质”中并没有这样的东西。它是一种永恒的持续。当安东尼谈到产生的时候，他说到一个起因——“行动”，然后又说了另一个起因——“担起工作”（前者是在一个肯定的状态），诸如此类的东西。并且我们也许可以设想他有一些被称为“自然的自我进化之力”的观念。确实是一个美好的措辞，我相信它的作者并没有看到它所有的含义，因此他公开地将原因归咎于他只是一个印度流派的追随者，这让所有演变而来的事都超出自然或物质之外，或者超出一些取代神之地位但又不是神的一些东西之外。我宁愿让所有人都像他们喜欢或者他们能想的那样来想，而我只索取我给予的同样的自由。当一个人写一些东西的时候，我们可以适度地试着去找出他所有文字的含义，即使结果是：它们所表达的意思并不是他想表达的。如果我们找到了这样的矛盾，这并不是我们的错误，而是他的不幸。现在安东尼在他所说的话中也许有点这样的情况了，尽管他在“力量”这一段的最后说到了行为，而没有亲眼看见，但仍然是清楚的。不论是在这段中他认为“力量”是被构想在不同的连续缘由中，还是在其他的什么东西中，都是没有人可以说得出的。不过，从其他的章节中，我收集到他关于万物的现象的观点就是我所述的那样的。如果我们用像约伯那样的语言（也许我会），或者写《约伯》这一书的作者那样的语言，那么神的工作是不会被看见的。圣·保罗对雅典人说，“我们在他之中生存、前进、成就”，为了显示他的论据没有新的教义，他列举了一些希腊的诗人。其中一个诗人就是斯多葛学派的克莱安西斯，他对宙斯或神的庄严的赞美诗，是一种忠诚和哲学的崇高表达。它剥夺了“自然”的力量并，将其置于神的直接统治之下。

“围绕着地球旋转的所有星体，
遵从于并愿意跟随你的领路者。
——没有你和上帝，地球上就没有任何东西，
不会存在于空气一般的国度里，也不会存在于海洋里，

从他们愚蠢的行为中拯救邪恶之物吧。”

安东尼对于神的力量和统治之存在的坚定信仰，是建立在他对宇宙秩序的认识上的。就像苏格拉底，他说尽管我们不能看到神之力量的形式，但是我们知道它们是存在的，因为我们看到了它们的成果。

“对于那些问‘你在哪里看到过上帝’或‘你是怎么了解到他们存在并且如此崇拜他们’之人，我回答道，‘首先，他们甚至可以用眼睛看到；其次，我也没有看到过我的灵魂，可是我尊重它’。因此后来谈到上帝，从我对于他们力量的常有的体会，我领会到他们是存在的，并且我尊崇他们”。这是一个非常古老的争论，总是对大多数人有极大的影响力，并且显露得非常充足。它没有通过学术的专题著作来发展，以得到少量的额外力量。它在其简单的说明中是清楚得不能再清楚的。如果它被舍弃了，舍弃它之人就再也没有争论了。并且如果它发展为数不清的细节，这些迹象的价值就会冒有埋于大量的文字下的危险了。

人们知道他是一种精神上的力量或者说是睿智的力量。或者他有这样一种力量——无论他用什么方法设想他有这种力量（因为我希望简单地叙述一个现实）——因为他自身所有的那种力量，他被领导了。就像安东尼说的，如同以前的禁欲主义者告诉我们的那样，要相信有更伟大的力量遍及整个宇宙，就像智力遍及人类一样。

然后上帝存在了，但是我们知道他的天性吗？安东尼说人的灵魂是上帝的一种流出物。我们像动物一样有身体，但是我们还像上帝一样拥有理性、智慧。动物有生活，并且我们称它们的行为为天性或者自然的原则。但是理智的动物，就是人，独有理性的、聪明的灵魂。安东尼一再强调：上帝是在人中间，[①] 和人的时代的，所以我们必须时常听取于我们中

① “亲近上帝，上帝也会亲近你”。

间的神，因为只有这样我们才能得到关于上帝天性的知识。人类的灵魂在某种意义上来说是神的一部分，并且这些灵魂与神有单独的交流。如他所说："由于只有他的智力的部分，所以上帝只能触碰从他自己身上流到这些身体中的智慧。"事实上，他所说的隐藏于人之中的东西就是生命，就是人自身；剩下的所有东西就是活着的人、真正的人，用于他现在存在之目的衣服、遮盖物、器官、器具。空气对于能够呼吸的人来说是到处弥漫的，对于那些乐于被分享的智慧力量来说也是一样的，并且其中的所有事物都如空气一样自由广泛地扩散。通过过着一种人们接近神的知识的极好的生活，通过接下来的内部的神（或如安东尼称的那样，人是与神最接近的），对人们来说，最大的好处就是能不再去改善他内部引导者的协定了。"与上帝共同生活。并且那与上帝一同生活之人，时常把他满足于所赋予他之物的灵魂展示给他们看，那是所有守护神希望的，就像宙斯把他的保护者和指导者（他自己的一个部分）给了每个人，并且这个守护神就是每个人的认识和理智"。

在人的理智中，智慧是高级的才能，如果运用智慧就可以管理其他的事物，这就是统治能力（西塞罗通过拉丁文字Principatus翻译而来）。"没有什么能或应该成为高级的"。安东尼经常用这个措辞，其他人也是同样的。他将它命名为"管理智力"。管理能力是灵魂的主人。一个人必须只崇敬他的统治能力和他体内的神。就像我们必须崇敬宇宙中至高无上的东西一样，所以我们也必须崇敬我们自身中至高无上的东西，并且这好像也是宇宙中最至高无上的东西。所以，就像普罗汀说的，人的灵魂只要能了解它自己，就能了解神。安东尼谈到一个人对他自己的谴责，当他体内神的部分被压倒并且屈服于不那么高尚的、易腐的部分时，他的身体，和他整个所有，都会觉得愉快。总之，安东尼在这个问题上的观点（然而他的表达也许会改变），完全是当毕晓普·巴特勒谈到"深思或良心之生来的至高"、"检查、同意或不同意我们生命的精神和行为的一些情感"之能力时所表达的。

从安东尼关于宇宙的观点，可以搜集到许多问题来构成一个栩栩如生的存在。但是他所说的一切没有发展得更多，像舒尔茨评论的：人的灵魂是最亲密地与他的身体联合在一起的，并且他们一起形成了一个动物，我们称之为人；所以神是最亲密地与这个世界或这个物质的宇宙联合在一起的，并且他们一起形成了一个整体。但是比起他不认为人的身体和灵魂是一体的观点，安东尼更不认为上帝和这个物质的宇宙是一样的。安东尼对神的完全天性并没有思考，把时间浪费在人们不能理解的东西上不是他的风格。[①]他非常满足于上帝存在、上帝支配所有的事物、人只能有对关于上帝天性的残缺的了解，并且他必须要通过崇敬他体内的神来获得这残缺的了解，并使之保持纯净。

从所说的一切来看，万物都是被“上帝的天意”来管理着的，并且这样的管理让所有的事物都井然有序。在一些章节中，安东尼表达了疑惑，或陈述了不同的宇宙的组成和统治的有可能性的理论，但是他总是再回到自己的基本原理上去。如果我们承认神的存在，我们也就必须承认他将一切事物都安排得明智且好。埃皮克提图说如果我们具有两样东西的话，就可以看到统治这个世界的天意：带着对每样东西的敬意去看所有发生之事的力量和伟大的性格。

但是如果所有的事物都安排得井然有序，世界又为何充满我们所说的邪恶、物质、道德呢？如果不说世界上有邪恶，我们用我用过的一个说法表达：“我们所说的邪恶”，我们就在一定程度上预料到了这个皇帝的回答。我们在我们生存的极少的年岁中残缺地看到、感觉到、知道非常少的事，并且所有人类种族的所有的知识和经验都纯粹是愚昧的，这种愚昧是

① “在我们狭隘的能力无限之上的上帝”。来自于洛克的《关于人类理解力的随笔》十七章第二部分。

无尽的。现在由于我们的理性教育我们所有事物都是在一些关系到其他每个事物的方式中的，所有的邪恶观念，都像事物存在宇宙之中一样，是一个矛盾。因为如果所有东西都来自一个聪明的存在并被它支配，那么就不可能想象在它之内会有一些趋于邪恶或毁灭的东西。所有事物都是处于永恒不变的变化中的，所有的存在都是。我们也许可以想象太阳系分解成了它基本的部分后，所有的一切也还是会保持“永远年轻和完美”。

所有的事物、所有的形式都是先消失，然后以新的形式出现的。所有的生物都要经历我们所说的死亡这一改变。如果我们把死亡称作邪恶，那么所有的改变就都是邪恶了。生物同样遭受痛苦，人类遭受得最多，因为他要遭受他身体和他聪明部分的痛苦。人们还要遭受互相折磨之苦，也许人类苦痛最大的部分就是来自于他们所称为兄弟的人。安东尼说，“老实说，恶毒不会对宇宙造成任何伤害，尤其是（人的）邪恶对别人不会造成伤害。它只会对存在于他力量中的人造成伤害，只要他选择就会被释放出来”。第一部分与“所有东西都能保持没有邪恶或伤害”这一教条完全一致，第二部分必须用禁欲主义原则来讲解，邪恶不会存在于任何事物中，也就是不会存在于我们的力量中。我们受他人的折磨是他的邪恶，不是我们的。但是这是邪恶存在于某种人中的一个供认，因为那做错之人就是制造邪恶之人，并且如果其他人能够容忍这个错误，也还是有邪恶存在于这做坏事之人中。安东尼提出了许多关于错误和伤害的极好的箴言，并且他的箴言是极为实际的。他教育我们忍受我们所不能避免的，并且他的教训也许对那些否认上帝存在和统治之人与相信两者之人同样有效。因为世间道德上的混乱和苦难，安东尼并没有关于对上帝的存在和天意的反对的直接回答，除了这个他用来回复“即使是最好的人也许也会被死亡消灭”这个猜想的回答。他说如果是这样的话，我们也许可以确定：如果它在其他方面应该是这样的，神就会在其他方面安排它。我们也许在世界的统治中观察到，他对智慧的确信太强烈了，以至于他不会被任何事物秩序中表面上的不规则扰乱。这些混乱的存在是个事实，那些从中判断要反对上帝的存在和统治之人，决定得实在太仓促了。我们都承认在物质的世界中是有秩序存在的，“自然”，在一定意义上来说，这个文字是被解释过了的。“构造”，也就是我们所说的体系，是一个部分与其他部分的联系和一些东西整体的适合。所以在植物和动物的构造中有一个秩序，一个适当的结局。有时候这个秩序如我们所设想的那样，是实现不了的。种子、植物或动物，有时会在它经历所有改变和完成它所有的用处之前消亡。这是根据自然，也就是一个固定的秩序而来的，因为一些事物会早早地消亡，而一些事物会在完成它们所有的用处后留下继承者接替他们的位置，并且所有的人都去实现他们的作用，死亡，然后留下其他的人接替他们的位置。所以社会存在，并且社会的状态表明了人的自然状态，是为了让他的天性适合他的状态，并且在无数的不规则的社会和混乱中仍是存在的。也许我们会说过去的历史和我们现在的知识给了我们适当的希望，觉得其混乱会减少，而秩序的控制原则，会建立得更加稳固。因为秩序之后会变成稳固的秩序，我们也许会说，遭受现实的或显然的背离，必定要被承认存在于事物的整个性质中，我们称作混乱或邪恶的东西，如它看起来的那样，是不会以任何方式改变事物整体结构表面，有一个性质或固定的顺序的。没有人会从混乱的存在中推断出秩序不是规则的，因为秩序的物质的和道义的存在，都是通过日常的经验和过去所有的经验被证实了的。我们不能设想宇宙的秩序如何保持：我们甚至不能设想我们日复一日的生活如何继续，或我们如何执行身体最简单的活动，尽管我们知道许多对于这些功能所必须的条件。什么都不知道，然后通过不能被看见的活动于我们自身之中（除了通过已经做了的）的力量，我们不知道任何关于通过我们所称的“所有时间”和“所有空间”行为的力量的信息。但是可以看到，在我们所有知道的事物中都有“性质”或固定的顺序，它是和我们思维的性质一样相信这个宇宙的“性质”，是有一个不断运转的缘由的，并且我们完全不能猜测我们所察觉到的那些混乱或邪恶的任何原因。我相信这就是从安东尼所说的所有东西中能收集到的答案。[①]

邪恶的来源问题是一个老问题了。阿喀琉斯告诉普里阿摩斯宙斯，有两个桶，一个装着美好的事物，另一个装着坏的事物，并且他根据自己的意愿给人们其中一样。所以我们必须要满足，因为我们不能改变宙斯的意愿。一个希腊的评论家问我们，怎么能使这个学说与我们在第一本书《奥德赛》中所发现的一致，在那里，诸神之王说，“人们说邪恶从我们这里到了他们那里，但是他们因为自己的愚蠢使得邪恶发展”。这个回答对于那个希腊评论家来说也是足够明白的。诗人让阿喀琉斯和宙斯适当地谈到他们的一些性格。宙斯说得很直率，他说人们把他们的苦难归因于上帝，但是他们做的方式是错的，因为他们自己才是他们悲伤的缘由。

埃皮克提图在他的《手册》中，写了一则关于邪恶这个问题的短篇著作。他说，“一个符号的建立的目的不是为了丢失它，所以邪恶存在于宇宙中的目的也一样”。对于那些不太了解埃皮克提图的人，这话也许显得不够清楚明白，但他总是知道他自己在说什么。我们建立一个符号并不是为了丢失它，尽管我们也许会丢失它。上帝，（埃皮克提图设想他是存在的）并没有安排所有的事物，所以他的目的可能无法达到。无论我们所称的邪恶会变成什么，邪恶这种东西（如他所表达的）都是不存在的。也就是说，邪恶并不是物之构造和性质的一部分。如果事物的构造中有邪恶的原则，邪恶就不再邪恶（如西姆普理修斯主张的），而是变成好的东西了。西姆普理修斯有一段关于埃皮克提图这篇文章的又长又奇妙的论述，并且非常有趣和有益。

有一篇文章会更加得出这个结论。它包含了那位皇帝所有能说的话：

---

① 克莱安西斯在他的赞美诗中说：“因为所有好的和坏的事对你来说都是普通的，以致一个永久的原因统治了所有”。见于毕晓普·巴特勒的《说教》第十五章《在人的无知之上》。

“在人之中，如果真的有上帝，那并不是一件可怕的事，因为上帝并不会把你卷进邪恶中；但是如果他们确实不存在，或如果他们不关心人类之事，那么对我来说，生存在一个没有上帝或天意的世界，又有什么意义呢？但是他们是真的存在的，并且他们关心人类之事，他们把所有的方法都放到了人的力量中，让人能够不堕邪恶。至于其他的，如果这里真的有任何邪恶的话，他们也会为此做准备。那些不会使人变得更糟的东西，又怎么能使人的生活更糟呢？但是不管是通过无知还是有知，只要不是通过力量来避免或改正这些东西，宇宙可能会忽视它们吗，它又可能会犯下这么大的错误吗，通过力量的缺乏或技能的缺乏，善良和邪恶都会不加区别地作用于好的和坏的东西。但是无疑地，死亡和生命，荣誉和耻辱，痛苦和欢愉，所有的这些东西都平等地发生在好人和坏人身上，存在的事物不会使我们更好，也不会使我们更坏。因此它们既不善良也不邪恶”。

安东尼哲学的伦理部分是由他的整体原则而来的。他所有哲学的结尾都是与自然和谐共处（包括人们自己和这个宇宙）。毕晓普·巴特勒讲解过当希腊哲学家根据“自然”谈及生存的时候，他们一般会怎样认为。他说当这个问题被讲解，并且他讲解了，他们也听懂了，这就是“说得不严密、不确定，但是清楚明白，严格来说又合理、实际的一种方式”。要按照“自然”生活，就是按照人的全部天性来生活，而不是只按照其中一个部分。并且崇敬他体内的神，把他当作自己所有行动的统治者。“对于理性的动物来说，按照天性的行为和按照理智的行为都是一样的”。[①]违背理智的行为和违背天性的行为也是一样的，对于整个的天性来说，它肯定是和人的某一些天性一致的，否则也不会有人做了。人是为了做事而存在的，不是为了闲散或欢愉。就像植物和动物要起到他们天性有的作用，人也必须要做他们该做的。

① 这是当尤文纳尔在说“自然所说的与智慧所说的永远是一样的”的时候所表示的意思。

人的生存也必须与宇宙的天性一致，与所有与他同种之事物的天性一致。并且作为一个政治团体的公民，他的生存必须要根据“与谁一起、为谁、在其他的目的中”来引导他的生活和行为。一个人没必要隐退独居，把自己的追随者遣散。他必定曾在这个伟大的整体中积极地做好了他的职责。所有的人都是他的家族，不仅仅是血缘的，仍有更多的是通过分享同样的智慧和成为同一个神的一部分的方式得来的。一个人不会真的被他的同胞伤害，因为他们没有任何行为会使他变坏，并且他必定不会生他们的气或讨厌他们：“因为我们生来就是一起的，就像脚，就像手，就像眼睑，就像上排牙齿和下排牙齿。互相对抗的行为是与自然相违背的，并且这样的行为是使人烦恼且应该被拒绝的”。

他进一步说：“在一件事中获得愉悦并休憩其中，在从一个社会的行为到另一个社会的行为的时候，想起上帝。”他又说：“爱人类，追随上帝。”这是爱他的邻居之人的理性的灵魂特有的。安东尼在不同的章节中教育我们要宽恕伤害，并且我们知道他也是如他所教育的那样做的。毕晓普·巴特勒附记说，“这个要我们宽恕伤害、爱我们的敌人的神训，尽管跟异教徒的道德家一致，但是在特定的意义上，是一种基督教的箴言，因为我们的救世主耶稣在这一点上的坚决比其他任何美德都要多”。这个箴言的实践在所有美德中是最难的。安东尼经常这样做并且给予我们遵循这一箴言的帮助。当我们受到伤害的时候，我们感觉到生气和愤恨，这样的感觉对于社会的保护是自然的、合理的、有益的。做错事之人去感觉他们行为的自然后果是非常有用的，在那之中是社会的非难和受害者的愤恨。但是报复，在这个词的一定意义来说，是不能做的。这位皇帝（安东尼）说：“为自己报仇的最好方式不是变得和作恶者一样。”很显然，他的意思不是说我们应该不择手段地去报复，而是要那些错误地理解了报复含义之人，不要像那些做错事之人一样。苏格拉底在《克里同篇》中说到同样的话，圣·保罗也是。“当一个人对你做了一些错误的事，马上想他是带着好的还是邪恶的想法来做这件错事的。因为当你看到这个后，你就会同情他，而不是惊异或愤怒了”。安东尼不否认错误会造成愤怒和愤恨的感觉，因为这在劝人回忆做错事之人的思维的天性时是含蓄的，然后你就会同情而不是愤恨了。因此这就和圣·保罗对愤怒和不犯错的建议一样了。如巴特勒讲解的，那不是一个对愤怒的劝告，没有人需要愤怒，因为愤怒是一种自然的情感，但是它是一个警告，警告我们不要让愤怒把我们引向罪恶。总而言之，这个皇帝的关于不正当行为的学说就是这个：做错事者不知道什么是好、什么是坏，他们由于无知才冒犯，就禁欲主义者的意义而言那是真的。尽管这种无知绝不会像一个合法的理由一样被承认，也不应该像一个充分的理由一样通过任何方式被社会承认。也许会有令人痛苦的伤害，并且如果他因为他看到他的敌人不知道他们自己做了什么而原谅，他就做了伟大祷文那样的行为了——“天父，原谅他们，因为他们不知道自己做了什么”。

这个皇帝的道德哲学并不是一个弱小、狭隘的体系。它教育一个人去直视他自己的欢乐，尽管一个人的欢乐或安定是被他应该去创造的生活间接推动的。一个人必须过得与世界的性质相一致，也就是说，像这位皇帝在多篇文章中讲解的那样，一个人的行为必须要与他跟所有其他人类的实际关系相一致，不管是作为一个政治团体的公民，还是作为整个人类的一分子，都要那样。他总是用最强有力的语言来表达，一个人的语言和行为，只要会对别人造成影响，就必须要通过固定的规则来仔细斟酌，这个规则就是跟他所在的整个人类种族的那个特定社会的保护和爱好一致的。要生活得与这样的规则一致，一个人必须用他理性的能力来清楚地看到他所有行为和他人所有行为的后果和影响。他不能过着一种只有沉思和回忆的生活，尽管他经常隐退，通过思考来让自己的灵魂平静、纯净，但是他必须混入人的工作中，并为了整体的利益成为一个工作者。

一个人在他的生命中应该有一个目标或者目的，这样他就会为之付出自己所有的精力，当然，那得是一个好的目标。那些生命中没有目标或目的之人，他和他生命中的所有事物都不可能成为他所希望的那样。培根对这同样的结果也有一个评论，用最好的方式“把精神削减为美德和肥沃的土地，也就是，为一个人自己选择的美好且道德的生命的终结，这也许会发生在一种通情达理的人中间”。他是一个当他年轻的时候，就足够睿智去那样做，并且有那样的机会的快乐男人。如果能让自己在能做的时候就去做，不让生命在他开始之前就溜走，那能给自己提出生命的有益的、有美德的结局的建议，并且忠实于它们之人，就不会过着与他自己的爱好和整体的利益不一致的生活。因为在事物的性质中，他们是统一的。如果一件事对蜂巢没有好处的话，那么对蜜蜂也就没有好处。

一篇文章也许能终止这个问题。“如果上帝决定了我和必定发生在我身上的事，那么它们必定是被决定得非常好的，因为就连想象神没有筹划都是不容易的。至于给我的伤害，为什么他们会有那样的愿望呢？什么样的利益会让他们做这样的事，让他们有这样格外的目的呢？但是如果他们没有单独地决定我的命运，他们就肯定至少决定了这个整体的命运。像这样有大体安排的、以有顺序的方式发生的事，我应该乐于接受并对它们表示满足。但是如果他们没有决定任何事，还要人相信的话，就是恶劣的；或者如果我们确实相信，就让我们不要供奉，不要祈祷，不要用他们发誓，也不要做任何好像神存在，并与我们生活在一起的其他的事情。但是无论神是不是没有决定关于我们的事，我都能决定我自己，并且我能打听到什么是有用的。对所有人都有用的就是和他自己的构造和性质一致的。但是我的性质是理性且社会的，并且只要我是安东尼，我的城市和国家就是罗马；只要我是个人，我的城市和国家就是这个世界。而那些对这些城市有益的东西就是对我有益的”。

从各方面陈述皇帝的观点是单调乏味的，并且不是那么有必要。一个人会运用他的理解力来改善自己，让自己拥有实际的美德。具有这样目的的章节在他书中的各部分都存在，但是由于它们没有顺序或连接，在一个人找出书中所有这样的章节之前，必定要使用这本书很长时间。一些文字也许会加在这里。如果我们分析所有其他的事，会发现它们对于人类生活来说是多么不足，它们中的许多又是多么没价值。只有美德是不可分的，而且令人完全满意。“美德”的概念是不能被模糊地、不定地考虑的，因为人也许会发现，完全地向自己解释这个概念，或以毫无瑕疵的方式向他人详述是非常困难的。美德是一个整体，并且不比人的智慧的组成部分多，我们像表达各种力量的方便那样来谈各种智力的能力的方式，就是人的智力通过他的工作展示出来。我们用同样的方式谈到各种美德或美德的一些部分，在实际的意义上来说，为了展示特别的美德这一目的，我们应该为了所有美德的应用而练习。也就是，人的性格所能有的所有的美德。

人的构造中首要的原则就是要交际。按照顺序，下一个是当源于身体的说服跟理性的原则不一致的时候，不要屈服于身体的说服，而是要支配它。第三个就是源于错误和欺骗的自由。“让统治原则快速掌控住这些径直向前走的东西，并且它拥有它自己的东西”。这位皇帝把正义挑选为所有美德的基础，这在他生活的时代的非常早之前就有人说过了。

确实，所有人都有一些一般认为的正义的观念，就像头脑的天性一样。并且有一些观念是关于和这天性一致的行为。但是经验表明，人们关于正义的观念就和他们的行为一样混乱，跟正义的真实观念不一致。这位皇帝关于正义的观念是十分清楚明白的，但是对于人类来说还不够实际。“从关于来自外部引起之事的忧虑中解脱出来，并让正义存在于内部引起的美德所做之事。也就是，让活动和行动终结在社会的行动中，因为这是根据你的性质来的”。在另一个地方，他说，“那行为不义之人必定行为不敬”，这当然是根据他在不同地方所说的所有的话得出的。他坚持把真理的实践当作一种美德和一种获得美德的方式，毫无疑问，这确实是：因为即使说不同的事物的谎，也是会削弱理解力的；恶意地说谎就如一个人罪恶得不能再罪恶那样，是一种道德上的无礼，被认为是展示一个惯有的天性和结果。他把正义的观念和行动结合起来。一个人不能因为在他的头脑中有好的、正义的观念就自得，而是必须要在行动中显出他的正义，就像圣·保罗的信仰观念。但是这就已经足够了。

禁欲主义者们，和其中的安东尼，认为有的东西美丽，有的东西丑陋。它们美丽，所以它们就是好的；它们丑陋，所以它们就是邪恶或坏的。有一些更严厉的禁欲主义者会说，所有的这些无论好还是邪恶的东西，完全都是在我们的力量中的，那些完全没有常识的人会说的，只有一种方式。实际上，它们在一些人和一些环境会有更高的程度，但是在其他人和其他环境中就只有一个小的程度。在所有人的力量中的东西上，禁欲主义者们都主张人的意志自由。因为根据他力量之外的东西，自由会通过表达的不同方式在行动中终结，这当然是不包括在内的。我几乎不知道如果我们能准确地发现安东尼的关于人的自由意志的观点，这个问题也不值得调查。他所表达的和他所说的都是明白易懂的。不在我们力量中的所有东西都是中立的：它们确实既不好也不坏。比如生命，健康，财富，力量，疾病，贫穷，和死亡。生命和死亡是所有人都有的部分。健康，财富，力量，疾病，贫穷，会有好有坏地对应着发生在那些按照天性和不按照天性生存的人身上。“生命”，这位皇帝说，“是一场战争和一个陌生人的旅居，并且身后名是会被人遗忘的”。在谈到那些扰乱世界、然后死掉之人和像赫拉克利特，德谟克利特这样的哲学家之死（被敌人所毁灭），以及苏格拉底后，他说：“什么意味着这一切？你乘了船，你航了海，然后靠了岸，下了船。如果确实有另一个人生，没有对上帝的需求，甚至不存在，但是如果对于一个没有知觉的状态，你就会沦落到被苦痛和欢愉支配的情形，并沦为你容器的奴隶，这就如服务它的是它的上级一样低等。因为其中一个是智慧和神，另一个是泥土和堕落”。人应该害怕的不是死亡，而是应该害怕从没有开始，随性生存。每个人都应该过这样的生活方式：执行他的责任，不要为自己惹其他麻烦。他应该过着随时准备死亡的生活，并且在召唤来临的时候舍弃他所拥有的。死亡是什么？“通过感官的感觉停止，牵动欲望的弦的拉动的停止，对肉体服务的停止”。死亡就和产生一样，是自然的秘密。在另一章中，它准确的意思也许是可疑的，他谈到离开子宫的孩子，他说灵魂在死亡的时候离开它的信奉。由于孩子是通过离开子宫出生或有生命的，所以灵魂在离开身体后会转变为另一种完美的存在。我不确定这是否是这位皇帝的意思。巴特勒把它与斯特雷波的一篇文章做比较。

安东尼关于未来生命的观点没有表述得很明白。他的灵魂天性的学说暗示，它不会完全地消亡，因为神的部分是不会消亡的。这个观点和埃庇卡摩斯和欧里庇得斯的时代一样古老。从土里来的终将会回到土里，从天上来的（神）会返回到创造它之人那里。但是我在安东尼的关于人在死后存在的观点中，没有找到任何清楚的观点，我意识到它和占用它躯壳的灵魂是一样的。他看起来在这个问题上有些困惑，并且最终不再谈论它。

我也不认为他令人信服地谈论了另一个一些禁欲主义者实践的禁欲主义学说，万众瞩目地通过人自己行为的自然规律的进程。读者能找到涉及这个的一些文章，并且能尽可能地理解它们。但是在一些文章中，这位皇帝鼓励自己耐心且平静地等待结局。当然，这和所有他的最好的教诲是一致的，就是一个人应该忍受所有降临到他身上的事，并且只要他活着，就要有好的行为。因此他不应该缩略他自己行为的有效的时间。不管他考虑任何可能的实例，一个人都应该死在自己的手里，我无法讲述，并且这个问题不值得一个好奇的询问，因为我相信它不会导致任何关于他在这个观点上的看法的肯定的结果。当塞涅卡给出自杀的原因的时候，我不认为安东尼（尽管他必定知道塞涅卡的所有，但是他从不提及他）会同意塞涅卡。就是永恒的法律，也没有创造任何比它对我们更好的东西了，它只给了我们一种开始生活的方式和许多离开它的方式。离开的方式确实有很多，并且那对于一个想要处理自己的人来说是一个好的理由。

欢乐并不是禁欲主义者的生活的直接目的。戒律中并没有包含一个人应该追求他自己快乐的生活规则。许多人认为他们是在寻找快乐，但其实他们只是在寻找一些他们所拥有的最强烈的感情上的满足。如已经讲解过的，人最后的结局是顺从天性生存，并且他会因此获得快乐，精神的平静，以及满足。由于生存的方式和天性一致，人必须要学习四种主要的美德，它们每一种都有其固有的领域：睿智，或者说对善和恶的理解；公正，或者说给每个人他们应得的；坚韧，或者说对劳作和痛苦的忍耐力；还有节制，就是对所有事的自我控制。通过这样与自然一致的生活方式，禁欲主义者获得了他所有希望或期待的东西。他的回报是存在于他充满美德的生活中的，并且他对此感到非常满意。一些希腊诗人很久以前就写道：

所有人类事物中的美德
都不从别人的手里取得报酬。
美德自己会酬劳她自己的辛勤工作。

一些禁欲主义者确实用傲慢、荒谬的措辞来表达自己，那可能就是聪明人的自我满足吧：他们把自己提升到了一个神的位置。但是这里只有谈话者和授课者，比如那些能讲出优美的语言、一点也不知道人类事件，只关心会不会声名狼藉的各种年龄之人。埃皮克提图和安东尼都是通过戒律和例子，努力地改进自己和他人。并且如果我们在他们的教学中发现了不完善的地方，我们也必须要尊敬这些尝试表明在人的天性和事物的结构中，有足够的理由过有品德的生活的伟人。要如我们应活的那样去生活是非常难的，如果只是适度地反省，并检讨自己行为的力量，那么对于任何想要过着满足自己这种生活方式的人也是困难的。并且如果所有的人没有抱有道德和宗教的看法，至少可以给他们更多的理由，直到他们被说服、接受为止。